KiWi 294

Der Autor
WOLF BIERMANN, geboren 1936 in Hamburg. Der Vater, Jude und Kommunist, wurde in Auschwitz ermordet.
1953 Übersiedlung in die DDR, Studium der Philosophie, Ökonomie und Mathematik in Berlin. 1957–1959 Regieassistent beim Berliner Ensemble. Ab 1965 unter Verbot. 1976 Ausbürgerung aus der DDR. Lebt seitdem in Hamburg.

Weitere Werke bei k & w
Nachlaß I, 1977; *Exil.* Die Ausbürgerung Wolf Biermanns aus der DDR. Eine Dokumentation, hg. von Peter Roos, 1977; *Preußischer Ikarus.* Lieder/Balladen/Gedichte/Prosa, 1978; *Verdrehte Welt – das seh' ich gerne.* Lieder/Balladen/Gedichte/Prosa, 1982; *Das Märchen von dem Mädchen mit dem Holzbein,* 1979; *Affenfels und Barrikade.* Gedichte/Lieder/Balladen, 1986. *Klartexte im Getümmel,* 13 Jahre im Westen. Von der Ausbürgerung bis zur November-Revolution, 1990. KiWi 217. *Über das Geld und andere Herzensdinge*, Prosaische Versuche über Deutschland, 1991, KiWi 240.

Wolf Biermann

Der Sturz des Dädalus

oder

Eizes für
die Eingeborenen der Fidschi-Inseln
über
den IM Judas Ischariot
und
den Kuddelmuddel in Deutschland
seit dem Golfkrieg

Kiepenheuer & Witsch

3. Auflage 1996

Umschlag: Lothar Reher, Berlin
Umschlagmotiv: Horst Hussel
Gesamtherstellung: Clausen & Bosse, Leck
ISBN 3-462-01927-9

Mit neuen Freunden saß ich die Nacht
Am Kaminfeuer in Paris
Wir tranken vom Beaujolais Nouveau
Und sangen Le Temps des Cérises …

Dieses Buch gehört meinen neuen Freunden
Gesine und Klaus Behlich in Altona
und meiner alten Freundin
Lou Eisler in Wien.

Dylan Thomas

TO OTHERS THAN YOU

Friend by enemy I call you out.

You with a bad coin in your socket,
You my friend there with a winning air
Who palmed the lie on me when you looked
Brassely on my shyest secret,
Enticed with twinkling bits of the eye
Till the sweet tooth of my love bit dry,
Rasped at last, and I stumbled and sucked,
Whom now I conjure to stand as thief
In the memory worked by mirrors,
With unforgettable smiling act,
Quickness of hand in the velvet glove
And my whole heart under your hammer,
Where once such a creature, so gay and frank
A desireless familiar
I never thought to utter or think
While you displaced a truth in the air,

That though I loved them for their faults
As much as for their good,
My friends were enemies on stilts
With their heads in a cunning cloud.

Dylan Thomas (1914–1953) schrieb dieses Gedicht 1939

DU NICHT, DIE ANDEREN SIND GEMEINT

Wolf Biermann

Freund als ein Feind ruf ich dich aus

Du mit der falschen Münze in der Augenhöhle
Mein Freund, du mit dem Flair, das so entzückt
Hast mir die Lüge angedreht und ohne Scham
Du gafftest auf mein heimlichstes Geheimnis
Gelinkt hast du, gelockt mit Augenzwinkern
Und meiner Liebe Kuchenzahn biß auf Granit
Verschrammt zuletzt, gestrauchelt, ausgelutscht
Du stehst vor mir gebranntmarkt als ein Dieb
Im Angedenken das aus blinden Spiegeln kommt
Und unvergeßlich dieses Lächeln bei der Tat
Die harte schnelle Hand im Samthandschuh
Ach und mein Herz kam unter deinen Hammer
Und warst ja auch mal'n offnes Menschenkind
Warst froh, zufrieden und vertraut mit uns
Ich hätte nie und nicht einmal im Traum gedacht
Daß du mal Wahrheit bläst wie Dreck in alle Winde

Als ich sie noch um ihrer Fehler willen liebte
Wie auch um dessentwillen was an ihnen Gutes war
Warn meine Freunde lang schon Feinde hoch auf Stelzen
Mit ihrem Kopf da oben in der Wolke des Verrats

INHALT

Vorwort

Deutschland hat ewigen Bestand
Es ist ein kerngesundes Land
Mit seinen Eichen, seinen Linden
Werd ich es immer wiederfinden

Dieser französische Witz über unser Vaterland stammt von meinem frivolen Cousin in Paris. Ich aber würde mich nie und nimmer so lustig machen wie der vaterlandslose Asylant Heinrich Heine. Ja, die zerrissenen Deutschen haben einander endlich wiedergefunden, unter Eichen, Untern Linden und unter Laternenpfählen, die in unseren asphaltösen Zeiten viel zu hoch sind für den altmodischen Strick. Ja, wir fanden einander wieder, aber frag mich nicht, in welcher Verfassung! Kaum einer fand, wonach er gesucht hatte. Fast alle sind voneinander enttäuscht.
In den Jahrzehnten des kalten Krieges hatten die Deutschen sich so angenehm auseinandergelebt. Nun giften sie gegeneinander und schweigen in verschiedenen Sprachen aneinander vorbei. Im Osten trug man das Brett vorm Kopp aus Eichenholz, im Westen bevorzugte man die weiche Linde. Das einzige, was im wiedervereinigten Deutschland nicht mehr geteilt blieb, sind Christa Wolfs Himmel und die Vorliebe für den wohltönenden Viertakt-Otto-Motor. Das einzig Bewahrenswerte an der Deutschen Demokratischen Republik ist nach Meinung des Politbürokraten Schabowski der grüne Rechtsabbiegerpfeil an den Verkehrsampeln. Seit dem Zusammenbruch der DDR geht die deutsche Sonne im Westen auf und im Osten unter. Die Klassenfeinde von gestern, they do it on the road wie die Hunde, und Brechts Regen fällt mächtig von unten nach oben.

Mein Buch beginnt mit einem Pamphlet über den Krieg gegen das Land des Völkermörders Saddam Hussein. Mein Votum für die Alliierten der UNO erschien damals in einem Hamburger Wochenblatt und eröffnete einen pazifistischen Religionskrieg in den deutschen Medien.
Ich hatte schon immer den Eindruck, daß es in unserem kinderfeindlichen Land zu viele Tölen gibt, die die Städte zuscheißen. Aber wenn ich geahnt hätte, welch ein Rudel tollwütiger Hunde nun plötzlich loshetzen würde, um mich aus lauter Friedensliebe zu zerbeißen, hätte ich womöglich lieber geschwiegen. Garantiert friedfertige Kampfköter zerrissen mich in der Luft, parfümierte Schoßhündchen pinkelten mich an, und linksgestriegelte Mastinos verbellten mich bei den Friedensschafen als einen Wolf. Sie hatten recht. All diese Hundeseelen sind freilich meine domestizierten Verwandten. Ich kenne die blödgezüchteten Wölfe, jeder von ihnen ist einseitig auf einen schmalen Zweck abgerichtet. Heinrich Heine schrieb im »Wintermärchen«:

Der Schafpelz, den ich umgehängt
Zuweilen, um mich zu wärmen,
Glaubt mir's, er brachte mich nie dahin
Für das Glück der Schafe zu schwärmen.

Ich bin kein Schaf, ich bin kein Hund,
Kein Hofrat und kein Schellfisch –
Ich bin ein Wolf geblieben, mein Herz
Und meine Zähne sind wölfisch.

Ich bin ein Wolf und werde stets
Auch heulen mit den Wölfen –
Ja, zählt auf mich und helft euch selbst
Dann wird auch Gott euch helfen!

Wer kann schon endgültige Wahrheiten in die Welt blasen, wir kochen alle nur mit Wasser. Aber wahrhaftig, meine dunkle Dame, ist in diesem Buch hier jedes Wort. Selbst auf meine Irrtümer kann der Leser sich verlassen, denn sie sind echt und enthalten immer noch mehr Wahrheit, als wenn professionelle Lügner gelegentlich behaupten, daß der Regen von oben nach unten fällt. Mein neues Buch liefert dem Leser kein Deutschland über alles, aber alles über Deutschland. Will sagen: alles, was mich in diesen schön bewegten Zeiten bewegt.

Heute flirrt der allerschönste Sommertag in Altona. Die runde Erde brennt an vielen Ecken. Von der Elbe her kommt der tiefe beruhigende Ton, den ein Containerschiff austutet. Wer weiß, was es geladen hat: vielleicht wieder Landmaschinen zur Landgewinnung für Israel, vielleicht wieder eine Chemiefabrik für den Iran und zum Ausgleich eine für den Irak, vielleicht Panzer für Serbien und Milchpulver für Bosnien und Beinprothesen für Kroatien. Hamburg nennt sich in der Imagewerbung schon Hamboom, und es ist wahr: Der Hafen floriert seit der Öffnung des Ostens wie nie.

Erich Honecker kommt heute aus Moskau nach Hause. Das Flugzeug der Aeroflot hängt noch in der Luft. Es wird eine Hatz. Mir wäre es lieber, Fidel Castro hätte sich diesen Schwachkopf als persönlichen Berater auf seine Insel geholt. So eine späte Männerfreundschaft wäre eine delikate Strafe: Honecker in Havanna. Er hätte jeden Tag Castros stinkenden Zigarrenrauch ertragen müssen und die ätzenden Maximus-Lenimus-Ergüsse des Maximo Lider in einer unverständlichen Sprache.

Jetzt werden allerhand selbstgerechte Zaungäste unserer Tragödie ihren Mut an Honecker kühlen, Menschen, die nicht das historische Recht dazu haben. All jene aber, die gute Gründe hätten, ihn zu töten, sind tot oder auf Jobsuche, oder noch schlimmer: todmüde.

Wenn Erich schon mal kommt, sollte der Bonner Kanzler ihm nun auch in Berlin-Tegel den roten Teppich ausrollen lassen. Exkanzler Schmidt sollte ihm den vergifteten Lutschbonbon von Güstrow zurückschenken und Udo Lindenberg die Rotfrontkämpfer-Schalmei. Der gerupfte Lafontaine sollte dem gestürzten Genossen einen Strauß toter Wachs-Nelken überreichen, und die Strauß-Erben könnten ihm diskret einen Scheck von Schalck zustecken. Die deutschen demokratischen Lichtgestalten Diestel und Gysi sollten ihm die Ehrenpräsidentschaft der Komitees für Gerechtigkeit antragen. Und ich würde ihm gern symbolisch eine meiner Stasiakten übern Kopp haun.

Die Bundeswehrkapelle sollte ein letztes Mal die DDR-Hymne schmettern. Dann zieht Kohl die Handschellen aus der Tasche und schließt sich mit Honeckers Handgelenk zusammen. Den Schlüssel aber soll der Kanzler auf dem Weg nach Moabit in die Spree werfen. So müßten diese beiden Deutschen zusammenbleiben, bis daß der Tod sie scheidet.

Das klingt gnadenloser, als es ist. Da Kohl die Gnade der späten Geburt hat, wird Honecker weit vor ihm sterben. Diese beiden Deutschen gehören schicksalhaft zusammen, so wie die beiden Teile unseres Volkes, die es ja nun auch miteinander aushalten müssen. Die einen fühlen sich übern Löffel balbiert, die andern übern Tisch gezogen.

Neben dem Friedenskrieg um den Golfkrieg ging der Streit um die unvergangene Stasivergangenheit weiter. Meine schöne kleine Büchnerpreis-Rede zu Ehren des deutschen Shakespeare ging unter im Wutgeheul der Meute. Weil ich in einem Schlenker hinterm Komma einen der vielen Stasispitzel in der Ostberliner Literatenszene beim Namen genannt hatte, rappelte es in der Medienkiste. Das Zauberwort Arschloch entzauberte allerhand Marionetten am Prenzelberg, wo das MfS jahrelang die Pupepn tanzen ließ. Dies wiederum war für manchen feuilletonistischen Broker an der Literaturbörse ein herber Kursverlust. Trottel, die weder Talent noch Charakter haben, retirierten in die ausgelutschte Scheindiskussion über

Talent und Charakter. Als ob sie die literarische Welt über die uralte Neuigkeit belehren müßten, daß es geniale Schurken gibt und talentlose Moralapostel.
Ich kenne philosophische Köpfe, die zerbrechen sich den Kopf über die Frage: Warum wird eigentlich der Engel der Geschichte, der berühmte Angelus Novus des Walter Benjamin, von einem Sturm aus dem Paradies weg in den Fortschritt gezwungen? Was ist das für ein übermächtiger Wind, der da aus Gottes Garten her kommt? Ich konnte diese Frage nun endgültig klären, denn der Alte hat mir Eizes gegeben. Mit dem Papst redet er ja nicht mehr, aber gelegentlich doch mit mir. Gott hat es mir gebeichtet: Ihn quält eine Höllenangst. Er fürchtet, daß Adam und Eva sich wieder ins Paradies einschleichen. Clever, wie die Menschen seit dem Sündenfall geworden sind, könnten sie es schaffen, über das Gitter in den Garten Eden zu klettern.
Gott traut seinen veralteten Sicherheitskräften nicht mehr. Die Cherubim, die Engel mit dem bloßen hauenden Schwert, die Wächter mit ihren vier Flügeln und vier Gesichtern funktionieren nicht mehr so zuverlässig, wie es die gesichtslosen Grenzsoldaten an der Mauer taten. Ich sagte ihm: Mensch Gott, laß die armen Irren doch ins langweilige Paradies, wenn es sie glücklich macht. Da schrie er: Gewalt! In meinem Garten wächst doch nicht nur der Baum der Erkenntnis, du Esel, sondern auch der Baum des Ewigen Lebens. Als ich damals meine beiden Prototypen aus dem Paradies vertrieb, da hatten die Menscher von den Früchten dieses zweiten Baumes zum Glück noch nichts gegessen.
Ich verstand den guten alten Mann sofort. Eine Katastrophe! Nicht auszudenken! Die Erde vollgestopft mit unsterblichen Idioten! Und nun, ihr lieben Kindlein, kann ich euch verraten, warum aus dem Paradiese dieser ominöse Sturm bläst. Wahrlich, ich sage euch (denn auch ich habe einen Vater im rauchigen Himmel und kann salbungsvoll daherreden) der

unglückliche Schöpfer selbst, gesegnet sei sein Name, macht seit dem Beginn der Neuzeit diesen Wind. Auf allen vieren steht Jahwe im Paradies und pustet aus Leibeskräften. Er pustet nach allen Seiten, er bläst mit dem Vorderteil und mit dem Hinterteil. Gott bläst sich die Seele aus dem Hals und furzt sich den Hintern wund.

So stürmt und stinkt es vom Paradies her in unsere Welt. Wir sollen alle outside the gates of Eden bleiben. Nicht einmal dem begnadeten Dichter Robert Zimmermann aus Minnesota gelang es, ein Retourbillett zu ergattern, obwohl seine Lieder unsterblich sind. Bob Dylan. Er wuchs auf am falschen Ende des Mississippi, am Wasserfall des Minnehaha Creek, im langweiligen Land, wo der Loon sein klagendes Lied singt. Zuerst lernte er den herzzerreißenden Sound von diesem Wasservogel ab und sang alle Töne blue. Dann schmückte er sich mit dem Namen des walisischen Säufers Dylan Thomas, dessen Gedicht über den IM Judas Ischariot ich mir ins Deutsche brachte.

Bob Dylan auf den Schultern von Woody Guthrie, Aristide Bruant dans la rue, Daniel Viglietti auf dem Rücken des Indianers Atahualpa Yupanqui, Mordechaj Gebirtig im Ghetto, Nils Ferlin in Stockholm, Pierre-Jean de Béranger als kleiner König von Yvetot, Wladimir Wyssotski kräht auf dem Stacheldraht, Victor Jara krepiert hinter dem Stacheldraht, Dionyssis Savopoulos, der rechte Linke im Pelion Gebirge, und Paco Ibañes und Maria del Mar Bonet und Cornelis Wreeswijk und Big Bill Broonzy und und und – tot oder lebendig – keiner von all diesen Paradiesvögeln wird je gegen Gottes Sturm den Weg nach Hause in das Paradies finden.

Es gibt kein Zurück zur Natur, und es gibt auch kein Vorwärts ins Narrenparadies der Philosophen. Dies lehrte mich das Scheitern der kommunistischen Utopie: Wir werden nie wieder glücklich sein wie die Affen. Und wir können niemals »hier auf Erden schon das Himmelreich errichten«, wie

Heine sang, wir können keine Götter werden. Das ist nicht schlimm. Man muß es halt nur wissen, damit man nicht immer wieder enttäuscht wird in falschem Hoffen.
Die wohlgeordneten Gedanken über Gorbatschow (»Ein Handschlag mit dem Weltgeist«) und das heillose Durcheinander über Rußland (»Blechnäpfe«) habe ich mir für dieses Buch aufgespart. Unveröffentlicht ist auch der Essay über Lili Marleen und die Lynchjustiz (»à la lanterne! à la lanterne!«).
Die Attacke gegen meinen ungnädigen Freund Lew Kopelew und den Fortsetzungsroman über das Erbe der Staatssicherheit und gegen die Proteuskünste der Stasispitzel habe ich, so wie es kam, in der ZEIT, im SPIEGEL und sogar in der FAZ veröffentlicht. Ich mußte mich einmischen in den Tagesstreit, denn ich schwebe nun mal nicht grinsend wie ein parteiischer Gott über den Parteien.
Der Zusammenbruch der DDR brachte auch eine Wende in den politischen Affekten. Die Regimegegner hatten in verschiedenem Maße mit dem Regime gestritten und gedealt. Nun aber, da die alte Machtelite ausgespielt hat, werden die Karten neu gemischt. Der vertraute alte Oberfeind ist weg, der gemeinsame Nenner in der Opposition gilt nicht mehr. Kleine Differenzen wachsen sich aus zu neuen Konstellationen im Kampf aller gegen alle.
In diesem neuen Streit, den ich nicht vermeiden konnte, wollte ich so gern Heines sarkastischen Ratschlag befolgen und meine Meinung »nur so allgemein als möglich« sagen. Aber das ist schwer. Sobald ich an gesellschaftliche Tendenzen denke, fallen mir leider immer auch einzelne Menschen ein, im guten wie im schlechten. Und sobald Namen fallen, hört der Spaß für die Betroffenen auf. Wer seine alten Freunde und Verbündeten kritisiert, der macht sie sich im Handumdrehn zu Gegnern, die erbitterter sind als die abgenutzten alten Todfeinde.

Neue Zweckbündnisse und alte Seilschaften. Die Empfindlichkeiten sind groß. Wir werden leider alle lieber von Dummköpfen gelobt, als von klugen Leuten getadelt. Grade die Intellektuellen aus dem Osten reagieren oft panisch auf Kritik. Der Grund ist mitteilenswert: Eine Gesellschaft ohne Streitkultur hat sie geprägt. Schon eine dumpfe kritische Andeutung im Nebensatz eines Artikels im Zentralorgan der Partei genügte, um die Existenz zu vernichten. Und so kommt es, daß die aufgescheuchten Kopfathleten jeden gutmütigen Spott wie einen Mordanschlag parieren.

Es ist wahr, ich habe mich unverschämt darüber lustig gemacht, daß Wendehälse Wendehälse Wendehälse schimpften. Als Stefan Heym in der Pose des Drachentöters am 4. November '89 seine leere Rede auf dem Alexanderplatz hielt, da dachte ich an seine vollen Hosen und mußte lachen. Dieses Lachen verging mir nicht einmal, als ich den perversen Mischmasch aus Gysi, Christa Wolf, Schabowski, Jens Reich, Ekkehard Schall und Markus Wolf auf der Rednertribüne sah.

Aber das bedeutet niemals, daß ich mich lustig machte über die heiligen Hoffnungen auf eine gerechtere Gesellschaft. So viele aufrechte Menschen in der ganzen Welt starben für diesen Traum, der jetzt unter dem geschändeten Namen Kommunismus ordentlich begraben wird.

Stefan Heym, hast Du wirklich vor vier Wochen in der Ostberliner Charité zugunsten entlassener Stasi-Ärzte gesprochen? Und hast Du tatsächlich die Mediziner in dieser berüchtigten Universitätsklinik mit einem infamen Vergleich dummgeredet? Hast Du allen Ernstes die Leute dort mit Juden im Ghetto verglichen? Hast Du sie ermahnt, sich an das Schicksal der jüdischen Ghetto-Polizei zu erinnern, die mit der SS kollaboriert habe und dann trotzdem selber auch ins Gas geschickt wurde?

Heiner lieber Müller und bildgewaltiger Angsthase, mein ver-

ehrter Freund und Worte-Stecher, hast Du wirklich gesagt oder geschrieben, die Atombombe sei die jüdische Rache für Auschwitz? Willst Du am Ende Deines Lebens etwa witzig werden? Wenn Du schon deine Memoiren auf die Menschheit losläßt, mußt Du so hermetisch reden wie ein gewiefter Politiker und wortreich schweigen? Du lieferst ein Sittenbild der DDR-Tyrannei und reißt dem Selbstbild der Bonzen die Maske runter. Warum aber verteidigst Du Deine eigenen Masken als wären sie Deine Haut? Aber vielleicht hast Du recht damit. Du bist ja kein Lyriker und mußt nicht immerzu und penetrant ICH sagen wie ich.
1966 schrieb ich mir eine »Bilanzballade im dreißigsten Jahr«. Das war ein Jahr nach dem 11. Plenum. Ich verboten, Du in Ungnade. Oh, Du großer Zigarrenrauchbläser, damals, als es uns schlechter ging, gings uns irgendwie besser. Du warst ein junger Meister, ich ein alter Anfänger. Ich bewunderte Deine Stücke, Du schlucktest meine Lieder.
Wir waren – bei allem Respekt – ein Herz und ein Sparkassenbuch. Ein Herz waren wir, weil wir beide eins hatten: und ein Sparkassenbuch, weil wir beide keins hatten. Ich habe das Lied später im Westen nie wieder gesungen und halb vergessen, aber Du kennst es noch. Ich werde mir diesen Knüppel mal aus dem Liedersack holen.

Nun bin ich dreißig Jahre alt
und ohne Lebensunterhalt
und hab an Lehrgeld schwer bezahlt
und Federn viel gelassen
Frühzeitig hat man mich geehrt
Nachttöpfe auf mir ausgeleert
die Dornenkrone mir verehrt
– ich hab sie liegenlassen

Und doch, die Hundeblume blüht
auch in der Regenpfütze
Noch lachen wir
noch machen wir
nur Witze

Nur Witze haben wir zum Glück nicht gemacht. Die Dornenkrone des Märtyrers haben wir stolz verachtet. Heute aber setzt Ihr Euch in der Akademie der Künste eine Dornenkrone aus Plüsch auf die ergraute Glatze und lahmt durch die Weltgeschichte wie das Leiden Jesu zu Pferde. Und Deine manierierte Kälte und Dein Sarkasmus sind nur die elegantere Form derselben Wehleidigkeit. Aber ich kenne Dich anders und besser. Und da Du unter all diesen Trauergestalten der große Dichter bist, mußt Du Dich nicht in die Pose des kaltschnäuzigen Zynikers werfen. Bilde Dir nicht ein, ich wollte ausgerechnet Dich belehren. Ich will Dich nur erinnern, denn ich weiß, daß Du weißt.
In meiner Ballade von vor einem Vierteljahrhundert gibt es eine taufrische Strophe, auf die wir uns verständigen könnten:

Die Zeit hat ungeheuren Schwung
paar Jahre bist du stark und jung
dann sackst du langsam auf den Grund
der Weltgeschichte.
So manche Generation
lief Sturm auf der Despoten Thron
und wurd beschissen um den Lohn
und ward zunichte
Und doch: die Freiheitsblume blüht
auch in der Regenpfütze
Noch lachen wir
noch machen wir
nur Witze

Heiner, ist es wirklich wahr, daß Du in »Sinn und Form« hingerotzt hast, der Holocaust sei nichts Besonderes, sondern bloß das, was der alltägliche Kapitalismus schon seit eh und je in den Kolonien verbrach? Erfindest Du jetzt Treppenwitze der Weltgeschichte? Willst ausgerechnet Du die Verbrechen der Nazizeit einebnen?
Ach und lieber Stephan Hermlin, sind Sie wirklich der Meinung, daß der Zusammenbruch der DDR so entsetzlich ist wie damals die Machtergreifung der Nazis? Will man Ihnen Ihr Haus in Niederschönhausen, wo die Hohen schön hausen, wegnehmen?
Rainer Kirsch, hast Du wirklich hysterisch gekreischt, die DDR-Schriftsteller seien jetzt die verfolgten Juden? Bist Du vielleicht ausgerastet, weil der redliche Bernd Jentzsch Dir den begehrten Job als Chef des Literaturinstituts in Leipzig wegschnappte? Vielleicht solltest Du Dich mal in die Gaskammer von Auschwitz einschließen lassen und dort sechs Millionen mal einen wunderbar tiefen Satz aus dem Alten Testament abschreiben: Seid nicht zu klug.
Nein, Ihr seid keine gejagten Juden und keine kolonisierten Mohren. Mit diesen schlechten Bonmots und gezielt falschen Analogien seid Ihr der letzte Husten des untergegangenen Regimes. Solche Ausbrüche eines maßlosen Selbstmitleids sagen zwar wenig über das reale Leben in der Ex-DDR, aber sehr viel über Eure Lebensflucht. Liebe Christa, lieber Volker, lieber Christoph, waren Eure armseligen Privilegien unter Ulbricht und Honecker so süß, daß Ihr jetzt dermaßen verbiestert, verbittert und verblödet? Oder ist es etwa nicht ein Gipfel der Blödheit, daß etliche von Euch sich mit dem Spitzel Fink und dem dummschlauen Diestel ins Bett legen, der in meinen Augen mindestens so verdorben ist wie der schlaudumme Stolpe?
Gysi, de Maizière, Krause, Schnur – all diese Krokodile aus dem Bestiarium der Diktatur spielen schon sehr manierlich

auf dem Klavier der Demokratie. Ihr Klugen aber plärrt treudoof das Eiapopeialied der Utopie und schuckelt dumpf die Nachgeburt des totgeborenen Kommunismus, als wär sie ein gesundes Kind. Früher habt Ihr mit den Mächtigen pragmatisch um Auflagen und Westreisen gepokert, jetzt predigt Ihr wie lederne Jungfern von der roten Heilsarmee einen Himmel, den es nie gab. Niemand und nichts hat Euch zu Nachlaßverwaltern der kommunistischen Utopie legitimiert. Ihr müßt ausgerechnet mir den Traum von einer besseren Welt nicht predigen. Überhaupt soll kein DDR-Mensch mich darüber belehren, daß der Kapitalismus nicht das letzte Wort der Geschichte ist.

Ich weiß, Euch plagen nach all den realsozialistischen jetzt mehr marktwirtschaftliche Probleme: Zivilprozesse mit den Erben der Westgrundstücke und bedrohliche Mietverträge. Euch quält ein Behördenkrieg um akademische Pfründen und exklusive Renten. Das mag beschwerlich sein, aber ich finde es gerecht. Auch die sozialen Stricke aus der Zeit der Verstrikkung müssen reißen. Und ginge es nicht um Euch selbst, würdet Ihr auch so denken.

Was ist Tragisches passiert? Ihr habt ein paar angenehme Vorrechte verloren und den anregenden Kitzel vertrauter Ängste. Die Nationalpreise stinken ein bißchen, und Eure Auflagen sinken. Die schmeichelhafte Über- und Ersatzfunktion der Künstler und Schriftsteller ist passé. Der Dichter glänzt nur noch mit seinen Werken und nicht mehr als Prophet und Hohepriester. Ich mußte hier im Westen auch lernen, die Pose des Guru und Schamanen abzulegen, in die wir bei unserem Streit mit der DDR-Obrigkeit geraten waren. Gebt es ruhig zu, wir waren alle ein bißchen gebauchpinselt von unserer erhabenen Rolle in diesem rotpreußischen Affenthater.

Ich habe Euch in all den Jahren vor der Wende niemals vorgeworfen, daß Ihr zu feige wart. Eure Kompromisse nahm ich eher als ein Zeichen für politischen Verstand. Aber Ihr selbst werft Euch Eure Verrenkungen vor, Ihr selbst verzeiht Euch offenbar nicht. Verzeiht nun wenigstens mir, daß ich mehr Glück hatte als Ihr, denn ich wurde frühzeitig und ganz und gar verboten. Und ich gestehe: Ohne diese entschiedene Nachhilfe durch die Partei hätte ich mich womöglich genau so durchlaviert wie Ihr. So ängstlich wie Ihr war ich allemal und hätte mich auch lieber arrangiert.

Aber ich konnte nicht anders, als den offenen Streit wagen. Und das ist die komische Wahrheit: schuld war meine Gitarre. Meine kleine spanische Weißgerber stachelte mich zu solcher Schroffheit. Sie ist eine kapriziöse südländische Schönheit und will nicht, daß im kalten Norden ein deutscher Duckmäuser an ihr rumfummelt.

Wer Lieder schreibt, den stoßen die Musen mit ganz besonderem Vergnügen in die Arena. Sie sitzen in der Loge und kichern böse, während ihr kleiner Troubadour im Kampfgetümmel schön verblutet. Es war nie mein Ehrgeiz zu verbluten, aber gefallen wollte ich den launischen Göttinnen doch. Ohne ihren Kuß gelingt nichts, da hilft kein Charakter und nicht einmal Talent.

Kriegshetze
Friedenshetze

Soldaten sehn sich alle gleich
Lebendig und als Leich
(aus dem Lied »Soldat Soldat«, 1963)

Ich schmiß mein bißchen Menschenleben
In Mutlangen vor einen Truck
Der US-Army. Ich bin eben
Auch einer von dem Friedenspack...
(aus dem Lied »Mir selber helfen kann ich nicht«, 1986)

weil feigheit vor dem wahren freund mich lähmt
weil kühnheit vor dem falschen feind mich foppt
weil man mit tränen kein' tyrannen zähmt
und weil kein lied die amokläufer stoppt
(aus dem Lied »Melancholie«, 1989)

Mehr als diese drei Lieder weiß ich auch nicht. Ich sollte sie einfach vorsingen und ansonsten Gitarre spielen, es ist ja alles gesagt. Aber ich fürchte, wir würden aneinander vorbeisingen, sogar bei »Hänschen klein ging allein« oder »We shall overcome« auf der Demo in Bonn. Gewiß nicht alle, aber die meisten Friedenskämpfer in der Bundesrepublik waren seit der Ostermarschbewegung scharfsichtig auf dem einen und blind auf dem andren Auge. Von einer Handvoll Stasispitzeln und DKP-Agenten ließen sie sich in all den Jahren des kalten Krieges an einer unsichtbaren Kette wie Tanzbären dirigieren. Nun ist die Kette zwar nicht zerrissen, aber die Hand, die sie hielt, ist abgefault. Und nun tapsen die Bärenkinder immer noch das naive Tänzchen und glotzen wie Heines romantischer Atta Troll in die böse Welt.

Auch ich glotze entsetzt in die Glotze und denke: Schade um uns Menschlein. Der dritte Weltkrieg beginnt, und, wie es im Liedchen heißt: »Die Erde wird ein öder Stern wie andere öde Sterne.« Also Frieden! Frieden ohne Wenn und Aber! Jeder Krieg ist ein Verbrechen, auch der gerechte.

Aber dann fällt mir die Nazizeit ein. Vier Friedenskämpfer haben 1938 das Münchener Abkommen besiegelt: Chamberlain, Daladier, Mussolini und Hitler – ein lehrreiches Gruppenphoto. Als Hitler dann gemeinsam mit Stalin Polen überfallen und annektiert hatte, wurde in den USA darüber gestritten, ob man in den Krieg gegen Nazi-Deutschland eingreifen sollte. Zwei Sorten Amerikaner waren gegen den Krieg: die amerikanischen Nazis (»The German Bund«) und die KP der USA. In ihrer Zeitung *Daily Worker* denunzierten die moskautreuen Kommunisten Roosevelt als Kriegstreiber mit Messer im Maul.

Diese Allianz zwischen echten Rechten und falschen Linken gibt es auch heute. Faschist Le Pen verteidigt den Überfall auf Kuwait, er sagt, es gehöre zum Irak wie Elsaß-Lothringen zu Frankreich. Die deutschen Reps vergleichen Saddams Griff nach dem Erdöl mit großdeutschen Ansprüchen auf Tirol und Schlesien. Der ehemalige SS-Mann Schönhuber ist besorgt, daß deutsche Soldaten für den *American way of life* verheizt werden könnten.

In Frankreich fragten die linken Friedenskämpfer 1938: *Mourir pour Danzig?* – und die Antwort war klar: Nein! Laß doch dem Herrn Hitler das bißchen Österreich und Tschechoslowakei und Polen... Füttert das Raubtier, dann beißt es uns nicht. Darf man vergleichen mit damals? Ist heute alles anders, vielleicht weil die Waffen furchtbarer geworden sind und weil das Leben der Menschheit auf dem Spiele steht? – Ihr lieben Friedensfreunde, dieses Leben steht sowieso auf dem Spiel, auch ohne Krieg. Ihr selbst verbraucht zuviel von dem Öl, um das es den Gangstern geht, ihr selbst freßt der hungernden Welt die Haare vom Kopf.

Ich fahre Auto wie ihr, heize mit Öl, esse gut und rase mit euch in die Umweltkatastrophen. Ein Fuß drückt aufs Gaspedal, der andere auf die Bremse. Aber ich kaue in diesen Tagen auch die Losungen auf den Demos in Deutschland und kriege das große Kotzen. Lieber pazifistisch gesinnter Leser, liebe friedensbewegte Leserin, damit wir einander von Anfang an richtig mißverstehn: Ich bin für diesen Krieg am Golf. Sie müssen ja nicht weiterlesen. Noch schlimmer: Ich hoffe, daß dieser Krieg das westöstlich zusammengekaufte Waffenarsenal zur Vernichtung Israels ganz und gar zerstört.

Von den Friedensdemonstranten hörte ich auch ein gutes Argument: Hätte man nicht lieber geduldig auf die Wirkung des Embargos warten sollen? Mag sein. Aber ich glaube es nicht. Allein durch den befreundeten Todfeind Iran konnte Saddam Hussein alles ins Land holen, was er für zivile und militärische Zwecke brauchte. Das Beispiel Südafrika lehrt uns, wie langsam ein Embargo Wirkungen zeigt. Nehmen wir optimistisch an, es hätte in zehn Jahren gegriffen – in drei Jahren hätte der Irak aber die Atombombe gehabt. Dramatisch in die Enge getrieben durch die Ächtung der halben Welt, kopflos durch Versorgungsschwierigkeiten in einem Land, das zu achtzig Prozent von Lebensmitteleinfuhren lebt, und angefeuert durch seine Anhänger in allen arabischen Staaten, hätte Saddam Hussein Israel mit einer einzigen Bombe verdampfen können.

Die Schrecken des Krieges kenne ich nicht nur aus Filmen und Büchern. Wer mir die *desastres de la guerra* predigen will, kommt zu spät. 1943 war ich mitten im furchtbarsten Feuersturm von Hamburg. Phosphorübergossene Menschen brannten wie Fackeln. Manche warfen sich von der Brücke ins Wasser, und wenn sie wieder auftauchten, brannten sie weiter. Wenige überlebten den Bombenteppich im Arbeiterviertel Hammerbrook. Wir irrten durch das Inferno. Ein

Wunder rettete mich: Es war die Tatkraft meiner Mutter. Sie nahm mich auf den Rücken und schwamm mit mir durch den Kanal aus dem Feuer ins Offene. Kennst du die geschmolzene Uhr von Hiroshima? In Hammerbrook ist meine kleine Lebensuhr stehngeblieben. Seit dieser Nacht unter dem britischen Bombenteppich vom Dienstag, dem 27. auf den 28. Juli, bin und bleibe ich sechseinhalb Jahre alt. Süderstraße/Nagelsweg/Ausschläger Weg. Brennende Dächer flogen durch die Luft wie Drachen. Vierzigtausend Tote. Weltenende. Nichts ist vergessen, keine Feuersäule, kein abgeworfener Tannenbaum, keine verkohlte Leiche am Kantstein, kein Schrei und kein zerfetztes Gesicht.

Und weil ich unter dem gelben Stern
In Deutschland geboren bin
Drum nahmen wir die englischen Bomben
Wie Himmelsgeschenke hin…

Liebe Inge Aicher-Scholl. Was würde Ihre ermordete Schwester Sophie zu diesem Krieg sagen? Soll man einen Hitler machen lassen um des Friedens willen? Gewiß erinnern Sie sich daran, wie wir vor fünf Jahren in Mutlangen auf dem Asphalt saßen, gegen die Cruise Missiles. Ich seh' noch die gewaltigen Trucks der US-Army auf uns zurollen. Und wie die deutschen Polizisten uns dann wegschleppten. Und wie der Richter in Schwäbisch Gmünd unsre kleine Schar im Fließbandverfahren wegen »Nötigung aus niederen Motiven« verurteilte. 3000 Mark Strafe. Das ging mir am Arsch vorbei und war, dachte ich, eine gute Investition in den Weltfrieden. Aber was heute?
In den Nachrichten sehe ich die Bilder von Friedensdemonstrationen vor US-Air-Basen. Die meisten Losungen sind antiamerikanisch, als wären die USA der Aggressor. Modische Palästinensertücher und kein Wort für Israel. Man kommt

sich vor wie auf der falschen Beerdigung. Die Tränen fließen aus Menschenaugen über Krokodilsleder. Die Friedensbewegung konnte die Aufrüstung des Irak durch deutsche Firmen nicht verhindern, schlimm genug. Aber jetzt möchte sie die Zerstörung der ABC-Fabriken und Raketen aufhalten, mit denen Saddam & Co Israel vernichten wollen.

Was Hitler seine Leute in jahrelanger blutiger Handarbeit üben ließ: die Ausrottung des jüdischen Volkes, das wird Saddam Hussein jetzt auf einen Streich mit einem Knopfdruck versuchen.

Wollt ihr den totalen Krieg? fragte Goebbels.

In den Geschichtsbüchern steht, was eure Großväter Hitlers hinkendem Gehirnauskratzer im Berliner Sportpalast entgegenjauchzten: »Jaaaaa!!!!« Wer mich aber heute fragt: Willst du den totalen Frieden? – dem sage ich nein danke.

Krieg, das weiß man, da schlagen sich junge Männer gegenseitig tot, die einander gar nicht kennen und die einander nichts taten. Sie tun dies auf Befehl von alten Männern, die sich sehr wohl kennen und die in der Regel sehr alt werden. Die Idee ist drollig und wurde oft gedacht: Man sollte lieber die kriegsgeilen Politiker und Generäle mit Messer und Gabel in einer Arena aufeinander loslassen. In alten Zeiten gab es das: Anstelle des Heeres kämpfen die beiden Anführer gegeneinander. Lang ist's her!

Aber was heißt schon lange her. Vorgestern bissen wir einander noch auf den Bäumen und balgten uns auf dem Affenfelsen. Gestern kämpften wir Steinbein gegen Lanze. Vor einer Stunde stach Odysseus dem Kyklopen Polyphem mit einem glühenden Pfahl das eine Auge aus. Vor einer halben Stunde erledigte David Goliath mit einer Steinschleuder. Dann die Pfeile der Armbrust, sie durchschlugen die Ritterrüstungen wie bloße Haut. Grad erst vor einer Minute wurde das Schießpulver erfunden und vor einer Sekunde die Atombombe. Lang, lang ist's her.

Der Fortschritt in der Menschheitsgeschichte ist eine Schnecke, schleimige Blutspur, hegel-marxistisches Dogma. Fortschritt unaufhaltsam, rasend schnell und geht nach hinten los. Fortschritt – ein blindes Mischmonster aus Löwe, Maulwurf und Drache im Krebsgang. Chimäre Fortschritt, vernünftiges Hirngespinst der Aufklärung und trotz alledem unsere einzige Hoffnung.
Wir erleben in diesen Zeiten einen zynischen Beweis für den Fortschritt in der Geschichte. Juden sitzen 45 Jahre nach Auschwitz zu Haus in ihren gemütlichen Gaskämmerchen hinter Plastikfolie und Tesa-Klebestreifen, das ist Fortschritt. Sie warten in Tel Aviv und Jerusalem mit deutschen Gasmasken über der Judennase auf den Moment, wo das Giftgas von oben eingeworfen wird. Das ist der Fortschritt: Diesmal ist es kein SS-Mann, der das körnige Zyklon-B von Hand aus einer IG-Farben-Dose durch den Luftschacht einschüttet. Heute warten die jüdischen Menschenkinder auf das modernere Sarin-Gas, auf Tabun-Gas und auf das gefürchtete Senf-Gas, eingeworfen durch den jordanischen Luftkorridor mit einer sowjetischen Scud-B-Rakete.
Und wie damals in dem Duschraum ohne Duschen: Die Juden wehren sich nicht. Sie harren und hoffen, wie in der Nazizeit, auf das Kriegsglück der Alliierten. Aber auch hier eine kleine Variation: Die Opfer sind bis an den Goldzahn bewaffnet. Ist das Fortschritt? Israel hat die Atombombe und könnte noch im Sterben in einem Vergeltungsschlag Saddam Hussein und seine kriegsbegeisterte Bande mit in den Abgrund reißen.
Fortschritt, eine Spirale vom Urknall zum Endknall. Alles wiederholt sich und immer anders. Die Ausrottung war den Juden sowohl von Hitler als auch von Saddam Hussein offen angekündigt. Damals wie heute kam die Drohung von einem blutigen Emporkömmling, einem Tyrannen, Demagogen und Machtparanoiker. Aber auch hier ein Fortschritt: Man

muß nicht mehr mutmaßen. Der Autor von »Mein Kampf« war bis 1933 nur eine Großfresse, und keiner konnte wissen, ob er sein blutiges Gerede dann auch wahr macht. Saddam Hussein aber ist ein gestandener Massenmörder. Er überfiel den Iran und schickte Millionen Menschen in den Tod. Er vergaste aus Gründen strategischer Zweckmäßigkeit einen Teil seiner eigenen Zivilbevölkerung: die Kurden. Er zerfetzte mit seiner sowjetischen Artillerie Abertausende iranische Kindersoldaten, die Chomeini gegen ihn in die Schlacht geschickt hatte. Die Kinder trugen alle um den Hals einen Plastikschlüssel für die Tür ins Himmelreich.

Aus Erfahrungen dieser Art kommt solch ein Satz: »Ich kann drei, ja sechs Millionen Tote hinnehmen, das stehe ich durch.« Stimmt, er steht es durch: neunzig Meter unter der Erde in einem atombombensicheren Bunkersystem, Modell »Neue Heimat«, gebaut von Baufirmen des DGB.

Oder ganz anders. Vielleicht hat der Kriegsheld längst seinen Bart abgeschnitten und lebt mit Familie in der Schweiz als Herr Salman Russel in einer Villa am Zürisee. Ein Lebensabend unter einer Sonne, die nie untergeht: seine Nummernkonten. Er führt den Hund im Nobelviertel Erlenbach spazieren, während seine diversen Doubles im Irak die Amerikaner foppen, genau wie die Raketenattrappen.

Ich fand jetzt eine ganzseitige Anzeige der Firma PDS/Linke Liste. Da sieht man, dick schwarz umrandet, ein Dokumentarphoto. Ein Meeresstrand ist zu sehen. Ruhige See, schwache Brandung, ablandiger Wind. Im Mittelgrund dümpelt, hinten auf Grund gesetzt, eine Art Schiff, ein verlassenes Landungsboot für Mannschaften und Panzerfahrzeuge. Die Landeklappe zum Strand hin hängt runtergelassen an Stahlseilen. Auf dem Strand sieht man drei tote Soldaten. Sie liegen da in voller Kampfmontur in perspektivisch idealer Anordnung. Zwei auf dem Bauch, der Mittlere liegt auf dem Rükken. Beim näheren Hinsehen ist erkennbar, daß das linke Bein des Toten im Vordergrund halb in den Ufersand eingespült ist. Das bedeutet, die Leichen liegen zumindest schon seit ein paar Stunden da und wurden von Wellen überleckt, als noch Flut war. Vielleicht hatten die Leichen auch vordem im Wasser getrieben und waren dann von stärkeren Wellen an den Strand geworfen worden.

Ihre Körperhaltung sieht entspannt aus, die Beine leicht angewinkelt. Der Arm des Mittleren liegt breit vom Körper ab, den Strand hoch, in einer Christus-Haltung. Handfläche nach vorn, wie hingehalten zum Annageln ans Kreuz. Die Finger dieser Hand bilden, wie im Kinderschlaf, eine leicht offene weiche Faust. Seine Füße sind übereinandergelegt, auch wie für den Nagel.

Ja, alle drei Soldaten liegen da wie Schlafende. Der Mann im Vordergrund liegt mit dem Gesicht unter dem Stahlhelm. Die Sonne knallt ihm von Süden her unter dem Helmrand in die freiliegende Gesichtshälfte. Der Tote müßte einen Sonnenbrand kriegen. Die Sonne steht offenbar sehr steil an einem wolkenlosen Himmel, denn die Schatten sind kurz und scharf. Es muß gegen Mittag, und es muß Sommer sein. Der Strand verläuft also in nordsüdlicher Richtung, klar, es könnte sich um die Küste des Atlantik handeln.

Der Stahlhelm ist kein wehrmachtsdeutscher Kochtopf, dieses Fabrikat würde ich wiedererkennen. Kenner könnten an der Salatschüsselform leicht sehn, ob es amerikanische oder britische Soldaten sind, die da den großen Schlaf schlafen. Und es muß ein schmaler Strand gewesen sein, denn oberhalb des Kopfes des vorderen Toten erkennt man schon wellengewaschenes Wurzelwerk von irgendwelchen Sträuchern. Kurz: Es könnte sich um cin Photo von der Landung der Alliierten in der Normandie handeln.

Am 6. Juni 1944 errichtete eine Armada von 6400 Landungsfahrzeugen unter dem Feuerschutz von Schlachtschiffen und Flugzeugen den ersten Brückenkopf gegen die Wehrmacht in

Frankreich. Man weiß, die Landung war hervorragend geplant und bestens durchgeführt worden, dennoch gab es furchtbar viele Opfer auf seiten der Angreifer.
Ich habe es gar nicht eilig mit meiner politischen Schlußfolgerung, sie ist sowieso nicht welterschütternd. Schaun wir uns in Ruhe die drei Toten an. Dank der Zensur sehen wir in diesen Tagen sowieso keine aufreizenden Bilder von den Opfern des Krieges in der Glotze. Das bißchen Platz muß sein in der ZEIT, das bißchen Zeit in diesen hektischen Tagen.
Die drei Soldaten erinnern mich, wie sie da liegen, an das berühmte Sonett des Arthur Rimbaud. Mit siebzehn Jahren schrieb der französische Dichter dieses Meisterwerk, das in France mancher Schüler auswendig hersagen kann: Le Dormeur du Val (Der Schläfer im Tal). Dreizehn Zeilen lang schildert Rimbaud einen schlafenden jungen Soldaten, aber in der letzten, der vierzehnten Zeile, kommt die erschrekkende Wahrheit raus: Der Junge ist tot.

Der Schläfer im Tal

Das ist die grüne Mulde, da murmelt der Bach und schmückt
Das Ufergezweig mit silberflirrendem Fetzengewirre.
Dort, wo vom kahlen Gebirge die Sonne und wie verrückt
Ins kleine Tal reingleißt, schäumt auf das Strahlengeflirre.

Ein junger Soldat, Mund offen, die Stirne bloß und bleich,
Läßt seinen Nacken im saftigen blauen Kressekraut baden,
Er liegt da, hingestreckt. Und eine Wolke schwimmt leicht
Dahin. Er schläft im Bett aus Grün, wo Lichtschauer sich entladen.

In Schwertlilien stecken die Füße, er lächelt so brav,
Wie'n krankes Kind wohl lächelt, er nimmt 'ne Mütze voll Schlaf
– ihn friert. So wärme ihn doch, Natur, in seiner Not!

Und seine Nüstern, sie beben in all dieser Nasenlust nicht.
Die Hand ruht auf der Brust. Er schläft im Licht.
*Zwei Löcher hat er an der Seite rechts. Und die sind rot.**

Das Schlimme, das Schöne und Geniale an diesem Gedicht ist nun dies: Wenn du die blutige Pointe erst einmal kennst, dann hat das Sonett beim zweiten Lesen nicht etwa einen langen Bart wie ein alter Witz. »Er liegt da hingestreckt« – solche Doppeldeutigkeiten kündigen deutlich genug eine Katastrophe an, die längst geschehen war. Und du schlägst dich vor die Stirn und sagst: Hätte ich doch merken müssen! Klar wie Kloßbrühe! *clear as mud!* Aber ich habe eben mal wieder geglotzt statt hingeschaut.

Und nun das Photo mit den drei toten Amerikanern in der Werbeanzeige der PDS gegen den Krieg am Golf. Versuchen wir also, zu sehn und nicht zu glotzen. »Schickt Politiker in die Wüste – nicht Soldaten!« steht groß ins Photo montiert. Und außerdem rechts unten ein Kästchen mit acht Zeilen aus dem bekannten Deserteurlied von Boris Vian.

Was ist das für ein gemischter Ideologie-Salat in der PDS-Propaganda-Schüssel? *Clear as mud!*

Erstens ein Photo vom Anti-Hitler-Krieg, nun mißbraucht gegen den Anti-Saddam-Hussein-Krieg. Zweitens ein französisches Lied aus der Zeit des algerischen Kolonialkrieges der Franzosen, nun mißbraucht gegen die UN-Streitmacht am Golf. Drittens meine deutsche Übersetzung. Ich hatte sie gemacht, um junge deutsche Soldaten des Warschauer Pakts und der NATO in der Zeit des kalten Krieges zum Desertie-

* Wolf Biermann, Affenfels und Barrikade, 1986

ren zu ermuntern. Nun werden die Verse mißbraucht gegen alliierte Armeen, die ein Regime bekämpfen, das fest versprochen hat, Israel auszulöschen. Und als Salatsauce eben diese friedensfreudige Standardlosung: Schickt die Politiker in die Wüste, nicht Soldaten.
Wir sollen also gegen Saddams Okkupationsheer den verfetteten Kohl in die Wüste schicken, den herzkranken Genscher, Graf Lambsdorff am Stock, Minister Schäuble im Rollstuhl und den falschen Fallschirmspringer Gregor Gysi. Das ist der kabarettistische Vorschlag einer Partei, die grade eben selbst vom WirsinddasVolk-Volk in die Wüste geschickt wurde und dabei weich im Bundestag gelandet ist. Es stinkt, der Appell ist demagogisch.
Infam: Die drei toten alliierten Soldaten vom D-Day werden gegen die lebenden alliierten Soldaten ins Feld geführt. Diese drei Toten haben mein Leben gerettet, wie könnte ich das aus lauter Friedensliebe vergessen! Wenn die Soldaten der Roten Armee und der US-Army nicht gegen sie gekämpft hätten, würden die Deutschen heute noch Heil Hitler schrein. Statt dessen schrein sie jetzt im Osten »Russen raus!« und im Westen »Amis raus aus Arabien!«
Der Krieg begann weder an diesem 15. Januar noch am Tag des Überfalls auf Kuweit. Dieser Krieg ist nur der Punkt aufs »I«. Zu spät unser Geschrei. Alles begann, als Breschnew den Irak mit Panzern, Raketen, Mig-Düsenbombern und schwerer Artillerie und Kalaschnikows ausrüstete. Der Krieg begann, als die Franzosen dem Irak die Atombombenfabrik bauten und die Mirage-Düsenjäger lieferten. Alles war gelaufen, als deutsche Kriegsprofiteure dem Irak wie auch Libyen Giftgasfabriken verkauften. Und alles war verdorben, als die Amerikaner alle Augen zudrückten, weil ihr Todfeind Chomeini geschwächt werden sollte. Das Verbrechen wurde schon begangen, als die Stasi des Markus Wolf dem irakischen Diktator einen mehrfach verschachtelten Spitzelapparat gegen das

eigene Volk installierte: ein Machtmittel, mit dessen Hilfe Saddam Hussein jede innere Opposition im Keime ersticken konnte. Und so hatte das irakische Volk immer weniger Chancen, sich selbst von dieser Tyrannei zu befreien. Noch unter PDS-Modrow und CDU-Eppelmann wurde korrekt weitergeliefert und unterstützt. Es wurden sogar palästinensische Terroristen im PDS-Staat bis zum Ende ausgebildet und ausgerüstet – Vertrag ist Vertrag. Bis heute arbeiten Militärberater der sowjetischen Armee im Dienst des Irak.
Wer sah nicht die rührenden Fernsehbilder, als Willy Brandt ein Flugzeug voll deutscher Geiseln befreit hatte. Nun hören wir, daß etliche von diesen losgebettelten Technikern und Ingenieuren flugs wieder zurückgeflogen sind, weil sie im Irak für 60000 Mark Lohn im Monat die unterbrochene Arbeit fortsetzen wollten. Vertrag ist Vertrag. Ich denke, solche Menschen müßten erhängt werden wie Kriegsverbrecher. Und die feinsinnigen Rechtsanwälte, die wasserdichten Notare, die hanseatischen Kaufleute und respektablen Geschäftsführer, die alle am Geschäft mit dem Tod verdient haben, verdienen den Tod, genau wie Göring und Krupp und Eichmann.
Der Golfkrieg ist wie eine blutige Karikatur der Völkergemeinschaft. Alle haben zusammengearbeitet. Die Sowjets liefern die Scud-Rakete, und die Deutschen verbessern sie so, daß sie den Weg über Jordanien bis nach Israel schafft. Grade weil er so schön komplex ist, führt uns dieser Krieg modellhaft das Perpetuum mobile unserer Selbstvernichtung vor. Die Rüstungskonzerne in aller Welt liefern an alle Welt Waffen, zu deren Bekämpfung sie dann aber neue und noch mehr Waffen liefern müssen. Die armen Völker bezahlen die Waffen mit Hunger, Durst, Krankheiten und Unwissenheit. Die reichen Länder bezahlen mit genau dem Überfluß, den sie den armen Ländern abgeben könnten und müßten, damit die Welt nicht vollends in eine arme und eine reiche Hälfte zerbricht.

Kein Blut für Öl – das ist nun die antiamerikanische Losung. Heilige Einfalt! Natürlich geht es auch den Amerikanern ums Öl. Noch schlimmer: Das Pentagon brannte schon lange darauf, seine Waffen auszuprobieren. Noch perverser: Die US-Rüstungslobby braucht dringend den Beweis dafür, daß die Billionen Dollar kein rausgeschmissenes Steuergeld waren. Der lukrative Ost-West-Konflikt ist ihnen verdorben, aber die Aktionäre der Kriegsindustrie wollen, daß das Wettrüsten trotzdem weitergeht. Und bei den Präsidentschaftswahlen will kein Kandidat die jüdischen Stimmen verspielen.
Alles niedrigste Motive. Und ich sage mir: zum Glück! Denn wenn es um die hehren Prinzipien der Menschlichkeit ginge, um Freiheit und Demokratie, dann würde Präsident Bush seine Jungs nicht kämpfen lassen. Die USA sahn ja auch gelassen zu, als Iran und Irak sich zerfleischten. Saddams Völkermord an den Kurden war denen eine häßliche Lappalie, und Saddams Terror gegen das eigene Volk war ein totalitäres Kavaliersdelikt.
Die USA hatten schon so viele unglückliche faschistische Liebschaften in der Welt. Auch wenn jeder ratlose Kommentator es so ähnlich wiederholt, ist es doch wahr: Wenn in Kuwait nicht Öl gefördert würde, sondern nur die Kunst des Kamelreitens, dann hätten sie dem Dieb aus Bagdad die wertlose Beute gelassen.
Ja, ich bin froh, daß es solche zuverlässig miesen Interessen gibt. Israel stünde sonst allein da. Saddam würde den Judenstaat auslöschen, wenn nicht heute, dann morgen mit einer deutsch-französisch-britischen Atombombe.
Es gibt zwei Beteiligte an diesem Weltkonflikt, deren Lage ähnlich verzweifelt und heillos ist: die Juden und die Palästinenser. Sie sind auch die einzigen, die echte, will sagen: existentielle Interessen haben und die deshalb auch eigentlich Verbündete sein sollten.
Weder der jordanische König noch der syrische Diktator,

Die Bundesregierung informiert:

§ 80. Vorbereitung eines Angriffskrieges. Wer einen Angriffskrieg (Artikel 26 Abs. 1 des Grundgesetzes), an dem die Bundesrepublik Deutschland beteiligt sein soll, vorbereitet und dadurch die Gefahr eines Krieges für die Bundesrepublik Deutschland herbeiführt, wird mit lebenslanger Freiheitsstrafe oder mit Freiheitsstrafe nicht unter zehn Jahren bestraft.

Strafgesetzbuch (StGB)

Schickt die Politiker in die Wüste

DER DESERTEUR

Sagt nein, wenn sie euch zi
Sagt nein zum Exerzieren!
Sagt nein zum Kriegeführe
Sagt nein und geht nicht hi

Monsieur, le Président
Ihr seid fürs Blutvergießen?
— Allez! laßt Eures fließen
das wär 'ne gute Tat!

Boris Vian / Wolf Biermann

NICHT SOLDATEN

nicht der schwachsinnige Tyrann in Libyen und schon gar nicht der größenwahnsinnige Despot an Euphrat und Tigris interessieren sich für das Schicksal der Palästinenser.
Das einzig Echte an Saddam, scheint's, ist sein Revolver unter der Wampe, mit dem er bei Diskussionen im Führungsstab gelegentlich einige seiner Kumpane erschießt. Ich glaube, nicht einmal sein Haß gegen Israel ist echt. Der Haß auf die Juden und die Liebe zu den Palästinensern sind nur zwei Seiten derselben falschen Münze, mit der er die Einheit der arabischen Welt unter seiner Führung kaufen will.
An Menschenverachtung werden all diese blutigen Trauergestalten nur noch von Arafat übertroffen. Ihm sind die Selbsterhaltung und eine Pirouette bei der Selbstdarstellung auf der Weltbühne offenbar wichtiger als seine gequälten Landsleute. Er leckt mit Bruderküssen seinen Todfeind, den kleinen König von Jordanien, ab, der 1970/71 die Kämpfer der PLO zu Abertausenden niedermetzeln ließ. Arafat ermuntert die Kinder der Intifada, gegen schwerbewaffnete Soldaten mit dem Stein in der Hand vorzugehn. Arafat ist ein Feigling in der Pose des Kämpfers, Revolutionsschwadroneur, der in New York operettenhaft in die Decke schießt, ein Lebemann, der fanatisierte Unglücksmenschen im Gaza-Streifen in den Tod schickt. Von Luxhushotel zu Luxushotel jettet er um den Erdball, ein alt und fett gewordener Phrasendrescher mit immer demselben falschen Siegerlächeln. Er ist ein Verlierer auf Kosten seines Volkes, eine blutige Witzfigur der Weltgeschichte, eine Schießbudenfigur aus der Zeit des kalten Krieges.
Eins haben wir gemeinsam: Auch ich singe einen Geschichtsoptimismus, der aus Niederlagen gemacht ist. Aber immerhin reite ich nicht mit dem Arsch anderer Menschen durchs Feuer.
Ja, ich bin Partei in diesem Streit, und ich bin kein Jude. Die aus mir einen hätten machen können, sind alle ermordet worden.

Das begeisternde Erlebnis meines Vaters in den zwanziger Jahren war, daß er eben nicht Jude ist, sondern Mensch. Als Kommunist und Werftarbeiter verdrängte er das Judentum seiner Kindheit. Nach Hitlers Machtergreifung kämpfte er im illegalen Widerstand und wurde verhaftet. Als er im Hamburger Hafen Waffenschiffe sabotierte, die Nachschub für Hitlers Legion Condor nach Spanien bringen sollten, kämpfte er auf seiten der Spanischen Republik. Er tat auf seine Weise dasselbe wie seine Genossen, die in den internationalen Brigaden gegen Franco kämpften und starben. Der faschistische General hatte ja auch seine Unterstützung in aller Welt. Allein die Tatsache, daß er den ganzen Krieg nur machen konnte, weil die US-amerikanische Texaco ihm auf Pump 1936 bis 1939 alles an Flugzeugbenzin und Diesel für die Panzer lieferte, das werde ich auch nicht vergessen, wenn eine Dea-Tankstelle am Straßenrand winkt.
Eine Gerichtsverhandlung gegen meinen Vater begann mit den üblichen Formalitäten. Name? – Biermann, Dagobert. Geboren? – 1904 in Hamburg. Beruf? – Maschinenschlosser. »Religion keine« – ergänzte der Richter. Nein, schrie da mein Vater, ich bin Jude! – Idiot! Lieber Idiot! Meine alte Mutter weinte in diesen Tagen wie eine junge Frau, als wär's grad eben passiert: Hätte er doch geschwiegen! Vielleicht wäre er durchgekommen! Sie hätten es vielleicht übersehn.
Das stimmt. Im Gefängnis hätte er überleben können, er wäre vielleicht gar nicht entlassen worden... nach Auschwitz. Wäre hätte könnte. Er saß noch sicher im Knast Bremen-Oslebshausen, als seine Eltern, als seine Geschwister und deren Ehegatten und alle Kinder auf die große Reise nach Osten gingen. Über zwanzig Hamburger Juden, die 1942 ermordet wurden. Mein Vater hatte sich gewehrt gegen das Unrecht, und so lebte er ein Jahr länger.
Wohnte ich in Israel, würde ich wahrscheinlich zu den Kritikern der Regierung gehören. Ich wäre einer von den vierhun-

derttausend Menschen dort, die gegen den Libanonkrieg ihrer eigenen Regierung protestierten. Ich stünde auf seiten derer, die immer wieder versuchen, mit den Palästinensern zu reden, und ich würde gegen die aggressive Siedlungspolitik der orthodoxen Eiferer öffentlich ansingen.

Allerdings würde mich diese Haltung nicht viel kosten, denn in Israel ist die Opposition zur Regierung ungefähr so teuer, will sagen: so billig wie hier. Stell dir eine religiöse oder soziale Intifada in irgendeinem arabischen Land vor, sie würde keine zwei Stunden dauern. Im März 1982 trat in der syrischen Stadt Hama eine radikal islamische Gruppe gegen die Politik von Hafis el-Assad auf. Er ließ, nachdem diese Opposition erledigt war, noch zwanzigtausend Menschen in dieser Stadt prophylaktisch umbringen.

Um die Herrschaften in den Scheichtümern ist es so wenig schad wie um die faschistischen Militärdiktaturen. Ob die Reichtümer des Landes von lebenslustigen Parasiten verpraßt oder von totalitären Fanatikern vergeudet werden, nimmt sich nicht viel. Das Erbe der französischen und britischen Kolonialpolitik, die Hypotheken des kalten Krieges der Großmächte, die ätzende Krankheit religiöser Intoleranz – all dies lastet auf den Ländern dort. Frieden? Ja, lieber heute als morgen, wenn diese Völker eine Chance kriegen, brüderlich nebeneinander zu leben mit Israel. Und Israel selber?

Die Araber können nicht fordern, daß es seine Politik gegenüber den Palästinensern radikal ändert, und die Juden dort gleichzeitig mit der Ausrottung bedrohen. Solange die Existenz Israels nicht anerkannt ist, kann es die besetzten Gebiete nicht denen übergeben, die auf ihre Fahnen geschrieben haben: Bewerft die Juden mit Giftgas! Ich höre schon die dialektischen Einwände gegen diese Ursache-Wirkung-Logik. Aber diese Logik kommt aus mehreren Kriegen, in denen arabische Staaten versucht haben, Israel zu vernichten – aufgerüstet und angestachelt von der Sowjetunion. Seit Gorbatschow

sich von dieser zynischen Außenpolitik abwendet, könnte manches besser werden, wie in Europa. Aber wir sehn es ja: Die westeuropäischen Geschäftemacher verscheuerten aus Profitgier prompt und in besserer Qualität alles, was die Sowjetunion nicht mehr liefert.
Mein Vater ist so jung geblieben. Längst bin ich älter als er. Ich überholte ihn an dem Tag, als ich vor fast fünfzehn Jahren in den Westen kam. Für den russischen Dichter Julij Daniel schrieb ich noch in der DDR vier Zeilen, die jetzt mich einholen und die eine schöne Musik brauchten:

Ich bin zu müd fürs Schlausein und zu stolz
Zu alt für euern Harlekin
Den Tod nicht mehr, ich fürchte nur
Das Leben auf den Knien.

Für mich schließt sich ein Kreis zu meinen früheren Kinderjahren in diesem geschichtsdummen Land. Ich komme wieder an in den Kälten einer altvertrauten feindseligen Fremdheit. Nach über zwei Generationen hat sich das alte deutsche Farbmuster auf historisch höherer Stufe wieder eingemendelt. Gregor Mendel, der Naturforscher und Prälat mit seinen Generationen gekreuzter Erbsen, Bohnen und Stiefmütterchen im Klostergarten zu Brünn, war kein Kämpe im Historikerstreit und wollte uns nichts beweisen. Aber ich bin auch kein festgewachsenes Pflänzchen im großdeutschen Schrebergarten. Ihr überdeutschen Deutschen, egal ob Kriegsgewinnler oder Friedensengel, ich weiß, ihr könnt sehr gut ohne mich. Aber ich kann auch ohne euch.
Heute ist Montag, der 28. Januar. Man mag nur noch in Tagen denken in dieser Endzeit. In den Nachrichten kam eine Neuigkeit, die mich entsetzt und gar nicht wundert. Saddam kündigt nach dem konventionellen Raketenvorspiel nun den nichtkonventionellen großen Vernichtungsschlag gegen Is-

rael an. Er wird also meinen Freund Walter Grab und seine Frau Ali in Tel Aviv das erste Mal im Leben vergasen und meinen toten Vater zum zweiten Mal. Und ich höre schon den lapidaren Kommentar von einigen besonders fortschrittlichen deutschen Friedensfreunden: selber schuld. Na dann! Bindet euer Palästinensertuch fester, wir sind geschiedene Leute.

Brief an meinen Freund Arno Lustiger in Frankfurt

lieber Arno,
der Krieg wütet gemütlich im Fernsehen als Computerspiel. Und ich lebe seit Tagen unter einem Bombenteppich aus bösen Briefen. Dermaßen wortreicher Haß, kommt der psycho-logisch wirklich aus enttäuschter Liebe? Na, dann müßte es ja eine mörderische Leidenschaft gewesen sein. Meine friedenskämpferischen Freunde gießen ihre vollgemachten Nachttöpfe über mir aus. Jeden Morgen bringt die Post das feed-back, nein: fight-back. Seitenlange Pamphlete, die meisten gebündelt in dicken Din-A4-Umschlägen. Manche Wutbriefe sind länger als mein ganzer Artikel. Freilich finden sich auch lobende Worte, fast ausschließlich von Juden.

Wenig Einerseits-Andererseits-Episteln. Die Schreiber sagen nur Ja oder Nein, Liebe oder Haß. Ich könnte zwei Standard-Antwortbriefe vervielfältigen. Kaum einer, der irgendwas fragt. Es wundert mich, daß sich keiner wundert und keiner wissen will. Dieser plötzliche und totale Entzug von moralischem Kredit. 30 Jahre lang war ich Mensch, jetzt bin ich Schwein. Gestern Dichter, jetzt Schaumschläger. Ich staune, und es tut mir weh.

Als Manès Sperber kurz vor seinem Tod den Friedenspreis des Deutschen Buchhandels erhielt, ließ er, krank wie er war, seine Rede vorlesen. Er sprach darin von der Notwendigkeit, daß die Europäer sich auch militärisch einigen und wappnen müßten, damit sie kein Spielball der beiden Supermächte bleiben und sich selbst gegen die totalitären Eroberungsgelüste der Sowjetunion verteidigen können. Auch Hitler sei schließlich nur durch die alliierten Waffen bezwungen worden und

nicht durch sein eigenes Volk. Ich fand Sperbers Konsequenz damals für uns hier falsch. Ich glaubte nicht an den Segen einer dritten Supermacht.
Aber als ich dann öffentlich von Bernt Engelmann hörte, Sperber solle den Preis schleunigst zurückgeben, er sei ein reaktionärer Kriegshetzer etc., da protestierte ich gegen Engelmanns Attacke, wie andere auch.
Der DDR-Spezi und Hobbyhistoriker setzte damals dann noch eins drauf und entschuldigte sich mit zynischer Ironie: Man könne freilich von solch einem alten klapprigen Sack wie Manès Sperber nicht erwarten, daß er noch irgend etwas »schleunigst« tun könne... Sperber belehrte seinen Kritiker dann, indem er doch noch etwas »schleunigst« tat: Er starb in Paris.
Kein Respekt vor der anderen Meinung. Keine Streitkultur. Nichts Britisches in Germany. Das ist unser totalitäres Langzeitdepot, unser Hitler-Erbe. Und sie haben nicht mal meinen Artikel gelesen, über den sie nun schimpfen. Ich hatte in meinem Text über die Motive und den Charakter des US-amerikanischen Engagements im Golfkrieg ja äußerst kritisch gesprochen. Trotzdem habe ich mich nun entlarvt als gemieteter Knecht der Amerikaner, Kettenhund an der Leine des US-Imperialismus, ein Apologet des *American way of life*. Das ist der Geist der Inquisition, das Stasidenken auf linksalternativ.
Wie den Hund in seine eigene Scheiße, so stupsen mich die Fans nun in meine eignen alten Friedens-Lieder. Hastu nich gesungen Soldaten sind alle gleich?! – Nein. Ich hatte gesungen: Soldaten sehn sich alle gleich. Ich war nie ein Pazifist. Wenn ich gegen Pinochet in der Ballade vom Kameramann in Chile sang: *Mit Knarre und Gitarre*... Oder wenn ich über Che Guevara sang:

Im schwarzen Bart die Zigarre
Den roten Stern an der Jacke
Jesus Christus mit der Knarre
So führt dein Bild uns zur Attacke...

dann klatschten die Frieden-um-jeden-Preis-Träumer begeistert, und die angehenden Doktores Faust ballten die klassenkämpferischen Fäustchen. Im Herzen sind sie romantisch aggressiv und lügen sich ihre rigorose Friedensliebe in die Tasche. »Gewalt löst nichts!« rufen sie. Hat ja auch keiner das Gegenteil behauptet.
Ein junger Historiker, der in München lebt, ein Professor Wolfssohn, hat sehr schön gesagt: Die Juden und die Deutschen haben beide ein gefährliches Trauma. Die einen wollen nie und um nichts in der Welt wieder Opfer sein, die anderen niemals wieder Täter.
Dabei sind beide längst auch wieder beides geworden. Die Juden in Israel sind wieder Opfer. Und die Deutschen sind längst wieder Täter. Früher schickte Deutschland seine jungen Männer wenigstens noch selbst in den Heldentod. Heute leben Deutsche davon, daß sie liefern: Kriegsinstrumente und Gasfabriken, mit denen sich die Jugend anderer Völker gegenseitig abschlachtet.
Nun aber bin ich schuld. In vielen Briefen das gleiche Verdikt. Jede einzelne Leiche des Bomben-Krieges auf mein Konto. Alles Blut der Opfer des Golfkrieges klebt an meinen Händen. Ich bin nun der Mörder, der Schreibtischtäter, der Kriegshetzer.
Günter Grass nennt mein Votum für diesen Krieg gegen Saddam »naßforsch«. Meine alten Freunde in Bremen, die Germanistik- und Romanistik-Professores Christa und Peter Bürger haben entdeckt, daß ich ein Schamir-Anhänger und Zionist geworden bin. Mensch Arno, ich habe in ein friedenswütiges Hornissennest gestochen.

Deutschlands Ernest Mandel, das ist, Du wirst ihn kennen, Jakob Moneta in Frankfurt. Ein trotzkistisches U-Boot, das mit der IG-Metall auch über Wasser fährt. Mit ihm war ich seit 1976 befreundet und oft sogar einer Meinung. Jakob hat seit der Wiedervereinigung sein taktisches Meisterstück als Trotzkist geliefert und ist ausgerechnet in die PDS eingetreten, Erbin jener Partei, die seinen Meister in Mexiko ermordete, und macht denen den Spitzenkandidat. Er soll mich nun auch eine ganze Seite lang in einem sozialistischen Käseblatt geschlachtet und gefressen haben.
Auf dem Vereinigungs-Kongreß der »ÖTV« in Stuttgart traf ich vor paar Tagen einen halbjungen Gewerkschaftsfunktionär. Der sagte mir, nachdem ich eine Stunde lang den Delegierten neue und alte Lieder zum Krieg gesungen hatte: Du hast nun nicht mehr das Recht, diese alten Lieder zu singen! Mit deinen Liedern bin ich aufgewachsen, und sie haben mich geprägt und eine ganze Generation. Die Lieder gehören uns und nicht dir. Du mißbrauchst diese guten Lieder, um deiner falschen neuen reaktionären Position Gewicht zu geben.
Ach Arno, mich hat's getroffen, und mir blieb die Spucke weg. Weder Deinem Enkel Wolf noch Deinem Großväterchen Wolf fällt was Treffendes dazu ein.
So weit waren damals nicht mal die Bonzen der SED gegangen. Die stopften mir 12 Jahre lang nur einen Knebel ins Maul, aber sie wollten mir nicht auch noch die Zunge rausreißen.
Die Lieder werden nun vom wütenden Friedensvolk enteignet und sind auf diesem Umweg also doch noch Volkseigentum geworden. Ich war verblüfft über diese Mischung aus Liebeserklärung und Mordversuch.
Und meine Angst: womöglich hat der Mensch ja fürchterlich Recht, vielleicht bin ich schon so dermaßen verkommen, daß ich es nicht mehr merke. Und Du bist mein böser Geist, der mich an sentimentalen Juden-Stricken in die zionistische Irre zerrt.

Mir fällt der Parteidichter Johannes R. Becher ein, der mal von sich schrieb: Er möchte *»als namenloses Lied ins Volk eingehn...«* Mit seiner fatalen Zeile »Deutschland, einig Vaterland...« ist es ihm für kurz und unfreiwillig gelungen. Ich jedenfalls lege es nicht darauf an einzugehn, und schon gar nicht in dieses Volk.
Mehrere Leitz-Aktenordner sind randvoll. Eine Meute aus Hunderten von bunten Hunden, die den bösen Wolf beißen, um die Herde der Friedensschäfchen zu verteidigen. Ich hab' versucht, alle Briefe durchzulesen, aber ich komme nicht nach und kann nicht mehr. Heute kamen noch mal an die fünfzig lange Episteln. Auch ein linksradikalistischer Wutanfall von einem Israeli aus Tel Aviv, der nach lauter wüsten Beschimpfungen herzzerreißend endet: »Mit der verzweifelten Hoffnung auf eine Antwort – Uri Shani.«
Ein Rächer der Kriegsopfer prophezeit mir, daß von nun an keiner mehr in meine Konzerte kommt. Und ich dachte: mag sein. Mein ZEIT-Essay wird sich für meine Liedermanufaktur geschäftsschädigend auswirken, für den Mietkünstler Biermann womöglich ruinös. Wer blecht schon 15 Mark Eintritt für eine Kriegs-Sirene. Der französische Aufklärer Helvétius schrieb mal: »Die Wahrheit hat noch keinem geschadet – ausgenommen dem, der sie sagt.«
Manche Kritiker argwöhnen, daß ich auf neue, besser zahlende Kundschaft spekuliere. Ein wutentbrannter Jude in London schlägt mir vor, ich solle nun ein Frontprogramm mit kriegsvergnügten Liedern einstudieren und den GIs in Saudi-Arabien vorsingen, damit sie auch was Kulturelles kriegen, bevor sie dann frohgemut in die Schlächterei ziehn...
Einigen meiner Fans gehen nun, nach 30 Jahren, die Augen auf und über: Mensch, Biermann! Nun plötzlich merken sie, daß ich im Grunde schon immer ein Plattkopf war, ein Karriereschwein. Ja, wäre ich unterm Strich zu ihrer Meinung gekommen und würde im Kuddelmuddel der Aspekte letzt-

endlich das Lied vom totalen Frieden flöten, dann hätten sie meinen Stil gelobt und die Schärfe des Gedankens, die Brillanz der Analyse. So aber bescheinigen diese Stumpfköpfe mir Ideenschwund, schlechten Stil, Eitelkeit, Schwatzsucht, Geltungsgier, Opportunismus und Altersschwachsinn.
Diese Steinigung mit Scheißköteln ist neu für mich. Bei Gelegenheit meiner Ausbürgerung gab es solche Haßtiraden nur im Zentralorgan der SED »Neues Deutschland«.
Aber es gibt auch ein paar Stimmen, die gegenhalten. Einer von ihnen ist Walter Grab. Dieser schärfste Kritiker unter meinen Freunden, Berufs-Jakobiner und leidenschaftlicher Antizionist in Tel-Aviv, ent-täuschte mich mal wieder. Er rief gleich als mein Schandwerk erschienen war an und sagte: Wolf, du triffst in allem den Nagel auf den Kopf. So wie du schreibst, so ist es. Und es ist gut, daß du es so deutlich gesagt hast. Als ich das hörte, freute ich mich wie bei einem Freispruch vor dem Jüngsten Gericht.
Aber im Hinterkopf dachte ich: Vielleicht irrt er sich. Er ist Partei, er will überleben, er möchte die deutsch-sowjetischen Giftgasraketen nicht aufn Kopp, also ist er voreingenommen: »Wer nichts hat als einen Hammer, für den sieht die ganze Welt aus wie ein Nagel...«
Lieber Arno, eine goldrichtige Kritik an meinem Artikel stammt von einem alten Freund. Dieter E. Zimmer schrieb mir: Man müßte auch dann für diesen Krieg gegen den Großverbrecher Saddam sein, wenn es Israel nicht gäbe.
Was mir an den polemischen Briefen weh tut, ist weniger die Kritik, sondern eher eine entscheidende Nebensache: Die Kritiker schließen mich aus der Menschheit aus.
Aber vielleicht sollte ich mich da nicht groß wundern. Vielleicht empfanden sie umgekehrt meine Kritik genau so. Wie man in den Wald hinreinruft, so schallt es heraus, heißt unser treudoofes Sprichwort. Bloß ahnte ich nicht, daß es ein Wald ist, in den ich rufe. Diese Leute sind wahrhaftig

Bäume, festgewachsenes Holz, und sie nageln mir mit ihren Briefen nur Bretter vorn Kopp. Man verschanzt sich, panzert sich und verliert die Kraft zur Selbstkorrektur. Krieg.
Mein giftiges Wörtchen vom Palästinensertuch hat manchen Friedenskämpfern, die beteuern, daß sie nie und nimmer!! solches Tuch tragen, den ideologischen Schaum dermaßen vor den Mund getrieben, daß man ihnen nun zum Abwischen eins schenken möchte.
Die neue Bundestagsabgeordnete der Ost-Grünen, Vera Wollenberger, ein evangelisches Suppenhuhn, ich traf sie mal in Ostberlin, kam kurz vorm 15. Januar entzückt von einem Besuch in Jordanien zurück. Sie berichtete begeistert von Palästinensern, die ihre Moscheen umfunktionieren und sich mit ihrem Befreier Saddam Hussein solidarisieren. Es sei in Jordanien eine prima Stimmung, so ähnlich wie in den bewegten Zeiten, als die Opposition in der DDR die Kirchen eroberte...
Gestern las ich in der taz ein Interview von Henryk M. Broder mit dem Sprecher der GRÜNEN, Ströbele, der grad auf dem Wege nach Israel ist, um den Juden die Leviten zu lesen. Ströbele schmeißt Enzensberger und mich in die Ernst-Jünger-Grube. Was dem Jünger sein Stahlgewitter, das ist dem Biermann der Feuersturm in Hammerbrook. Als hätte ich je den Krieg gefeiert und verherrlicht wie Ernst Jünger!
Was habe ich in einem Kohl-Ströbele-Schönhuber-Gysi-de-Maizière-Deutschland zu suchen? Im Moment würde ich nichts lieber als nach Paris umziehn. Nur weg aus diesem Zwei-halbe-Schweine-Land! Aber das sind große Worte. Wenn einer wie Du es nach Auschwitz und Buchenwald im häßlichen Frankfurt aushält, dann werde ich es ja wohl auch im schönen Hamburg können...
Mein Herz tut mir weh, es ist wieder genau so wie im Jahre '59. Damals waren meine Herzkranzgefäße verkrampft und erschöpft, eine Vorstufe zum Infarkt, Altmännerkrankheit bei

einem jungen Spund. Ich hatte mir damals meine erste ernstere Konfrontation mit dem stalinistischen System kindlich »zu Herzen genommen«. Später kamen unvergleichlich schlimmere Belastungen, aber sie machten mir weniger aus, weil ich inzwischen darauf gefaßt und besser trainiert war.
Ähnlich geht es mir heute beim Bruch mit einem Teil meines Publikums. Ich muß diese neue Einsamkeit erst lernen. Auch kein niedagewesenes Problem. Gertrude Stein sagte mal in New York: »The business of life is to make a solitude which is not loneliness.« Ich kenne den Satz von Hans Sahl, und er übersetzte: »Worauf es ankommt, ist, allein zu sein, aber nicht einsam.« Man könnte auch sagen: Es kommt darauf an, einsam zu leben, ohne einsam zu sein.
Aber so verzweifelt ist ja unsere Lage gar nicht. Immerhin haben wir treue Freunde, auch hier in Deutschland. Und daß wir beiden uns getroffen haben, mein lieber Enkel und Vater, macht unser Leben ja auch lebendiger.
Und ich will mich erinnern, daß andere Leute es tausendmal schwerer hatten. Denke nur an Manès Sperber, der seit seinem Bruch mit der Partei einsam und isoliert in Paris vegetierte: exiliert, zudem gemieden von den ehemaligen Genossen und verachtet von alten Freunden. Dazu kam die Angst vor der Gestapo und zugleich vor den Killern der Komintern.
In dem Buch »Das Exil im Exil«, das der Dichter Hans Sahl mir in diesen Tagen als Dank für meinen Kriegshetze-Artikel schickte, fand ich eine Szene von vielleicht 1937, in der Manès Sperber selber noch als Rädchen im Parteiapparat funktionierte.
Stiche im Herzen. Diese Arschlöcher sollten mir egal sein. Aber das gelingt mir doch nicht. Wer sich den Verlust selbst von irrenden Freunden nicht mehr zu Herzen nimmt, ist ja auch schon gestorben. Sie waren nicht immer falsch und sind es ja auch jetzt nicht ganz und gar. Der Fehler dieser Weltver-

änderer: Sie haben sich nicht selbst genug geändert – oder: nicht so, wie Freundfeind Biermann es will.
Keine Sorge, lieber Arno, ich bedaure nicht, und ich bin immer noch meiner Meinung und bin auch froh, daß die Geister sich mal wieder scheiden. Es ist schmerzlich, wenn man kein Verständnis haben darf für alles, was man versteht. Wenn diese Idioten wüßten, wie mir das Herz weh tut, würden sie in die Hände klatschen.
Es fühlt sich in meinem Rippenkäfig genauso an wie damals. Aber was solls. Ich lebte nach der ersten Attacke vor 31 Jahren munter weiter. Vielleicht hab' ich ja noch einmal solch einen langen Törn vor mir. Schöne Aussichten. Du mit deinem richtigen Herzinfarkt bist ja mein lebensfrohes Beispiel.
Der Krieg zieht sich hin. Die Amerikaner könnten auf die selbstmörderische Idee kommen, Atombomben zu schmeißen, um die Kriegsmaschine des Irak zu vernichten. Die Menschheit würde es ihnen weniger verzeihn als die Bomben auf Hiroshima und Nagasaki. Ich würde gern einen israelischen General ausfragen und wüßte gern die Meinung von Fritz Pleitgen. Er ist der klügste und menschlichste Mensch, den ich je in der politischen Arena rumlaufen sah. Er müßte doch alles tiefer wissen als wir. Er lebte lang genug in Moskau und in Washington. Ich werde ihn in Köln anrufen.
Die Armee Saddams ist offenbar genausogut geschützt in Bunkersystemen wie sein Volk wehrlos ausgeliefert. Und Saddam panzert seine Bunker mit Zivilistenfleisch. Saddams Bedingungen für einen Waffenstillstand zeigen, daß er keinen will.
Ich glaube, er spekuliert auf amerikanische Verluste im Bodenkrieg und auf den schnellen Umschwung der öffentlichen Meinung in den USA gleich am Anfang, so wie es erst nach Jahren im Vietnam-Krieg passierte. Und er spekuliert offen-

bar auf einen Sturz des kleinen blutigen Operetten-Königs in Jordanien. Wenn Saddam in Jordanien einmarschiert, dann wird man ihn begrüßen wie damals Herrn Hitler in Österreich. Und dann wird der Krieg doch da angekommen sein, wo Saddam ihn hinbiegen will: ein direkter Krieg gegen Israel.

Was weiß ich schon von Israel. Von Altona aus ist kein Ende abzusehn. Ich fürchte, daß die Juden dort sich verbluten und verbeißen in einen wachsenden arabischen Vielvölkerfeind.

Ich hatte gehofft, daß nun alles besser wird, weil die SU ihre Außenpolitik änderte. Aber die Perestroika kam nicht nur für die Sowjetunion zu spät. Die bösen Geister sind schon aus der Flasche. Vielleicht gibt es nach Saddams Niederlage ein paar Jahre Frieden. Aber es wird neue Versuche geben, Israel zu vernichten.

Alle Kontrahenten haben ihr borniertes Recht. Es ist wie in einer richtigen Tragödie: Man kann nur noch entscheiden, ob man lieber so oder anders zugrunde geht. Und es könnte alles so einfach sein – aber wiederum nur von Altona aus gesehn.

Heute steht in der taz, daß Ströbele in Israel auf die angemessene Gegenliebe stieß. Erhobenen Hauptes, hatte er angedroht, werde er den Zionisten in Israel entgegentreten – nun zog er mit eingeklemmtem Schwanz vorzeitig wieder ab. Der teure Flug! Den hätten wir besser genutzt, Arno, du alter Zionist. Ich habe heute noch ein zwölftes Lied aus dem Jiddischen ins Deutsche gebracht: »Huljet, huljet kinderlech« von Mordechaj Gebirtig. Ich brauche doch mal ein jiddisch-deutsches Wörterbuch. Kannst Du mir das besorgen? Du hast mich schon dermaßen verjudet, da kannste mir ja auch noch dazu die Sprache liefern. Was heißt »huljet« – ?? Ich fresse einen Besen, wenn das einfacht »lebt!« heißen soll. (So steht's in der gedruckten Roh-Übersetzung.)

Ach und der Awreml! An diesem Knochen hab' ich noch viel genagt, und nun gibt es eine ganz neue Fassung. Ich hatte das Wort »Heim« als Waisenheim mißverstanden... Auch sonst gab's noch Verbesserungen, aber nun isses gut! Mir reichts. Ich sitze an manchen dieser Übersetzungen länger als an Eigenem. Von dem Awreml gab es mindestens 30 Fassungen.
Ich lege Dir beide Übersetzungen mit in den Brief. Bitte, schmeiß die alten Awreml-Versionen weg, damit es sich nicht vermischt! Es singt sich auch gut. Eva-Maria hat schon alle Lieder eingeübt. Und Sigi, ihr pianistisches Junggenie, hat alles wunderbar in den Fingern.
Vielleicht sollte ich mal eine Platte mit diesen Liedern machen. Aber dazu bräuchte ich eine originale Klezmer-Band aus Amerika und den viel zu berühmten Giora Feidmann mit seiner Götterklarinette. Das wär was. Kannst Du das einfädeln? Viele würden sich freun. Du verstehst: nicht eine schnell mal auf jüdisch zusammengestoppelte Band aus deutschen Mietmusikern, sondern solche jungen Juden, die jetzt in New York mit einem leichten Jazz-haut-gout die Musik ihrer Urgroßväter aus Polen spielen.
In einem der giftigen Briefe schreibt eine Frau aus Hamburg, ich hätte sicher weniger Zeit als früher für ihren Brief, weil ich nach diesem Verrat unter meinen früheren Feinden sicher viele neue Freunde gewonnen hätte, denen ich mich jetzt widme... Die hat Sorgen! Bis jetzt sieht es so aus, als ob meine alten Feinde mich besser kennen als meine alten Freunde. Die bleiben mir treuer feind als solche Freunde freundlich. Das Exil beginnt erst.
Unsre Kinder sind lieb und gesund. Meine alte Emma-Mutter lebt ewig. Sie hat ein neues Gebiß, nein, falsch: mit 86 ihre ersten vier falschen Zähne! Wie es im Lied heißt: »und macht ein friede uns den krieg bequem.« Und Pamela ist lieb und noch schöner, als Du sie kennst.

Ansonsten bleibt es bei unserer Geschäftsgrundlage: Du mein Vater, aber ich Dein Großvater! Grüße also Deine Mischpoche und sei gegrüßt von dem, der auf Dich hört und Dir sagt, wo's langgeht.

Altona, 21.2.91

Am Tatort

In der Prenzlauer Nikolaikirche: Erinnerung an einen fünfzehn Jahre alten Skandal

Emma, meine liebe Alte, und einziges Muttertier. Ich bleibe noch ein paar Tage hier in Berlin, und deshalb schreibe ich. Ja, Deine Augen, aber Lore wird Dir vorlesen. Du erinnerst Dich vielleicht an meinen Brief von vor fünfzehn Jahren über eine Singerei in der Kirche. Ich schrieb ihn Dir damals aus der Chausseestraße rüber nach Hamburg. Der Brief war ein Bericht über ein Underground-Konzert in dieser Nikolai-Kirche der Stadt Prenzlau. Damals war's mein erster und zugleich letzter Auftritt in der DDR nach elf Jahren. Und das provozierte dann eine Debatte im Politbüro über den lästigen Fall B. Ich sollte nun endlich ein- oder ausgesperrt werden. Wußtest Du diese Details? Ich habe sie auch erst viel später erfahren und halb schon wieder vergessen. Mit zwei Stimmen Mehrheit (Erich und Erich) war damals beschlossen worden, daß ich nicht mit Gefängnis bestraft werde, sondern mit der großen Freiheit in Hamburg.

Nun schließt sich ein Lebenskreis. Ich wurde wieder eingeladen in diese schöne uralte Backstein-Kirche. Die Gemeinde dort braucht Geld für den Wiederaufbau. Ich ließ mich gerne zotteln und fand es folgerichtig, an den Ort einer Tat zurückzukehren, die ja nicht nur für mich so dramatische Folgen hatte.

Der Innenraum des Gotteshauses ist evangelisch karg. Es war feuchtkalt in diesem gewaltigen Gemäuer. Der H-H-H-H-Hall in dieser heiligen Halle war höllisch. Aber das Menschenohr gewöhnt sich an jeden Gestank. Viele ältere Leute von damals waren gekommen, Jugendliche und auch halbe Kinder. Alle hatten sogar Eintritt bezahlt, obwohl in diesen wackligen Zeiten im Osten keiner gern das knappe neue Geld

für Gereimtes ausgibt. Ich kam den Leuten nicht nur mit ollen Kamellen, ich sang ihnen eine Handvoll neuerer Lieder. Und predigte gottlos wie immer. Der Wolf ist kein Hirte, und die Leute da waren keine Schafe. Aber durch'n Wind, alle.
Liebe Emma, der sklavenselige Freiheitsrausch ist im Osten längst verflogen, und der Katzenjammer klingt auch schon ab. Übrig bleibt eine dumpfe Ratlosigkeit, eine ziellose Geschäftigkeit. Die Wutanfälle des befreiten Untertanen sind mehr ein resigniertes Klagen. Alles klein klein. Leise weinend kommt jetzt der banale bürgerliche Alltag.
Alle, die Opfer, die Täter und die westlichen Zuschauer schwärmen davon, wie sanft, wie fließend, wie gewaltlos der Umbruch im Osten gelang. Das klingt gut und ist auch wahr. Es zeigt sich nur, daß nach einer Revolution, die so ganz ohne Revolutionäre auskam, die alten Kastraten doch wieder den Ton angeben. Grad noch hatten sie die Hosen voll, jetzt grinsen sie schon wieder und riskieren die große Lippe. Solide gewachsene Stasi-Mentalität und schnell dazugelernter Frühkapitalismus – so laufen die Herren von gestern rum. Wenn man das sieht, dann kommt man auf gefährlich französische Gedanken: Es gab zu wenig Guillotinen, zu wenig geschmückte Laternen, zu wenig Rache, zu wenig Schrecken, zu wenig Barbarei. Die alten Fressen haben nur ein neues Makeup. Die Oberen von gestern kriegen nicht mal eins aufs Maul. Das ist schlecht für die Seelenökonomie der Unteren.
Und darum so wenig brutaler Jubel und so viel feinsinniges Gejammer. Die Demokratie kommt den freigelassenen Leibeigenen nun vor wie die allerneueste Fron. Wenn die Welt auf dem Kopf steht, ist der Himmel eben eine Hölle. Jetzt, wo sie endlich das Maul aufreißen dürfen, merken manche, daß sie nichts zu sagen haben. Ein Leben lang kuschten die DDR-Deutschen vor der Stasi, und dann wunderten sie sich, wie leicht man zum weltgeschichtlichen Helden wird. Und kaum hatten sie wieder eine Stimme – schon gaben sie sie ab, so wie

man den Löffel abgibt, und warfen sich Kohl an die Wampe. Ich gönne ihnen die Enttäuschungen.
Nun schwanken viele Landeskinder im Osten zwischen Provinzlerstolz und Weltschmerz. Leute traf ich, die blasen mit einmal Luftholen zugleich Kleinmut ab und Größenwahn. Mitleid ist wirklich das allerletzte, was die jetzt brauchen.
Also sang ich in der Kirche ein neues Liedchen: Dideldumm! Das hat eine furchtbar lustige Musik. Man muß lachen, und es tut weh. Seid froh, sagte ich, daß ihr endlich mal neue Probleme habt und nicht mehr die alten. Das Gejammer hilft gar nichts. Wenn ihr euch nicht selber helft, helfen euch weder Gott im Himmel noch die Milliarden der Bundesbank. Die Polen, die Tschechen, Rumänen, alle Völker im zerbrochenen Ostblock wären glücklich, wenn es ihnen so schlecht ginge wie euch. Vom Rest der Welt gar nicht zu reden.
Und, liebe Emma, die Leute da im Kirchenschiff haben's kapiert. Sie haben sehr gut verstanden, tja, weil sie es im Grunde selber wußten, aber eben nur im Grunde. Die Atmosphäre war kaltherzlich. Ich darf die da mit solchen Wahrheiten ärgern. In dem Lamento-Lied verspottete ich die neue Weinerlichkeit der Deutschen, und so lachten wir gemeinsam über uns selber. Und manche dachten wohl: Gut, daß einer von uns schon fünfzehn Jahre früher seine Ostnase in die Westwelt steckte.
Ich sang auch das jiddische Lied aus dem Getto in Wilna. »Wir leben ewig...!« Aber Israel, Golfkrieg... alles exotischer Urwald. Unser Streit in der westlichen Friedensbewegung über Krieg und Frieden interessiert die Leute im Osten nur am moralsauren Rande, die haben andere Sorgen. Am Ende sang ich das nostalgische Seelenpflasterlied: »Du, laß dich nicht verhärten / In dieser harten Zeit...« Siehste, liebe Emma, es war Steinefressen und machte Spaß.

Liebe Emma, als ich auf der rumpeligen Autobahn in der Nacht, schnell an Wandlitz vorbei, zurück nach Berlin fuhr, da fiel mir wieder die schönschaurige Geschichte vom Machandelbaum ein, das plattdeutsche Märchen der Gebrüder Grimm. »Tweimal sing ick nich umsünst!« sagt der bunte verzauberte Vogel, der so schön sang. Dat, leeve Moder, will ick mi maarken un denn schall dat wat waar'n. Emma, hool Di fuchtig!

dat secht Di Din bannich olen Söhn
Wolf

Dideldumm

1
Nun endlich ist mein Land wieder eins
Und blieb doch elend zerrissen
Aus Geiz und Neid. Kein Aas will im Grund
Vom andern da drüben was wissen
Der Todesstreifen, man sieht kaum noch
Wo gestern die Wachtürme standen
Wir Deutschen haben uns wieder verloren
Noch eh wir einander fanden
dideldumm dumm dumm
dideldumm schrumm schrumm

2
Vier Meter hoch, die Mauer hat uns
Den Himmel zerschnitten. Wir haben
Nun vier Meter tief durch die Erde ein' Riss
Ein deutschdeutscher Raubtier-Graben
Ein Graben teilt unser schönes Land
Darin ist schon mancher ersoffen
Er fiel in die Brühe aus Resignation und

In Jauche aus falschem Hoffen
dideldumm dumm dumm
dideldumm schrumm schrumm

3
Kein Stacheldraht, kein Minenfeld mehr
Kaputt sind die Selbstschußanlagen
Kein Hänschenklein muß nun auf dem Weg
Nach Westen sein Leben mehr wagen
Man schießt nicht mehr weiches Blei ins Fleisch
Man zahlt jetzt in harter Währung
In Leipzig wird rigoros umgestellt
Auf Westwaren alle Ernährung
dideldumm dumm dumm
dideldumm schrumm schrumm

4
Ob Wurst, ob Milch, ob Brot, ganz egal
Was Birnen vom Havelland kosten
Man schmeißt doch in Weimar kein Westgeld raus
Für Salzgurken aus dem Osten
Sie saufen nicht mehr ihr eignes Bier
An Coca-Cola-Zitzen
Da hängen sie nun. Ach die Trottel, sie sägen
Den Ast ab, auf dem sie sitzen
dideldumm dumm dumm
dideldumm schrumm schrumm

5
O Treuhand! Ach, das Wörtchen treu
Gehörte in Deutschland verboten
Vonwegen Hände! Bei Treuhand seh ich
Nur krumme Finger und Pfoten
Der Westen powert und boomt und jauchzt
Der Osten jammert und humpelt
Kohl hat die Proleten in Erfurt geprellt und

Jetzt schmeißt er sich ran und kumpelt
dideldumm dumm dumm
dideldumm schrumm schrumm

6
Provinzganoven, Graf Rotze im Benz
Die letzte verbrannte Asche
Sie fingern dem nackten Mann in Schwerin
Das druckfrische Geld aus der Tasche
Die Glücksritter, die von der schnellen Mark
Beschubsen nach Recht und Gesetze
Die Dummenfänger, sie schleppen durchs Land
Wie Hochseefischer die Netze
dideldumm dumm dumm
dideldumm schrumm schrumm

7
Der Schwejk im Goldenen Prag, er vergleicht
Sein Heute vergnügt mit dem Gestern
In Halle Herr Schultz ist verzweifelt, der Mann
Vergleicht immer nur mit den Schwestern
Und Brüdern im goldenen Wessiland
Die Einzigen die fröhlich klotzen
Sind Stasischweine im Manager-Rausch
– ach, ich finde den Osten zum Küssen
dideldumm dumm dumm
dideldumm schrumm schrumm

8
Ein Porsche für ein Bauernhaus
Paar Mark für 'ne schnelle Nummer
Und wo ein dummer Schlaukopf winkt
Da wartet ein schlauer Dummer
Zurück will keiner ins alte Joch
Nach vorn sind die Wege verrammelt
Der Karren, er geht nicht mehr vor noch zurück

Die Blaublümelein-Hoffnung vergammelt
dideldumm dumm dumm
dideldumm schrumm schrumm

9
Der Deutsche Michel zog übers Ost-
Und Westohr sich tief seine Mütze
Er mag nichts von der Welt mehr sehn
Und hockt in der Tränenpfütze
Mir aber lacht das Herz, ich weiß
Bald heilt auch die deutsche Wunde
Nur eines ist dumm, ganz nebenbei
– die Menschheit geht grade zugrunde
dideldumm dumm dumm
dideldumm schrumm schrumm

Spaanjenshimml, Links-zwo-drei!

Juden im Widerstand: Antifaschistische Lieder zum Spanischen Bürgerkrieg

Im folgenden einige Bemerkungen über einige Bemerkungen Brechts zu Fritz Brügels »Flüsterlied«; und im Zusammenhang damit einige weitere Anmerkungen zu dem populär gewordenen Lied »Die Thälmann-Kolonne« (»Spaniens Himmel breitet seine Sterne...«), verfaßt von Paul Dessau und seiner damaligen Frau.

Das »Flüsterlied« wurde als Gedicht 1936 in der ersten Nummer von »Das Wort« gedruckt, einer deutschen literarischen Monatsschrift, die bis 1939 in Moskau erschien, herausgegeben von Brecht, Feuchtwanger und Willi Bredel. Es ist bemerkenswert, daß Brecht über das »Flüsterlied« eine vernichtende Expertise schrieb*, und zwar im Tonfall jener Höflichkeit, die aus tiefer Verachtung kommt. Brecht zerlegt mit dem poetologischen Skalpell die Metaphorik des Textes und führt vor, wie der Autor mit einer Metapher die andere beschädigt oder düpiert. Bilder in den Bildern machen das Gedicht zugleich unsinnig und unsinnlich. Brecht bescheinigt dem Poeten Gedankenflucht, die als eine Art Bilderflucht zur Erscheinung kommt.

Es handelt sich bei dem Text offensichtlich um das Werk eines Menschen, der im Überschwang eines politischen Gefühls, das heute Engagement genannt werden würde, seinen Text verfaßt hat. Die Saft- und Kraftlosigkeit des Textes und die Stärke der guten politischen Absicht sind zwei Seiten ein und derselben Medaille. Immerhin: Die authentische Leidenschaft des Dichters schimmert durch alle verquasten Gleichnisse und Bilder wohltuend hindurch. Die Schwäche des

* Bertolt Brecht, Logik der Lyrik, GW, Bd. 19, S. 389

Liedtextes kommt womöglich nicht nur aus der Schwäche des Talents, sondern mehr noch aus einer Erschütterung, die den Dichter überwältigte. Fritz Brügel hatte vielleicht nicht den nötigen Abstand zu seinem Thema, so daß der Pegasus mit ihm durchging.

Das »Flüsterlied« gehörte zu keiner Zeit zum lebendigen Liedgut. Ganz anders Paul Dessaus »Thälmann-Kolonne«, geschrieben in genau derselben Zeit. Wenn in den vierzig DDR-Jahren bei offiziellen Aufmärschen, egal ob Partei, FDJ oder Gewerkschaft, Kampfgruppe oder Armee, von den marschierenden Untertanen ein Kampflied geschmettert werden sollte, dann lief das fast immer so ab:

Ein Lied!

Welches?

Spaanjenshimml!

Und dann wurde dieses Lied mit Links-zwo-drei! runtergesungen, nein, es wurde rausgebellt wie ein Nazi-Lied. Abgehacktes Endreimgebrüll: Sternä! – auss!! – Fernä!!! – hinausss!!!! und im Refrain dann: Freiii-heittt!!!!! Heinrich Heine schrieb:

Der Knecht singt gern ein Freiheitslied
Des Abends in der Schänke,
Das stärket die Verdauungskraft
Und würzet die Getränke.

Das Spanienlied des Paul Dessau aber wurde von den moderneren Knechten des Feudalsozialismus nicht freiwillig in der Kneipe gesungen, sondern auf Kommando in den Straßen. Zudem ist es nicht einmal ein wirkliches Freiheitslied. Der Text ist ein pathetischer Phrasenhaufen, und die Musik hat eine militaristische SA-marschiert-Ästhetik.

So beginnt Paul Dessaus Spanienlied: Antifaschistische Kämpfer der Internationalen Brigaden liegen vorne im Schützengraben und warten auf das Licht des Morgens wie auf den Feind. Ein paar Seiten aus George Orwells Buch »Mein Katalonien« reichen aus, um sich diese Szenerie lebhaft vorzustellen. Schmutz, Kälte, Läuse, Müdigkeit, Hunger, Heimweh und Todesangst vermischt mit romantischem Todesmut und revolutionärem Enthusiasmus.

Das ist freilich kein Privileg der Antifaschisten: Der Morgen, der da aus der Ferne grüßt, grüßt General Francos Soldaten gegenüber im Schützengraben genauso. Allerdings grüßt er in Dessaus Lied aus einer Ferne, die nicht nur den schlagerhaften Reim auf Sterne liefert. Diese »Ferne« liefert zudem die Schablone einer chronisch jenseitigen Heilsversprechung im Diesseits. Die gut katholischen Soldaten des faschistischen Generals Franco wissen, daß das Paradies erst im Himmel auf sie wartet. Anders die gottlosen Kommunisten der Stalinzeit. Es erging ihnen mit der herrlichen Zukunft wie allen Kommunisten: Das Paradies auf Erden kam nie auf die Erde. Die irdische Verheißung hoppelte uns immerzu vor der Nase her wie die Hasenattrappe den Kötern beim Hunderennen.

Man kann nicht jede hinkende Logik als Dialektik verkaufen. Soldaten im Schützengraben können nicht von sich sagen, daß es zu neuem Kampf »hinaus« geht, denn sie sind schon draußen. Die Kämpfer in Dessaus Kampflied liegen eben draußen an vorderster Front und nicht im Hinterland, nicht in der Kaserne und nicht im Puff.

Solche Überlegungen mögen spitzfindig erscheinen. Wer gedankenverloren und tief bewegt diesen Kitsch hört, mißversteht allzugern und mit blindem Wohlwollen jede Dunkelheit als Tiefe. Da ist schwer streiten. »Bald geht es zu neuem Kampf hinaus.« Egal, hinaus oder nicht hinaus – die ganze Zeile offenbart sich als brutale Phrase. So was schreibt nur einer, der nie gekämpft hat, weder mit Menschen noch mit Tieren, noch mit Worten. Diese frischfröhliche Dämlichkeit paßt zu einem grünen Hitlerjungen, aber nicht zu irgendeinem Soldaten, der den Tod gerochen hat, gleich, unter welcher Fahne.

Abgesehen von der Unlogik der Situation – das Wörtchen »hinaus« vollendet den Schwindel. Ein Gymnasial-Pauker spricht so lackiert, der einen unartigen Knaben vor die Tür des Klassenzimmers hinausschickt. Schon wenn statt des nebulösen »es«, das hinausgeht, ein »wir« stünde, wäre die Verlogenheit nicht ganz so bombastisch.

So unglücklich, wie der Dichter des Flüsterliedes seine Gleichnisse mit Gleichnissen versaute, konnten es Paul Dessau und seine Frau offenbar auch: »Mit der roten Fahne brecht die Kette! / Auf zum Kampf, das Thälmann-Bataillon!« Welche Kette meint der Dichter? Die allegorische, mit der Prometheus an den Felsen geschmiedet war? Oder die Sklavenketten der Antike? Oder mittelalterlich rostige, mit denen ein Gefangener an die Mauern seines Kerkers gefesselt ist? Oder soll vielleicht die Schützenkette der Faschisten durchbrochen werden? Mit einer Fahne wird man weder diese noch jene zerbrechen.

Wir verstehn: Die Kette ist sinnbildlich gemeint. Aber die rote Fahne ist selbst eine Allegorie. Wie soll man eine Allegorie mit einer Allegorie zerbrechen? Die Kunstform der Allegorie entspricht nicht grade dem Modegeschmack unseres 20. Jahrhunderts, aber wenn schon, denn schon! Auch eine Allegorie muß stimmig sein und in sich selbst logisch durchgeführt werden. Wie will Dessau denn mit einer roten Fahne eine Eisenkette zerbrechen? Das einzige, was da bricht, ist die Holzstange. Schon in der nächsten Zeile aber verläßt der Dichter ungeniert den angerichteten Kuddelmuddel überreizter Bilder und schickt das wirkliche Thälmann-Bataillon ins wirkliche Feuer.

Nun tut sich ein moralischer Abgrund auf, der mit poetologischen Sünden nichts zu tun hat. Dessau wohnte damals in Paris und schickte also mit großer Geste, die ihn keine zwanzig Sous kostete, seine Genossen in die spanische Schlacht. Gewiß, er war kein Tourist, sondern ein jüdischer Emigrant. Aber auch im Frankreich von 1936 galt für ihn das alte Sprichwort: Man soll nicht mit eines anderen Mannes Arsch durchs Feuer reiten.

Freilich muß ich zugeben, daß Dessau 1936 nicht ahnen konnte, welche Wirkungsgeschichte sein Spaniens-Himmel-Kampflied erwartete. In der DDR wurde es zum Leib- und Magenlied der stalinistischen Bonzen, viel mehr noch als Bechers Hymne. Dessaus Thälmann-Kolonne wurde zu d e m Lied der DDR. Es ist die Rute, die sich ein halbes Volk über die Seele gebunden hat, ein Lied der Selbstverleugnung und Selbstverstümmelung für mehrere DDR-Generationen. Wer dieses »Spaniens Himmel breitet seine Sterne...« bei den verordneten Aufmärschen mitbrüllte oder auch nur mitsummte oder einfach anhörte, ohne zu schrein, der hat seinen totalitären Hieb weg. Ich habe in den fünfziger Jahren dieses Lied auch gesungen.

Als aber später, nach meinem Verbot, diese alten Verletzungen vernarbt waren, produzierte ich in meiner Chausseestraße 131 eine Spanienplatte mit dem aufreizenden Titel: Es gibt ein Leben vor dem Tod. Das war in der Zeit, als Franco endlich zum Sterben kam und mit ihm sein spanischer Sonderfaschismus. Als Ergänzung und Kontrapunkt zu meinen neuen Liedern sang ich auf dieser Langspielplatte auch vier von den alten Spanienliedern, die wir uns ohne die metallene Stimme von Ernst Busch überhaupt nicht vorstellen können. Ich wählte dabei drei wirklich schöne Lieder aus und als viertes Lied, Kontrapunkt im Kontrapunkt, eben die »Thälmann-Kolonne«.

Ich erinnere mich genau daran, wie entsetzt meine Freunde in Ost-Berlin waren, als sie hörten, daß dieser verhaßte Titel mit

auf die neue Platte sollte. Aber als die Platte fertig war, hörten sie und – verstanden und lächelten böse. Ich hatte dieses Lied durch meine Interpretation dermaßen gegen den Strich gebürstet, daß es für die Wissenden im Osten eine herzerfrischende Provokation gegen die herrschende Ideologie war, in den Augen der Obrigkeit ein Sakrileg.
Ich sang zögerlich. So, wie vielleicht ein kleiner Soldat gegen Morgen im Schützengraben vor Madrid singt, ein Junge, den friert und dem vor dem Gemetzel graut, das bei Tagesanbruch weitergehn wird. Er erinnert sich an dieses neue Lied. Er hat es grad gestern gehört, als ein berühmter roter Sänger aus Deutschland an die Front zu Besuch kam. Der junge Soldat singt Fetzen des Liedes vor sich hin und wärmt sich noch ein bißchen an dem Gefühl der Freude, die er empfand, als sie noch so munter beisammensaßen und diesem Sänger zuhörten, der Ernst Busch hieß. Der Text dieses schönen Liedes war auf einem Flugblatt abgedruckt.

Dem Faschisten werden wir nicht weichen,
schickt er auch die Kugeln hageldicht.
Mit uns stehn Kameraden ohnegleichen,
und ein Rückwärts gibt es für uns nicht!

Der Junge sang die Worte neben sich her wie Worte ohne Sinn. Bloß nicht nachdenken! »Kameraden ohnegleichen« hatte er nicht nur »stehn«, sondern auch fallen sehn. Und ein Rückwärts gab es sehr wohl, und diesen Rückzug hatten die Faschisten mit Hilfe der deutschen Legion Condor erzwungen.
Ich wußte, als wir die Spanienlieder aufnahmen, wie sehr der Stalinismus die Kampfkraft der Spanischen Republik gelähmt hatte. Und ich kannte auch die Berichte über die Heldentaten von Walter Ulbricht und Erich Mielke, die als Spanienkämpfer in Spanien nie gegen die Faschisten kämpften. Sie hatten

die Aufgabe, andersdenkende Genossen hinter der Front zu liquidieren, und sie haben diesen Parteiauftrag der Komintern treu erfüllt. Es gab sogar Kommunisten, die von ihren stalinistischen Genossen in die Internationalen Brigaden nach Spanien geschickt wurden, nur damit man sie dort bequemer ermorden konnte.

Ich kannte aber auch Walter Janka. Er war ein tapferer und treuer Soldat der Revolution gewesen, der als Offizier in den Internationalen Brigaden und dann auch in der regulären Armee der Spanischen Republik gekämpft hatte. Er wußte zu berichten, welche tragischen und welche vermeidbaren und in jedem Fall furchtbar blutigen »Rückwärtse« es für uns gegeben hatte.

Paul Dessau aber überlebte Brecht und Eisler. In der DDR lebte er als privilegierte Brechtmumie und besonders devoter Parteikünstler unter uns, ein Mörder an der historischen Wahrheit. Er ist inzwischen nicht nur verdorben, sondern auch gestorben. *De mortuis nihil nisi veritas*. Es passierte mit Dessaus Musik nämlich keineswegs ein Mißbrauch, so wie mit Haydns Quartett, das zusammen mit dem helgoländischen Deutschland-über-alles-Text zum Symbol des Hitlerstaates wurde. Dessaus Musik konnte gar nicht mißbraucht werden, denn sie war in ihrer Substanz schon militaristisch, sie war deutschnational bis in die Knochen des Harmoniegerüstes.

Es ist eine vertrackte Ironie, daß ausgerechnet dem verjagten Juden Paul Dessau das Hakenkreuz bis in die Melodie reinhakte. Der Exilierte komponierte in Paris also nach ästhetischen Normen seines Todfeindes. Dessau war mit dieser »Thälmann-Kolonne« wie ein gejagter jüdischer Vogel, der faschistische Katzenlieder singt. So etwas passierte dem großen Hanns Eisler nie, auch nicht in kämpferischen Liedern zu Brechts Texten aus der Zeit des Honeymoon mit dem Kommunismus. Eisler war eben selbst wer und im übrigen dem Brecht als Freund immer gewachsen.

Das blieb offenbar Dessaus Problem: Er hatte nichts Eigenes. Ein substanzarmer und zutiefst devoter Mensch. Als er um 1946 in Amerika Brecht kennenlernte und anstelle von Hanns Eisler, der lieber Kammermusiken schreiben wollte, dem Brecht die Musik zum »Kaukasischen Kreidekreis« richtete, apportierte er dem großen Dichter wie ein Musikhund. Und so, wie er dann als Brecht-Karikatur mit Brecht-Klamotten und -Haarschnitt in Ost-Berlin rumlief, so schlug ihm unter der Brecht-Jacke ein SED-Herz und waberte ihm unter der Brecht-Frisur eine stumpfsinnige Nibelungentreue, die ihm bis zum Tode tragisch anhaftete.

Und das von Brecht zerrissene Flüsterlied? Gewiß, es hat auch nicht mehr Wahrheit, und es hat genausowenig Schönheit wie Dessaus Kampflied. Aber es ist wenigstens wahrhaftig. Und das mag ein Grund sein, warum es vor dem Erfolg in der Stalin-Ära verschont blieb. Die Musik dieses Liedes stammt von einem Grigori M. Schneerson. Sie ist auch nicht grade ein Genieblitz und sogar unfreiwillig komisch: Der Refrain dieses Flüsterliedes springt über die Hürde einer Oktave wie ein Signal zu: Heilig die letzte Schlacht. Wer in der Illegalität dermaßen trompetet beim Flüstern, wird leicht erwischt und getötet. Aber immerhin bewegt sich die banale Melodie in einer slawischen Molltonart, und die verhindert schon das Schlimmste.

Wenn ich das Lied von Fritz Brügel aber ganz anders lese, mit Augen, die die Bilder von Auschwitz sahen, dann habe ich ein ganz anderes Lied: ein Lied, das der Dichter 1936 selbst nicht meinen konnte, aber wer weiß, vielleicht ahnen. Auschwitz. Die Vergasten im Rauch über dem Lager sind schon verbrannt, ihnen kann nichts Schlimmes mehr passieren. Ich höre, wie mein ermordeter Vater dieses Lied in den Wind singt, und dann wird jeder Wortfetzen plötzlich furchtbar wahr:

Man sieht uns nicht, man kennt uns nicht
wir tragen keine Zeichen.
Die List des Feinds verbrennt uns nicht,
er kann uns nicht erreichen.

Man fängt uns nicht, man hört uns nicht,
wir leben nicht im Hellen.
Der Haß des Feinds zerstört uns nicht
das Netz der stummen Zellen.

Wir spinnen unsre Fäden fort,
das Netz wird immer dichter,
von Stadt zu Stadt, von Ort zu Ort
trotz Henker, Kerker, Richter.

Wir sind wie Atem, Luft und Wind,
der Feind kann uns nicht greifen.
Er starrt sich seine Augen blind
und fühlt nur, daß wir reifen.

Die heut im Grau des Dämmerlichts
die schmalen Wege graben:
sie haben nichts, sie haben nichts,
sie werden alles haben.

Ja, die Toten von Auschwitz sind erst mal in Sicherheit, und sie haben sich halb gerettet. Kein anderer Feind als unser Vergessen kann sie noch einmal töten.

Der Lichtblick im gräßlichen Fatalismus der Geschichte

Büchner-Preis-Rede

Es muß einen wie mich ja entzücken, daß die höchste literarische Auszeichnung in Deutschland nicht etwa unter dem großen gemeinsamen Nenner Goethe steht, sondern ausgerechnet an den Namen unseres größten Dichters gebunden ist. Georg Büchner, ein Staatsfeind! ein verjagter Umstürzler! ein verreckter Aufrührer! Gefahndet wurde nach ihm. Und er entwischte seinen Häschern mit knapper Not.

Dem Historiker Walter Grab in Tel Aviv verdanken wir die Bekanntschaft mit dem vergessenen radikalen Demokraten Wilhelm Schulz, Zeitgenosse Büchners und Leidensgenosse. Nach seiner abenteuerlichen Flucht aus dem Kerker freundete er sich im Exil in Straßburg mit Büchner an und wohnte mit ihm dann auch noch im selben Haus in Zürich, wo beide sich um einen Lehrauftrag an der neugegründeten Universität bewarben. Schulz schrieb vierzehn Jahre nach dem Tod des Freundes: »Keiner wußte es besser als Büchner selbst, daß er kein Shakespeare war. Aber wenn irgend Einer, so hatte er das Zeug dazu, es zu werden... In ihm hätte Deutschland seinen Shakespeare bekommen, wie es 1848 beinahe seine Freiheit und seine Einheit bekommen hätte. Aber es hat so wenig diese verdient, als Jenen... dieses Deutschland – oder nenne man es lieber die unselige Verdrehtheit und Zerrissenheit der socialen Zustände – hat ihn auch ums Leben gebracht.«

Was wir schon dunkel ahnten, dank Walter Grab, genannt der Jakobiner-Grab, haben wir es schriftlich: Büchner ist im Exil am lieben Vaterland krepiert und nicht nur in Zürich am Typhus gutbürgerlich verstorben. Aber was heißt hier »hätte Deutschland seinen Shakespeare bekommen, wie... seine Freiheit und seine Einheit.« – Wir haben die Freiheit (welche auch immer!), wir haben sogar die Einheit (frag mich nicht, welche!), und wir haben einen Dramatiker von des Elisabethaners Kaliber. Seine drei Stücke beweisen es.

Der Büchner-Preis hat freilich nebenbei auch seinen Preis. Ich, der x-te Laureat, muß mich gewiß nicht ängstlich an den belorbeerten Wortathleten vergangener Jahre messen. Und schon gar nicht mißt sich der Preisträger 1991 an den ewig nach schnell verderblichen Genies suchenden Juroren mit ihrer zeitgeistlichen Wünschelrute in den Händen. Aber messen muß sich jeder Preisochse in Darmstadt an diesem Büchner. So was tut weh. Und das ist womöglich der größte Gewinn: Man weiß wieder schärfer, wo Gott wohnt, und lernt ohne alle lumpenhafte Bescheidenheit wieder Bescheidenheit. Falls wir es auf dem Jahrmarkt der Eitelkeiten je vergaßen: Gemessen an diesem früh gestorbenen Riesen sind wir alle nur langlebige Zwerge.

Bei dem Jahrtausendgenie Georg Büchner gibt es keinen Abfall. Und doch stochert jeder rum wie im Müll und findet, was er grade am allermeisten braucht. Woyzeck – lieber armer Mörder! Dantons Tod – es lebe der König! Leonce und Lena – die hinreißende, die aufreizende Langeweile der Parasiten! und das Lenz-Fragment – wen das nicht umhaut, der hat nie gestanden. Und Büchners politische Umtriebe: die illegale Gründung einer geheimen »Gesellschaft der Menschenrechte« in Gießen. *Der Hessische Landbote* – ein aggressiver Traum mit statistischen Stacheln! Aber das wahre Wunder an diesem Menschen ist, daß er auf zwei Beinen ging. Unter lauter tagespolitischen Vierfüßlern und abgehobenen Einbeinern war Georg Büchner ganz ein Dichter und zugleich ganz ein Mann der politischen Tat.

Seine aufklärerische Hetzschrift für die Bauern in Hessen hat die Sprachkraft der Bibel und hatte damals die Sprengkraft einer Anarchistenbombe. Freilich, Sie wissen ja, es versagte der Zünder.

Im Juni 1833 schrieb der junge Mann an seine Familie nach Darmstadt:
»Ich werde zwar immer meinen Grundsätzen gemäß handeln, habe aber in neuerer Zeit gelernt, daß nur das notwendige Bedürfnis der großen Masse Umänderungen herbeiführen kann, daß alles Bewegen und Schreien der einzelnen vergebliches Torenwerk ist. Sie schreiben – man liest sie nicht; sie schreien – man hört sie nicht; sie handeln, man hilft ihnen nicht... Ihr könnt voraussehen, daß ich mich in die Gießener Winkelpolitik und revolutionären Kinderstreiche nicht einlassen werde.«
Wir wissen, das sollte eine Beruhigungspille für die Eltern sein. Genau ein Jahr und einen Monat später ließ Büchner sich nämlich doch ein, er machte genau solch einen todernsten Kinderstreich zusammen mit einem Häuflein Vereinzelter: *Der Hessische Landbote* wurde heimlich gedruckt und sollte illegal verbreitet werden. – Für diese Tat aus vertaner Drukkerschwärze bewundern wir Büchner und lieben ihn, obwohl wir ja wissen, daß diese Flugschrift gar nichts bewirkte. Büchner und seine paar Freunde erreichten nicht einmal ein Zipfelchen jener »großen Masse«, von der er behauptet, sie allein könne etwas in der Gesellschaft verändern. Keiner der gemeinten Adressaten kam damals überhaupt an das Pamphlet ran. Nur wenige Schwache lasen die starken Worte, geschweige denn tat irgendwer danach.
Wie es so geht, ein Spitzel war außerdem noch im Spiel. So tappten diese paar Freiheitsfreunde in die Falle, sie gingen verschütt und kaputt. Büchner entkam mit viel Glück. Bei Wissembourg sprang er über die rettende Grenze in das Elend des Exils. Die einzigen wirklich guten Leser seiner Hetzschrift blieben damals des Verfassers Todfeinde, es waren die Zensoren mit der feinen Nase und die erbarmungslosen Vollstrecker, es waren hirnlose Gedankenbüttel und scharfsinnige Plattköpfe in der Justiz. Die revolutionssüchtigen Worte un-

seres Dichters führten also nicht zu dem, was man so Taten nennt.
An diesem Mangel leiden wir alle. Es ist das Dilemma und die Berufskrankheit der meisten Intellektuellen, die mit Worten sagen, daß Worte nicht ausreichen. Wir, deren Beruf es wurde, hauptsächlich mit Papier umzugehn, haben eine manchmal wütige, manchmal melancholische Sehnsucht nach dem praktischen Leben: Taten wollen wir tun. Aber was sind schon Taten? Daß auch das Wort Tat sein kann und Untat, das wissen wir wohl. Aber wir wissen's nur im Kopf und wollen es im Herzen nicht wahrhaben. Viele kleine deutsche Fauste genießen das Privileg geistiger Arbeit, und zugleich erleiden sie den Mangel an praktischem Leben, den sie bei solcher Arbeitsteilung in Kauf genommen haben.
Dabei geht es gar nicht so sehr um einen Zwiespalt zwischen dem, was die Nazis mit den Schlagworten »Arbeiter der Faust« und »Arbeiter der Stirn« meinten. Die meisten Intellektuellen leiden kaum daran, daß sie ihre Fäuste nicht auch als Klempner, als Boxer, Zuhälter, Bäcker oder Maurer gebrauchen. Nein, Taten, von denen nicht nur in Deutschland allerhand Eierköpfe träumen, sind Taten bei irgendeiner politischen Produktion, so was wie: Revolution, bißchen Drachen töten, irgendwelche kleinen Tyrannen aufmischen, Sabotage an der Unterdrückungsmaschinerie.
Die allermeisten, ich auch, wollen das sein oder werden, was der Philosoph Aristoteles einen Menschen nennt: ein *zoon politikon*. Das heißt auf deutsch: ein Tier wollen wir sein, das in der *polis* lebt und sein Gemeinwesen gestaltet – ein Tier mit einem etwas größeren Freiheitsgrad als Termiten in einem totalitären Staat.
Seit wir merken, daß die Menschheit unter der Fahne der Aufklärung blind ins Verderben rast, denken wir verschärft über die Grenzen der praktischen Vernunft nach. Und mancher kippt dabei zurück ins mystische Mittelalter. Was ist da Ursa-

che und was Wirkung? Kommen wir der Menschheit geduldig mit sanften Argumenten und Vernunftsgründen, um die alles verderbenden Mächte zu verderben, oder versuchen wir, sie mit geistloser Gewalt zu stürzen, damit man dann endlich vernünftig reden kann? Zwei Jahre nach dem *Landboten* verfaßte der Arzt Büchner in Zürich seine Probevorlesung »Über Schädelnerven«. Da findet sich die gleiche Frage in medizinischer Verkleidung: Haben die Menschen die Hand zum Greifen – oder greift der Mensch, weil er Hände hat? Doktor Büchner tanzte da eine philosophische Pirouette vor, die uns heute noch schwindlig macht. Was ist angesagt: Soll man Taten tun oder Taten tuten? Und welche Art Taten wäre da Torenwerk und Kinderstreich?

»Ich studierte die Geschichte der Revolution. Ich fühlte mich wie zernichtet unter dem gräßlichen Fatalismus der Geschichte. Ich finde in der Menschennatur eine entsetzliche Gleichheit, in den menschlichen Verhältnissen eine unabwendbare Gewalt, allen und keinem verliehen... Was ist das, was in uns lügt, mordet, stiehlt? Ich mag dem Gedanken nicht weiter nachgehen.«

So schrieb Büchner mit neunzehn Jahren an seine Braut. Ja, er mag nicht. Aber genau diesem unbequemen Gedanken ging er dann tiefer nach: dem gräßlichen Fatalismus der Geschichte. Der junge Mann durchschaute ihn mit Schaudern und hat sich trotz alledem beherzt gegen das schicksalhafte Verhängnis mit seiner ganzen kleinen Menschenexistenz geworfen: ohne Rücksicht auf den deutschen Shakespeare, der er schon war und noch werden sollte. Was für eine romantische Rangordnung der Wichtigkeiten!

Wir können einen aufschlußreichen Vergleich ziehn: Brecht, immerhin ein Jahrhundertgenie. Bertolt Brecht bewegt sich in seinen besten Gedichten auf der Höhe von Büchners Stücken. Und Brecht wußte peinlich genau, daß er ein unersetzbares Einzelexemplar ist. Er verbot es sich, seine Existenz im weltgeschichtlichen Handgemenge zu gefährden. Nicht mal seine Mitarbeiterin Ruth Berlau, die Dänin, die ihm im Hellen wie im Dunkeln unabkömmlich war, hatte er an den Bürgerkrieg gegen Franco ausleihen wollen. Die Gewehre der Frau Carrar für den Kampf gegen General Francos Faschisten? Ja. Aber nicht Brechts Ruth Berlau nach Barcelona zu den Interbrigaden! Wütend rief er sie aus Spanien an seine schnell wechselnden Schreibtische nach Skandinavien zurück. Er befahl sie wie ein General wieder an die Front der Worteschlachten. Brecht brauchte sauber geschriebene Manuskripte für die nächste Stückfassung. Der Dichter fand, daß er in Svendborg und Hollywood größere Kriege zu gewinnen hatte als alle damaligen Freiheitskrieger der Welt. Brecht lebte das kalte Prinzip der Zweckmäßigkeit, das brutale Primat seiner Produktivität über so wacklige Werte wie Freundschaft, Liebe und Solidarität. Nach Jahren des Exils in Dänemark, Schweden und Finnland durchquerte er fluchtartig die heißgeliebte Sowjetunion. Keins seiner Jubelgedichte über Stalins Vaterland aller Werktätigen hielt ihn im Land des »Großen Oktober der Arbeiterklasse« fest. Zum Glück, muß man sagen, denn Brecht hätte das Exil am Busen der Schlange nicht überlebt, er wäre krepiert im GULAG wie Carola Neher. Brecht ließ seine allerliebste und allerwichtigste Mitarbeiterin, die schwindsüchtige Margarete Steffin, sterbend in Moskau zurück und rettete sich vor seinen geliebten Genossen mit der Transsibirischen Eisenbahn nach Wladiwostok zum allerletzten Schiff, das ihn über den Pazifik zum Klassenfeind nach Amerika brachte.

Kurz bevor er die kalifornische Küste erreichte, trennte Brecht sich von einem wichtigen Teil seines Reisegepäcks. Weil er Scherereien mit den Einwanderungsbehörden vermeiden wollte, fütterte der Surabaya-Johnny an der Reling die Haifische mit Lenins Gesammelten Werken in einer stürmischen Nacht unter dem Moon von Alabama. Ja, das Meer ist blau, so blau... Und der Brecht war schlau, so schlau.

Gräßlicher Fatalismus der Geschichte? Büchner war da anders.
Ich sah dieser Tage im Fernsehn Dokumentaraufnahmen von einem Aufmarsch in Dresden. Ein Nazilied wurde gebrüllt Sieg Heil! Sieg Heil! und immer wieder der Hitlergruß. Vorneweg frisch bundesrepublikanisierte VP- und Stasi-Bullen mit ihren nagelneuen Westhelmen und Plastikschilden und Knüppeln, sie eskortierten die johlenden Heil-Hitler-Sachsen. Warum bloß schreiten Sie nicht ein, fragte verzweifelt der Fernsehreporter aus Köln den Einsatzleiter der Polizei. Wieso, widersprach der Beamte und Ritter des Knüppelkampfes in seinem gemütlichsten Sächsisch: Die Demonstration dieser Bürger ist ordentlich angemeldet, und wir schützen sie. – Aber die rufen doch faschistische Losungen und machen den Hitlergruß! – So? sagte der Oberbulle – ich sehe nischt. Gräßlicher Fatalismus der Geschichte. Meine lieben Ossis, ich mag sie nicht mehr. Sie wurden mir vor sechzehn Jahren gestohlen, und sie können mir gestohlen bleiben. Einzelne tapfere und kluge Menschen gab es immer, auch in den finstersten Zeiten, und ich werde sie immer achten und immer lieben.
Das weiß ja jeder: In finsteren Zeiten sieht es so aus, als hätten die Mächtigen für ewig die Sonne ausgeknipst. Solche menschengemachte Nacht dauert oft länger, als mancher von uns dauert. Aber helle Sterne gibt es trotz alledem, auch wenn ich sie durch die Wolken aus Regen und aus Rauch nicht seh'. Es waren immer einzelne gute und mutige Menschen, die stehn für die Menschheit. Sie sind Stern am Himmel und ein Schluck Wahrheit in den Wüsten der Lüge. In den Zeiten des *Hessischen Landboten* waren es Namen wie Weidig, Minningerode, Schütz und Zeuner. In den Zeiten der Unterdrückung unter Ulbricht und Honecker gab es genau solche Menschen auch, und ich könnte die dreißig Minuten, die ich hier rede, einfach verbrauchen für die Aufzählung der Namen. Ihnen verdanke ich, daß ich heute hier stehe, und für sie stehe ich:

Volker Böricke, Bernhard Theilmann, Max Hoyer, Ingeborg und Otto Manigk, Pofi Pofahl, Emmchen Liebig, Reimar Gilsenbach, Jürgen Böttcher, Ilja und Vera Moser, Peter Graf, Peter Hermann, Ralf Winkler, Sabine Grzimmek, Susanne Frost, Ekke Maaß, Doktor Tsouloukidse, Rolf Schälike, Siegmar Faust, Mathias und Tine Storck, Horst Mölke, Horst Hussel, Lothar Reher, Erhard Frommhold, ach, und die furchtlose Eva-Maria Hagen – und so viele, viele, die ich nicht kennen kann, ich hör' schon auf. Ja, viele, nicht wahr? Aber doch nur ein Häuflein mehr oder weniger Aufrechter, einzelne kleine Menschen, die es immer wieder gab und überall gibt. Sie sind die menschlichen Menschen, die 36 Gerechten, ohne die es keine Götter mehr gäbe und keine Menschheit.

Aber das massenhafte, das breitärschige Selbstmitleid dieser wohlgenährten Untertanen in der ehemaligen DDR widert mich an. Es ging ihnen zu lange zu schlecht, und es ging ihnen dabei offenbar nicht schlecht genug. Ihr Glück, daß nebenan steinreiche Verwandte leben, wird zum Pech. Den ruinierten Tschechen und den verarmten Polen geht es da besser, denn sie wissen, daß sie sich selbst helfen müssen, und sie tun es mit großem Elan. Die meisten Deutschen in der Ex-DDR aber glotzen gelähmt über die geschleifte Mauer auf den wohlsituierten Bruder. Sein Geiz ärgert sie, seine Großzügigkeit kränkt sie. Die Besserwisserei der Wessis beleidigt, sogar ihre Hilfsbereitschaft macht mißtrauisch. Die Cleverness der Westler treibt die entlassenen Heimkinder des Ostens in eine neue Unmündigkeit. Wie es im Liedchen heißt: »Der Schwejk im Goldenen Prag, er vergleicht / Sein Heute vergnügt mit dem Gestern / In Halle Herr Schultz ist verzweifelt, der Mann / Vergleicht immer nur mit den Schwestern / Und Brüdern im Goldenen Wessiland / Die einzigen, die fröhlich klotzen / Sind Stasischweine im Manager-Rausch / – ach, ich finde den Osten zum Küssen.«

Sie haben sich halt viel zu wenig in ihre eigenen Angelegenheiten eingemischt. Sie wollten billig davonkommen, und so was kommt eben teuer. Es gab keine Charta 77 in der DDR, zu einer Gewerkschaftsbewegung wie in Polen gab es nicht mal Ansätze, im Gegenteil. Als Jaruzelski seinem frechen Volk mit Panzern statt mit Schinken das Maul stopfte, da waren die meisten DDR-Menschen der Meinung: Diese dreckigen, faulen Polen sollen erst mal das Arbeiten lernen.
Ach, und der permanente Aderlaß. Die unruhigen Geister der DDR, die potentiellen Rebellen wurden vierzig Jahre lang in den Westen getrieben oder vom Vogel verkauft. Allzu viele der übriggebliebenen hellen Köpfe, auch so manche Dichter, lagen bis zuletzt mit der Partei im Bett. Es bildeten sich kleine Nester des Widerstands. Es gab beseelte Kristallisationsmenschen wie Robert Havemann und Bärbel Bohley und Katja Havemann und Reinhard Schult und Jens Reich und Wolfgang Templin, Roland Jahn, die Pastoren Schorlemmer und Walter Schilling, es gab den Waldschrat Mathias Büchner in Erfurt, Hans-Jürgen Fischbeck, Ralf Hirsch, Old Popow und seine Ulrike Poppe in Berlin, Roland Geipel in Gera, Michael Beleites mit seinem Pechblende-Pamphlet über den Uranbergbau in der Wismut. Aber alle Oppositionsgruppen waren von Stasimetastasen zerfressen. Rechtsanwalt Schnur, Waisenkind Böhme, Jutta Braband, Heimkind Monika Heger, der hochbegabte Poet Heinz Kahlau, der sich nun entblößt und beknirscht hat, der unbegabte Schwätzer Sascha Arschloch, ein Stasispitzel, der immer noch cool den Musensohn spielt und hofft, daß seine Akten nie auftauchen. Das MfS setzte seine Kreaturen überall an die Spitze der Opposition, um sie besser abbrechen zu können.
Nichts wird vergessen, aber alles wird verziehn. Es tut noch weh, aber der Stachel ist aus dem Fleisch. Genug geweint und geflucht. Ich lerne grad ein Verzeihen, das sich ausschüttet vor Lachen. Ich laß euch los, ihr Trauergestalten: Ruhet sanft,

kratzt euch den Sand aus der Hirnschale, und werft ihn euch selber mit dem Schäufelchen hinterher ins Grab! Ketchup über das zertretene Herz der Revolution. Die Kilobytes aus Glanz und Elend sind längst auf einer Diskette im Computer gelandet, gespeichert in Milliarden Jas und Neins. Die Festplatte surrt. Ein Leichentuch aus Gelächter liegt über den finsteren Zeiten.

Die Revolution in der DDR war wohl doch keine Revolution, sondern mehr ein günstiger Notverkauf der Russen, ein welthistorisches Abfallprodukt der Perestrojka. Ohne Gorbatschow würden manche heldenmütigen DDR-Schriftsteller heute noch den Stiefel küssen, der sie tritt. Und die Ausländer-Raus-Faschos in Hoyerswerda würden noch immer ihre FDJ-Lieder brüllen. Brave Bürger, die ihnen in Hoyerswerda beim Pogrom zuschauten und Beifall klatschten, würden immer noch ins Wahllokal trotten und mit 99 Prozent die Kandidaten der Nationalen Front wählen. Viele der jungen Faschisten im Osten kommen aus einstmals staatstragenden Familien. Papa war kleiner Funktionär, jetzt isser arbeitslos und säuft sich vor der Glotze die alten Märchen aus der Birne. Gestern noch trugen sie das Blauhemd der FDJ und grölten »Schbaanjens Himml« oder schlichen im typischen Anorak der Stasispitzel durch die Straßen, nun marschieren sie glatzköpfig in der glänzenden amerikanischen Bomberjacke und reißen den rechten Arm hoch zum Führergruß – es ist das gleiche brutale stumpfsinnige Pack.

Wenig Eigenes. Sogar die berühmt gewordene Wortschöpfung des Jahres 1989 »Wir sind das Volk!« ist ja ein Plagiat, schlecht abgeschrieben aus Georg Büchners Stück. Das schöne Zitat aus »Dantons Tod« haben sich diese ewig Verkürzten zurechtgestutzt. Beim Originalautor schreit ein lynchlustiger Bürger auf der Straße dem Robespierre zu: »Wir sind das Volk, und wir wollen, daß kein Gesetz sei;

ergo ist dieser Wille das Gesetz, ergo im Namen des Gesetzes gibt's kein Gesetz mehr, ergo totgeschlagen!«
Totgeschlagen wurde kein einziger Folterknecht, kein Schießbefehler, kein Menschengroßhändler, kein Denunziant, kein Milliardendieb. Das, was sie sich an Aggressionen gegen ihre Unterdrücker nicht trauten, lassen diese Feiglinge jetzt an den Schwächsten aus, an Vietnamesen, die ihnen jahrelang in den verfaulten Chemiefabriken die gefährliche Dreckarbeit machten. Sie stürzen sich nicht in die Aufbauarbeit, sondern auf kubanische Mohren, die in den VEBs Castros Schuldigkeit taten, ich meine die sozialistisch ausgeliehenen Arbeitssklaven. Die Meute wagt sich an elende Zigeuner aus Rumänien, auf wehrlose Kinder machen die angesoffenen Schwächlinge Jagd.
Jorge Gomondai wurde in Dresden von jungen Deutschen umgebracht. Sie schlugen ihn zusammen und warfen ihn aus der fahrenden Straßenbahn. Das passierte grad zu Ostern. Eine schöne Auferstehung: Der eine kommt, der andre geht, das eiskalte Bett ist noch warm. Christus steigt lebendig hoch aus dem Grab, und dieser Schwarze aus Mosambik fällt hinab in die frei gemachte Gruft. Er hatte jahreland im VEB-Schlachthof als Fleischhauer gearbeitet, er hatte diesen mordsgemütlichen Jungs so manches Schnitzel aus den LPG-Schweinen rausgehackt. Egon Krenz aber und andere feudalsozialistische Mumien auferstehn derweil in Talk-Shows, sie schmieren verlogene Memoiren zusammen und lachen sich eins. Die passionierten Großwild- und Menschenjäger zogen sich als Rentner auf ihre ergaunerten Datschen zurück und stutzen nun ihre Hecke wie früher die Gesellschaft. Der Liquidator Erich Mielke mimt den Doofen. Der elegante Lump General Markus Wolf spielt den Geheimdienst-Lord und plündert das Moralkonto seines berühmten Vaters und seines toten Bruders Konrad.
Was einer wie Büchner in diesen Tagen wohl sagen und tun

würde. Die Neonazis, der Fremdenhaß, die flott gewendete SED-Mafia. Ach, und im Westen die Selbstgerechtigkeit, mit der Kohl und seine geschichtslosen Sieger ihren geschenkten Triumph über einen kranken Kettenhund feiern, als hätten sie einen Drachen erschlagen. Ich denke, Büchner würde die Unbelehrbarkeit der Neofaschisten als schicksalhaftes Verhängnis beklagen, ja, als einen weiteren Beweis für den gräßlichen Fatalismus der Geschichte. Aber er würde wohl gleichzeitig zu den wenigen gehören, die gegen den Strom schwimmen. Wo die Kristallnacht mangels Juden wieder an Ausländerwohnheimen geübt wird, wo halbe Kinder Feuer legen und »Sieg Heil« brülln, da würde einer wie Büchner praktische Nächstenliebe predigen und sich mit seinem schwachen Körper gegen den Mob stellen. Und, das versteht sich, ohne große Hoffnung auf Erfolg. Wir kommen alle nicht davon. Manès Sperber schrieb den verblüffenden Satz: »Auch wer gegen den Strom schwimmt, schwimmt im Strome.« Ob Büchner das damals schon wußte? Der ja.
Und weil ich ohne dieses heillose Hoffen nicht leben kann, suche ich, wie andere auch, nach ein paar Fünkchen Fortschritt, lechze nach Beispielen, die jenen gräßlichen Fatalismus der Geschichte doch durchbrechen.
Einen Lichtblick hab' ich immerhin entdeckt: Das Ministerium für Staatssicherheit in der DDR hatte einen Personalstand, der doppelt so hoch war wie der der Gestapo. Es gab also doppelt so viele Herz- und Hirnbewacher für nur siebzehn Millionen Menschen. Das bedeutet, Honecker hatte, auf Großdeutschland umgerechnet, sogar sechs- bis siebenmal so viele Spitzel wie Hitler. Und wenn man noch einrechnet, daß es vor fünfzig Jahren keine Computer gab, keine vergleichbar leistungsfähigen Nachrichtenwege, keine Abhörwanzen, dann war der Apparat zur Bewachung des Volkes in der DDR im Vergleich zur Nazizeit mindestens zwanzigmal so groß.
Diese gräßliche Statistik ist vielleicht das Beste, was man über

die DDR sagen kann. An der Größe des Unterdrückungsapparates erkennt man nicht nur die Angst der Herrschenden, sondern auch die Widerspenstigkeit ihrer Untertanen. Ich könnte es auch andersrum und weniger erbaulich darstellen: Die Gestapo konnte so klein gehalten werden, weil die Liebe des Volkes im Tausendjährigen Reich so groß war. Die Masse der Deutschen liebte halt den Führer. Die Masse begehrte treu ergeben, feige, beutegeil, mordbereit und sterbebereit und mit allen lächerlichen Symptomen einer sexuellen Hörigkeit. In der DDR war das nicht so. Das ist ein Beweis für historischen Fortschritt, ein aufmunterndes Argument gegen Büchners gräßlichen Fatalismus der Geschichte.

Wenn ich wieder und wieder lese, denke ich: Wie würde ein *Hessischer Landbote* in unseren Tagen aussehn? Auch er wäre bös gespickt mit aufreizenden Statistiken, Zahlen über die Karriere von Nazirichtern nach '45 im Westen, Zahlen über die Vergeudung von Steuergeldern für hohe Pensionen an Völkermörder. Das Pamphlet wäre angereichert mit empörenden Fakten über deutsche Firmen, die Massenvernichtungswaffen an Libyen, Syrien, den Irak, den Iran, Südafrika, Chile, Pakistan und ähnliche Musterdemokratien verscheuert haben. Solch ein Pamphlet würde Material über die Mafia der Stasi-Seilschaften beim Leichenfleddern an DDR-Betrieben liefern und womöglich spektakuläre Enthüllungen über die krummen Finger der Treuhand. Solch eine Streitschrift wäre vielleicht, wie damals auch, ohne geschichtliche Wirkung, aber in Büchners lutherstarker Sprache ein Bestseller mit Honoraren statt Strafen für den Autor und mit einem Gewinn für den Verleger. Ist das etwa kein Fortschritt?

Georg Büchner, der radikale Sozialist, hatte den aufrührerischen Wunsch, daß alle Menschen satt werden sollen. Er schrieb an seinen Freund Gutzkow: »Das Verhältnis zwischen Armen und Reichen ist das einzige revolutionäre Ele-

Georg Büchner

ment in der Welt; der Hunger allein kann die Freiheitsgöttin... werden.«

Na dann, denke ich, wird's ja noch munter und revolutionär in unserem Wirtshaus »Zur schönen blauen Kugel«. Wir haben auf der kleinen Erde ja keinen Mangel an entsetzlicher Armut und keinen Mangel an aufreizendem Reichtum. Es sieht allerdings nicht so aus, als ob je aus Hunger irgendeine Freiheit kam. Im gleichen Brief schrieb Büchner nach Deutschland: »Mästen Sie die Bauern, und die Revolution bekommt die Apoplexie. Ein Huhn im Topfe jedes Bauern macht den gallischen Hahn verenden.«

Die meisten Menschen auf dieser Welt haben kein Huhn im Topf. Und einmal im Leben ein *bleu-blanc-rouge*-Brathähnchen auf der Barrikade macht auch nicht satt. Als Pamphletist wollte Büchner die Geschichte zur Freiheit hinzwingen. Das mißlang ihm. Als Dichter nahm er sich die Freiheit und zeigte den zernichtenden Zwang der Geschichte. Das gelang ihm glänzend. Ich hätte in dieser Welt gern beides: mehr Freiheit von Hunger und trotzdem große Dichtung, die aus dem Hunger nach Freiheit kommt.

Die Karten werden uns von den Göttern immer wieder neu gemischt, aber die Einsätze wurden gefährlich hoch. Der Kreuzbube mit dem Steinbeil, der Karokönig mit dem roten Knopf für den atomaren Erstschlag. Die Herzdame verblutet immer blutiger. Knüppel, Schwert, Armbrust, Pulver und Blei, Kalaschnikow, Stalinorgel, Giftgas, Napalm, Neutronenbombe und Krieg der Sterne. Unser Spiel geht immer so weiter. Aber immer so weiter geht es nicht.

Das Tiefste gegen Büchners gräßlichen Fatalismus der Geschichte habe ich von meiner Großmutter gehört. Als sie auf dem Sterbebett lag, hielt sie sich nicht mehr an den Text meiner Ballade »Großes Gebet der alten Kommunistin Oma Meume in Hamburg«. Nix war da mehr mit »O Gott, laß Du den Kommunismus siegn!« Halb taub, halb blind und weise, wie sie inzwischen geworden war, brüllte sie in ihrem lieben Hallenser Sächsisch: »Mei Junge, ich habbe diese Nacht jeträumt, de Welt jeht unta! Aber dann hab' ich drüber nachjedacht: Die kann jaarnicht untergehn!!« – Da stotterte ich: »Wieso kann die Welt denn nich untergehn, Oma Meume?!!!« Und darauf kam aus ihrem zahnlosen Mund ein Wort, über das Albert Einstein Tränen gelacht hätte: »Mei Wolf, wo soll die denn hin.«

Laß, o Welt, o laß mich sein!

Eduard-Mörike-Preis-Rede am 13. November 1991

Es ist – finden Sie das womöglich auch? – eine ironische Schiefheit, daß einer wie ich, und ausgerechnet in diesen wild bewegten Zeiten, mit einem Literaturpreis bedacht wird, der an den Namen Eduard Mörike gebunden ist. Mörike dient den Germanisten ja geradezu als Modell eines deutschen Dichters, der still im Winkel blüht, der sich aus dem Streit der Welt heraushält, einer, der die Natur mit Geduld sieht und der nie von den Hunden des Zeitgeistes zerbissen wurde. Daß in seiner Idylle die Apokalypse tickt, merkt man erst an der höllisch raffinierten Ästhetik seiner hohen Goethe-Sprache. Der kindliche Ton des Volksliedes mit bedrohlichen Dunkelheiten.

Nun, da Iring Fetscher mich der demokratisch gewählten Obrigkeit von Fellbach mit nobler Despotie als Preisträger aufgeladen hat, mußte ich ja und wollte den Schwaben wieder lesen. Und seit ich Mörike nun mehr kenne, steigt ein drolliger Neid in mir hoch. Ja, mit dem weißen, dem neidlosen Neid bin ich neidisch auf diesen sympathischen, stillen Mann. Nicht wegen etlicher Gedichte, die zum schönsten Schwäbisch gehören, das je in deutsche Sprache gekleidet wurde.

Um Mitternacht

Gelassen stieg die Nacht ans Land,
Lehnt träumend an der Berge Wand;
Ihr Auge sieht die goldne Waage nun
Der Zeit in gleichen Schalen stille ruhn.

Und kecker rauschen die Quellen hervor,
Sie singen der Mutter, der Nacht, ins Ohr
Vom Tage
Vom heute gewesenen Tage.

Das uralt alte Schlummerlied,
Sie achtet's nicht, sie ist es müd;
Ihr klingt des Himmels Bläue süßer noch,
Der flüchtgen Stunden gleichgeschwungnes Joch.
Doch immer behalten die Quellen das Wort,
Es singen die Wasser im Schlafe noch fort
Vom Tage
Vom heute gewesenen Tage.

Diese Worte singen selber und brauchen keine Musik. Gelassen stieg die Nacht ans Land... Allein diese Zeile wäre schon ein Entrée-Billett in den deutschen Dichterhimmel, oder auf goethegriechisch gesagt: Ein Wander-Knüttel für den Aufstieg hoch zum Parnaß.
Aber nicht von seinen Süße singenden Versen, mein Neid wird provoziert von Eduard Mörikes profaner Existenz als Hinterwäldler, als Spießbürger, Duckmäuser und Kleinstadt-Biedermeierlein und alimentierter Gottesknecht. So möchte ich auch leben! dachte ich oft und sagte es lieber nicht, wenn's mir im Getümmel allzu dicke kam.
Sich aus dem Streit der Welt heraushalten gilt ja als weise und ist es wohl auch. Wer wäre nicht gern abgeklärt und gütig und wer nicht gern ein Gerechter. Weder Gift noch Galle spukken, Frühling, Sommer, Herbst und Winter, wie die Vöglein im Walde eine gute Nacht und die liebe Sonne singen, und der Herr ernähret sie doch. Beneidenswert, wer so leben kann. Wer wollte nicht am liebsten im Bestiarium der Menschenwelt für alles Verständnis haben, weil man halt manches versteht. Gelegentlich gelang mir das auch, und dann war ich froh.

Aber wen das Leben von Anfang an unter das Gestapo-Netz der Heil-Hitler-Deutschen warf, oder literarisch gesprochen: unter die Gladiatoren und römischen Kampfhunde, der pflückt unten im blutigen Sand nicht Gänseblümchen und Löwenzahn, um den Löwen der Arena damit den Rachen zu stopfen. Ganz unten in der Staubwolke schwelgt die Phantasie nicht in stillfrommen Herbstfarben und Wolkenbildern.

Im Dreck der Arena das Gebrüll der Kämpfer und die Schreie der Opfer, oben das Gekreisch von den besseren Plätzen. Das überreizte Pack in den Herrschaftslogen schnippt sich ein paar Dreckspritzer von der Kledasche und jiepert nach dem nächsten flash aus Blutrausch und Schadenfreude. Und von ganz oben glotzen die Götter und gähnen vor Langeweile. Süßduftend wie Ambrosia lockt da eine Zeile von Eduard Mörike, sie steigt den Erschöpften und Zerrissenen verführerisch in die Nase:

»Laß, o Welt, o laß mich sein!...«

– nach dem Motto: Tu du mir nichts, tu ich dir auch nichts.

Ja, wenn sie mich nur ließe – ich würde ja gern die Welt sein lassen. Ich suche keine Händel, aber die Händel suchen mich. Ich bin dermaßen friedenswütig, daß ich immer wieder in Streitereien geriet. Ich möchte ja abwarten und Tee trinken und würde mich am liebsten in die ewige Kunst verkriechen. Aber jedes einigermaßen gelungene Lied reißt mich wieder mitten in den Strudel. Die Sehnsucht nach Ruhe wird manchmal übermächtig. Wie oft hatte ich ihn schon endgültig satt, aber zugleich zog ich immer meinen Honig aus eben diesem Streit mit der Welt.

Seit wir aus dem Paradies geflogen sind, tobt der Krieg um den wahren Frieden auf Erden. Frieden wolln se alle, allerdings immer nur Frieden, den sie meinen. Adolf Hitler wollte seinen Herrenmenschenfrieden. Die brutalsten Ausbeuter im modernen Kapitalismus wollen den sozialen Frieden. Die totalitären Kommunisten meinten immer nur den himmlischen Frieden à la Peking.

Und ich auf meine Art und mit meinen Mitteln genauso. Ich will meinen Seelenfrieden. Deshalb eröffnete ich den Krieg gegen einige ausgewählte Stasiheuchler, vom aufgeblasenen Markus Wolf über den geschrumpften Ibrahim Böhme bis runter zum letzten Literatenlümpchen am Prenzlauer Berg in Ostberlin.

Ich habe lange genug in der DDR gelebt, um zu wissen, wie leicht und sogar wie schuldlos man in die Fänge der Firma geraten konnte. Ich kann manches Lied davon singen. Und auch bei der Stasi gab es so'ne und so'ne. Ich kannte sogar zwei Stasis, die man ohne alle Tricks zur Opposition rechnen müßte. Was mich empört, ist nicht irgendeine Unterschrift, die irgendwann in einem sehr geschlossenen Raum einem elenden Menschenkind abgepreßt wurde. Mich empört die fröhliche Feigheit, mit der schuldbeladene Frohnaturen sich jetzt, wo man endlich offen reden könnte, ins bürgerliche Geschäftsleben herübermogeln. Sie erinnern mich an die Figur des Schwiegermuttermörders, die der schiefmäulige Spottvogel Jürgen von Manger kreiert hat. Der Kabarettist spielte im plärrigen Ruhrpott-Jargon einen armen Mörder, über den man sich totlachen konnte. Wie kam das lange Küchenmesser so tief in die Wampe der Schwiegermutter? Jürgen von Manger führte uns da einen Verbrecher vor, der seine Untat erstens bereut, zweitens leugnet und drittens »durch ein schöönes Leben« wiedergutmachen will.

Nun hat der edle Schwiegermuttermörder vom Prenzelberg doch ein halbgelogenes Geständnis abgelegt. Das Küchenmesser aus dem Stasiarchiv liegt mit seinen Fingerabdrücken auf dem Tisch. Potzblitz und Donnerwetter!, der Spitzel war also ein Spitzel und steht im grellen Licht. In seinem Schlagschatten kauern noch andre Kandidaten.

Zunächst aber war wieder mal der Überbringer der schlech-

ten Nachricht prophylaktisch geschlachtet worden: böser, böser Biermann! Ich bin gespannt, ob die ausgewogenen Tanten vom Feuilleton nun ihren Irrtum entsprechend wortreich und öffentlich bereuen. Dabei hätten sie wissen können, daß ich nicht leichtfertig einen Menschen verdächtige. Und sie hätten merken müssen, daß da eine Gefahr gebannt werden muß, die größer ist, als es die Schande eines einzelnen Menschen je sein kann. Uns alle bedroht ja die konsequente Verdrängung einer Vergangenheit, die wir noch schmerzhaft vor uns haben.
Das Ausklammern solcher Existenzfragen aus der öffentlichen Diskussion nützt der Demokratie überhaupt nichts. Im Gegenteil, das ganze wiedervereinigte Deutschland wird durch solche Verdrängerei mit einer Immunschwäche verseucht, die man getrost als Moral-Aids bezeichnen kann. Warum also diese hemmungslosen Wutanfälle im großdeutschen Blätterwald gegen den Rufmörder Biermann? Lauter halbverdaute Großmütter wie Duve und ungenießbare Rotkäppchen wie der »Kennzeichen-D«-Reporter Kulick zeterten über den bösen, bösen Wolf. Grimms Märchen in der Glotze.
Und, das versteht sich, alle haben die edelsten Motive. Das alles kommt nicht nur aus harmlosen Eitelkeiten und dem üblichen Konkurrenzkampf der Medien. Es sind nebenbei Rückzugsgefechte nach einer heiligen Schlacht, die im Grunde auch ich verloren habe. Nicht wahr, liebe Ingrid? Nicht wahr, lieber Klaus? Sind Namen Schall und Rauch? Auch Vornamen, liebe Antje? Lieber Günter? Lieber Diether? Lieber Heinrich? Lieber Freimut? So frei und so mutig sind wir noch nicht. Es sind alte Abhängigkeiten zur alten DDR, Restposten von Dankbarkeit, enttäuschte Illusionen. Statt aber schluchzend mit dem schönen Aufschrei: Laß, o Welt, o laß mich sein! an Mörikes Brust hinzufließen, erstarren allerhand Altlinke lieber in der eingerosteten Pose des

Kämpfers. Es geht nicht nur ans Herz, es geht auch ans Konto.
Die Stasi hatte auch im Westen ihre treuen Genossen und nebenbei ihre billigen nützlichen Idioten. Viele haben sich immer wieder mal auf revolutionstouristischen Reisen in die DDR Zucker in den Hintern blasen lassen und Sand ins Gehirn. Manch einer dieser verhinderten Dichter in den Westmedien hat seine germanistische Doktorarbeit womöglich über Hermann Kant gemacht oder über andere Größen der offiziellen DDR-Literatur. Ein Verbundnetz von kollegialen Gefälligkeiten und Vergünstigungen im zerrissenen Deutschland. In Leipzig als Staatsgast auf Kosten der DDR an Kongressen und Weiterbildungs-Lehrgängen teilgenommen, kleine Stipendien und Informationsreisen mit gemütlichem Abstecher nach Weimar und Buchenwald mit Kaffee und Kuchen. Und immer zugleich auch gute menschliche Kontakte mit einzelnen klugen und offenherzigen Leuten sogar im Parteiapparat. Das verbindet und verklebt.
In manchem großen Verlag oder Sender im Westen krümmen sich jetzt verwaiste Mitarbeiter des MfS. Sie haben Vater Mielke und Mutter Partei verloren, und sie kriegen keine Orientierungshilfe mehr, weder Zuwendungen noch Zuwendung. Die allmächtige Zentrale in Ostberlin hinter der Mauer sollte noch hundert Jahre halten und ist nun abgefault. Die verdeckte Longe am Rücken der mutigen Seiltänzer im Ost-West-Zirkus ist gekappt. Sie stehn plötzlich wie Clown Chaplin auf dem Hochseil mit heruntergerutschten Hosen und werden von den Affen gebissen. Die Angst vor Entdekkung in irgendwelchen MfS-Aktenbergen, die dem Reißwolf entgingen, ist auch in den alten Bundesländern groß. Wer kann den ferngelenkten Kadern noch helfen, wer ihnen die Gewißheit geben, daß alle belastenden Dokumente, alle Geldquittungen und Urkunden über verliehene Orden auch wirklich vernichtet wurden. Der gottgewaltige Führungsoffi-

zier in der »Hauptverwaltung Aufklärung XX« von dermaleinst ackert längst als Taxifahrer in Berlin oder als Geschäftsführer einer verkappten PDS-Firma. Der alte Leim aus Schuld und Angst hält noch die verklebten Überbleibsel des alten Regimes zusammen. Alles sehr gemischt. Wissen Sie, was ein Roi des rats ist? So nennen die Franzosen ein Bündel junger Ratten, die im Nest krepiert sind. Ein Roi des rats – zu deutsch: ein Rattenkönig. Mit einem Zweikomponentenkleber aus Kot und Wundsekreten sind die kranken Rättlein an den Schwänzlein so fest zusammengeklebt, daß sie nach allen Seiten ziehn und weder als Einzelnes noch als Ganzes davonkommen. Die arme Rattenmutter läuft im Kreis und säugt die Brut, solange es geht. Dann verhungern die Tierchen und bilden einen ausgedörrten Kranz aus Kadavern. In Abseiten und vergessenen Stallwinkeln wird so was gelegentlich von Zimmerleuten und Maurern gefunden. Mein Freund Jürgen Fuchs ist solch ein Handwerker.
Ja, es ist alles sehr gemischt, kompliziert, verwickelt und romanhaft verklebt, sobald man hinter die alten Tapeten schaut. Es gab immer mal Literaten, die nebenbei als Spitzel Geld verdienten. Es gibt umgekehrt auch Spitzel, die nebenbei auf Literat machen.
Im vorletzten Wochenblättchen lasen wir eine kalte Selbstabrechnung. Die Dichterin Helga Novak hatte also schon 1957 einen Vertrag bei der Firma Mielke unterschrieben. Mich hat diese traurige Neuigkeit weniger umgehaun als andere. Der Grund ist einfach: Helga Novak hat trotzalledem und immer wieder wildradikale Texte gegen diese Bande geschrieben. Denke nur an das Gedicht »Einem Funktionär ins Poesiealbum« oder die hinreißend böse »Tragoballade vom Spitzel Winfried Schütze in platten Reimen«. Nun will sie in irgendwelchen polnischen Wäldern verbluten und die Namen der vielen prominenten Spitzel mit in den Tod nehmen... Helga, du verrückte, du liebe! Vergiß die öden Namen, ich will sie

gar nicht von dir wissen. Von dir brauchen wir noch Gedichte, wie sie keiner von uns je so entsetzlich schön schreiben könnte.

Die Literaturgeschichte kennt ähnliche Fälle. Im gleichen Jahr wie Shakespeare wurde der Dramatiker Christopher Marlowe geboren, ein frühvollendetes Genie, ein großes Licht, das von Shakespeares Sonne verdunkelt wird. Immerhin hat er unserem Goethe zugearbeitet, als er die deutsche Geschichte des Doktor Faust dramatisierte. Sein starkes Stück »Das Leben König Eduard des Zweiten« hielt sogar Brechts Bearbeitung stand. Aber Christopher Marlowe war ganz nebenbei auch ein ordinärer Spitzel der Polizei. Eins seiner Opfer rächte sich am elisabethanischen Denunzianten. Der Dramatiker wurde mit nur 29 Jahren in einer Kneipe erstochen. Sein eigener Dolch wurde ihm durchs Auge ins Gehirn gestoßen. Das traurige Ende seiner doppelbödigen Karriere beweist: Marlowe war ein guter Dichter und ein schlechter Spitzel. Das langweilige Gegenstück, nämlich ein schlechter Dichter, der aber jahrelang erstklassige Arbeit als Spitzel leistete, wurde uns in diesen Tagen vorgeführt.

Nun erfahren wir, daß die bunte Kulturszene am Prenzlauer Berg ein blühender Schrebergarten der Stasi war. Jedes Radieschen numeriert an seinem Platz. Spätdadaistische Gartenzwerge mit Bleistift und Pinsel. Die angestrengt unpolitische Pose am Prenzelberg war eine Flucht vor der Wirklichkeit, sie war eine Stasizüchtung aus den Gewächshäusern der Hauptabteilungen HA-XX/9 und HA-XX/7. Die Stasigärtner mendelten dort einen manierierten Stil für demoralisierte Genies und eingeschüchterte junge Leute, die vor sich hinblödelnd dadaistisch entschliefen, als der große Streit mit der Obrigkeit drohte, endlich ernst zu werden.

Das zersplitterte Deutschland des Eduard Mörike war genausowenig eine Idylle wie unser wiedervereinigtes. Seine Zeitgenossen Büchner und Heine haben uns das in Poesie und Prosa verraten. Mörike gehört, so steht es in den Schulbüchern, zur idyllischen Schwäbischen Dichterschule. Aber bei näherem Hinsehn paßt er nicht rein in diese Schublade. Etliche beunruhigende Dunkelheiten unterscheiden ihn von den provinziellen Kollegen, über die Heine sich so lustig machte. Mörike gelangen in einer kleingehaltenen Lebenswelt großartige Verse.

Am Walde

Am Waldsaum kann ich lange Nachmittage
Dem Kuckuck horchend in dem Grase liegen;
Er scheint das Tal gemächlich einzuwiegen
Im friedevollen Gleichklang seiner Klage

Da ist mir wohl, und meine schlimmste Plage,
Den Fratzen der Gesellschaft mich zu fügen
Hier wird sie mich doch endlich nicht bekriegen
Wo ich auf eigne Weise mich behage

Glücklich, wer es so will und kann! Mir aber saß der politische Stachel von Geburt an im Fleisch. Dennoch ist mir im Gewirr all der Fratzen unserer Gesellschaft ein vollendeter Mörike-Vers über das Leuchten der Rosen am Abend in höherem Rot tausendmal lieber als irgendein Kitschgedicht über das falsche Morgenrot einer verratenen Revolution. Eduard Mörike war ein ganzer Dichter, auch wenn er nur still im Winkel vor sich hin lebte.
Das Unpolitische bei Mörike war eben immer echt und wahrhaftig. Deshalb gelangen ihm auch bei der Flucht in die Natur Verse, wie sie Paul Celan nicht besser hätte schreiben können. Wir alle kennen seine Zeile über Auschwitz:

Schwarze Milch der Frühe wir trinken dich nachts
wir trinken dich mittags der Tod ist ein Meister aus Deutschland

Und deshalb hören wir eine grauenhafte Untermelodie in Mörikes Gedicht

An einen Wintermorgen vor Sonnenaufgang

O flaumenleichte Zeit der dunkeln Frühe!
Welch neue Welt bewegest du in mir?
Was ist's, daß ich auf einmal nun in dir
Von sanfter Wollust meines Daseins glühe?

Ausgeglüht sind die Öfen der Revolution, und kalt sind die Öfen von Auschwitz. Nichts ist ausgestanden. Ich will nicht, daß eine Atombombe aus Bagdad oder Teheran demnächst ganz Israel verglühen läßt. Der Golfkrieg überlappt sich auf vertrackte Weise mit dem Streit, in dem wir alle jetzt stecken. Die ganze Affäre um die traurigen Helden vom Prenzlauer Berg war ja nebenbei ein willkommener Anlaß für die Begleichung anderer und größerer Rechnungen. Krankheit, Tod und Begräbnis des Kommunismus. Die weltschmerzliche Verbitterung vieler Altlinker im Westen über den Abbruch des interessanten Tierexperiments im Osten. Und immer noch der Streit um den Golfkrieg.
Und plötzlich erstrahlt mir die biedermeierliche Zeile »Laß, o Welt, o laß mich sein!...« in einem verführerischen Glanze. Wenn man das brutale Echo auf die eigenen Attacken nicht mehr ertragen kann, will man plötzlich in Ruhe gelassen werden. Und man vergißt in der Wut, daß man ja selber nicht Ruhe gegeben hatte. Für Zeiten solcher Verzagtheit schrieb ich mir das Kunze-Lied, in dem es heißt:

Wir wolln den Streit und haben Streit
Und gute Feinde, viele
Von vorn, von hinten, und zur Seit
Genossen und Gespiele...

Und dann der Refrain:

Ach du, ach das ist dumm:
Wer sich nicht in Gefahr begibt
der kommt drin um

Mir wurden in diesen aufgeregten Tagen zwei Todsünden zugleich vorgeworfen, die einander im Grunde ausschließen. Die einen werfen mir vor, daß ich unzulässig verallgemeinere, pauschalisiere, generalisiere, über einen Kamm schere, und so weiter und so fort. Dieser Pauschalvorwurf kommt Arm in Arm mit seinem Gegenstück: Biermann geht zu sehr ins einzelne, er nennt peinlich Namen. Ja, wie hätten Sie's denn gern – im Ganzen oder in Stückchen?

Jeder Plattkopf wettert gegen das Denken in Schubladen. Sancta Simplicitas! zu deutsch: Unheiliger Bimbamm! Der Mensch muß ja, leider! in Schubladen denken, sonst könnte er nämlich überhaupt und gar nicht denken. Das ist das ABC jeglicher Erkenntnis. Wir müssen alle erst mal die Phänomene in grobe Gruppen einteilen, sonst glotzen wir wie ein falsches Gottesauge in eine Allerwelts-Welt. In Begriffen denken, in Kategorien einteilen, das ist automatisch wie Luftholen. Allerdings müssen wir dann zweitens auch noch die Gedankenkraft und gelegentlich sogar die Kühnheit aufbringen, diese Schubladen zu durchbrechen, weil wir sonst erstarren. Und das tut weh, weil es halt oft auch gegen die eigenen bornierten Interessen geht.

Dieses Durchbrechen von Schablonen ist der eigentliche schöpferische Akt, da spielt der Mensch jeden Tag ein bißchen Gott. Allerdings kann man eben, unerbittliche Logik auch für gewiefte Dialektiker, nur Schubladen durchbrechen, die man sich eingerichtet hat. Darf ich etwa nicht sagen: Die Engländer? Die Japaner? Die Schwäbische Dichterschule? Die Friedensbewegung? Die Skinheads? Darf ich nicht sagen: Die Neonazis? Die Schweinehunde der Stasi? Die Kaisergeburtstagsdichter der Partei? Die Täter? Die Opfer? Obwohl ich doch weiß, wie romanhaft verwickelt alles ist? Gründe hinter den Gründen und hinter den Hintergründen wiederum Gründe.

Bei näherem Hinsehn erweist sich jeder kleine Mensch sogar für die größte Schablone immer noch viel zu groß. Wenn man mit der tiefenpsychologischen Lupe dicht ran kommt, dann entpuppt sich natürlich jeder Stasispitzel zugleich als ein Opfer. Aber umgekehrt – und das ist der fundamentale Punkt: Nicht jedes Stasi-Opfer war auch schuld daran, daß es litt. Das Wissen um die Relativität von Schuld und Unschuld soll uns nicht in ewig lächelnde und alles verzeihende Idioten verwandeln. Nein, nein, nein! Das Opfer ist nicht immer auch schuldhaft verstrickt, es ist nicht automatisch auch Täter. Auch nicht in dem Sinne, wie manche Zyniker den Juden suggerieren wollen, sie seien letztendlich selber schuld daran, daß man sie in Auschwitz abschlachtete, etwa weil sie sich nicht genügend zur Wehr setzten.

Selbst Jesus, der seine Feinde lieben will, nennt seine Feinde immerhin noch Feinde. Obwohl das Alte Testament mich nicht bindet, will ich meinen Nächsten lieben wie mich selbst – aber, halten zu Gnaden, nicht mehr als mich selbst, und schon gar nicht, wenn er ein Spitzel oder Denunziant ist.

Wann immer ich etwas Dummes oder sogar Hassenswertes tat, beknirschte ich mich. Es ist eine fundamentale Überlebenschance des Menschen, daß er die Freiheit hat zu sa-

gen: Es tut mir leid, und ich schäme mich. Merkt es euch, ihr falschen Vegetarier vom Feuilleton: Ich bin weder Aasgeier, noch rieche ich Menschenfleisch, ich spiele weder den Richter noch den Rächer der Enterbten. Das rechte Ohr des Malchus hau ich mir nicht in die Pfanne.
Ich ziehe in dieser Rechnung nun die Summe. Wer einen Hexenjäger verjagt, ist kein Hexenjäger. Wer professionelle Denunzianten Denunzianten nennt, ist kein Denunziant.
Die Musenjünglinge vom Prenzelberg haben offenbar eine Neigung zum Strukturalismus oder sogar zum Post-Strukturalismus. Kritzekratze-Fritzefratze. Die französischen Strukturalisten haben ihre kühle Kulturtheorie verfaßt, um frische moralentsäuerte Ware auf den Markt der Ideen zu bringen, aber bestimmt nicht als Persilschein für ordinäre Stasiagenten, die morgens inhaltsleere, muffige Gedachte in verdeckter Sklavensprache husten, die sie Gedichte nennen, und die dann abends prallgefüllte realsozialistische Spitzelberichte in kaderwelscher Prosa verfassen.
Alle im Osten hatten gute Gründe, feige zu sein, aber es waren eben manche trotzalledem mutig. Utz Rachowski ist einer von ihnen, auch deshalb steht dieser junge Dichter hier neben dem ausgewachsenen Preisochsen als eine Art Preiskalb und wird für seine wunderbaren Erzählungen und Gedichte bewundert und mit dem Eduard-Mörike-Förderpreis gefüttert. Es gibt eine besonders schöne Erzählung von ihm mit dem Titel »Der Menzer«. Und einen Menschen gibt es in Ostberlin, der diese Chiffre lesen kann und der an dieser Stelle meinen Text aus der Hand legen wird.
Manche widerstanden in der gefährlichen bleiernen Zeit, weil sie klar durchsahen, und manche verhielten sich tapfer, weil sie zum Glück mit Blindheit geschlagen waren.
Man muß kein gelernter Psychoanalytiker sein, um zu wissen, daß in jedem Lump ein verschüttgegangener Heiland

steckt – so wie umgekehrt in manchem Menschheitsretter ein mehr oder weniger verhinderter Lump. Als er aus dem Mutterleib kam, war Adolf Hitler ein zartes Menschenkind wie Rosa Luxemburg. Und was lernt uns das, liebe Genossen? Gar nichts!
Es ist zum Lachen: Wenn man eine grobumrissene Gruppe anknallt, dann schrein immer genau jene Einzelexemplare auf, die am meisten gemeint sind. Durfte Hölderlin in seinem berühmtesten Hyperion-Brief schreiben: So kam ich unter die Deutschen? ... durfte er pauschal über unser Land sagen: Handwerker siehst du, aber keine Menschen? – durfte er dermaßen generalisieren?
Wie gesagt, der politische Streit entzündete sich beliebig am Pauschalurteil wie am Einzelfall. Darf man Namen nennen? Muß man es sogar? Nur im Guten? Oder auch im Schlechten? Der französische Aufklärer Helvétius prägte einen Satz, für dessen Inhalt ich in meinem Zorn sieben lange Seiten brauche. Er sagte: Die Wahrheit hat noch keinem geschadet, ausgenommen dem, der sie sagt. Voilà!
Gestern sah ich im Fernsehn einen erschütternden Film über den Attentäter von 1939, Georg Elser. Auch er war ein Schwabe, wie unser lieber Mörike. Seine Bombe verpaßte den geliebten Führer der Deutschen um ein paar Minuten. Zum Schluß fragt den Todgeweihten ein hoher SS-Mann: Warum haben Sie's gemacht? – Einer muß es ja machen. Das war die lapidare Antwort, und die leuchtet mir ein.
Hier und heute in Deutschland geht es zum Glück um viel, viel kleinere historische Gewichte. Alles halb so schlimm und halb so wild. Aber es geht auch nicht um nichts.
Wenn es mir in diesen Tagen allzu dicke kam, fluchte ich vor mich die schöne Mörike-Zeile hin: Laß, o Welt, o laß mich sein. Aber unter uns: Wenn die Welt mich wirklich ließe, wär's mir auch ein Greuel. Der Streit konnte vermieden werden, ich hätte halt nur nicht Tacheles reden dürfen. Erin-

nern Sie sich an Heinrich Heines sarkastische Zeilen? Er schrieb:

Blase, donnre schmettre täglich
– aber halte deine Dichtung
Nur so allgemein als möglich.

Das ist das Bewundernswerte an Eduard Mörike: Ins unverbindlich Allgemeine hat dieser Dichter sich nie verkrümelt. Er wich zwar den Kämpfen seiner Epoche geschickt aus, aber er log nicht. Wer so herzensklug über Morgentau und Abenddämmerung schreibt, über die Vöglein im Walde und über den Nachtwind, der die Wiese streift, der streichelt sehr anderen Menschen die Seele. Rosa Luxemburg. Daß solch eine politikbesessene Frau, eine Theoretikerin der Revolution im Gefängnis nichts lieber las als die Gedichte des Eduard Mörike – wundert Sie das? Mich gar nicht. So holt man sich ein Stück Leben hinter die Eisenstäbe am Fenster.

Frühling läßt sein blaues Band
Wieder flattern durch die Lüfte;
Süße, wohlbekannte Düfte
Streifen ahnungsvoll das Land.
Veilchen träumen schon,
Wollen balde kommen.
– Horch, von fern ein leiser Harfenton!
Frühling, ja du bist's!
Dich hab ich vernommen!

Sobald Rosa Luxemburg, diese beseelte Kämpferin im Freiheitskrieg der Menschheit, wieder in Freiheit war, stürzte sie sich erneut und mit neuen Kräften in den Streit der Welt und wurde, Sie wissen es ja, viehisch ermordet aus dem Berliner Landwehrkanal gefischt. »Efeurand... Rosenzweig...

Traumgewühl der Melodien... Sausewind, Brausewind! / Dort und hier! / Deine Heimat sage mir!... Fort über Stoppel und Wälder und Wiesen / Wenn ich dein Schätzchen seh', / Will ich es grüßen. / Kindlein ade!« Der Mensch kann nur das austeilen, was er hat. Mörike hat seins geliefert, und wir können es gut gebrauchen.

Eine kleine Rede über Utz Rachowski

Diesen Menschen kannte ich bis heute nicht von Angesicht. Ich wußte nur: Er muß ein paar DDR-Jahre jünger sein als unser gemeinsamer Freund Jürgen Fuchs. Beide wuchsen in dem Städtchen auf, aus dem auch Hans-Joachim Schädlich stammt: Reichenbach im Vogtland.

Alle drei schreiben eine deutsche Prosa, die nicht von Pappe ist: Knapp im Sozialen und lapidar im Seelischen. Scharfe Selbstbilder mitten im politischen Schlachtengemälde der Gesellschaft. Alle drei sind durchtriebene Untertreiber und gradezu übergenau mit sich und der Welt.

Verehrte Damen und Herren, Sie merken schon, woher der Wind weht: Ich denke an so was wie Kleist und wie Uwe Johnson und George Orwell. Das sind so drei große Namen, drei Punkte, durch die man eine Linie ziehn kann, die in die Richtung Utz Rachowski zeigt.

»Down and out in GDR« – oder »Inside the Stasi-Whale«. So könnten, frei nach Orwell, seine Prosastücke heißen, wenn sie demnächst gesammelt im Ostberliner Basis-Verlag erscheinen.

Ja, Utz Rachowski war im Bauch der Bestie. Wegen sogenannter Hetze (§ 106) wurde er eingesperrt und dann in den Westen verkauft. Das Unglück brach nicht unvorbereitet über ihn herein, er hatte schon vorher Gelegenheiten, seine Abwehrkräfte zu trainieren. Aus der Oberschule in Reichenbach flog er vor dem Abitur, weil er allzu ehrliche Deutschaufsätze verbrochen hatte. So stießen ihn die Herrschenden schon früh hinab in die herrschende Arbeiterklasse, und das erwies sich, wenigstens für die Bildung seines Charakters, als eine gute Schule. Utz Rachowski war ein störrischer Wahrheitssucher.

Er widerstand solchen Lockungen der Staatssicherheit, auch so Drohungen, denen andere erlagen.
Da unten im Vogtland, nahe der Grenze zur Tschechoslowakei, wurden ja die Truppen der Nationalen Volksarmee schon vorher wochenlang in den Wäldern zusammengezogen. Dort warteten sie auf den Marschbefehl, um 1968 gemeinsam mit den Warschauer-Pakt-Brüdern den Prager Frühling niederzuschlagen.
In seiner Geschichte »Der letzte Tag der Kindheit« erzählt Utz Rachowski von seinem älteren Bruder, der auf eine herzzerreißende hilflose Art mit einem wackligen Motorrad versuchte, die Deutschen Demokratischen Panzer auf ihrer Fahrt gegen den »Sozialismus mit menschlichem Antlitz« zu stoppen.
Mich hat diese Erzählung mehr als andere erschüttert. Kein Wunder: Ich war nämlich zufällig in diesen furchtbar lehrreichen Zeiten immer mal wieder und gar nicht so weit von Reichenbach im Städtchen Markneukirchen. Dort leben die wunderbarsten Geigenbauer, göttliche Bogenmacher, dort lernte ich bei einem Max Hoyer die Anfänge des Gitarrenbaus.
In der Nacht zum 21. August 1968, als die Panzer auf genau denselben Straßen in Richtung Grenze fuhren wie am 15. März 1939, da gab es hinter den vibrierenden Fensterscheiben der alten grauen Häuschen einen stummen Aufschrei aus Verzweiflung und Wut und Scham. Die Erzählung von Utz Rachowski hat mir all diese verschütteten Erinnerungen wieder ins grelle Licht gebracht.
Es gab in diesen schlimmen Tagen eine große Zahl von älteren Menschen, die sich töteten. Etliche haben sich im Dachstuhl erhängt, die Pulsadern aufgeschnitten, was weiß ich. Manche hinterließen einen Brief, ein Zettelchen. Wieder diese verfluchten Panzer! Wie die Väter, so die Söhne. Genauso hatte eine Generation vorher der große Krieg begonnen.

Nun war das schöne Vogtland wieder Aufmarschgebiet. Die allermeisten DDR-Deutschen wollten nicht noch einmal durch die Hölle gehn. Sie wollten nicht noch einmal schuldig sein, nicht durch Mitmachen noch durch Schweigen.
Utz Rachowski kommt von da unten. Und er kommt außerdem von ganz unten. Bei ihm ist das sogenannte Niedrige keine literarische Pose, sondern gewachsene Haltung. Er zottelt uns mit seinen Texten in die sozial armen Schichten der Gesellschaft, er hat dabei nicht den proletarischen, sondern den universelleren, den plebejischen Blick. Die sogenannten einfachen, die kleinen Leute sind seine Helden. Ich sehe beim Lesen der Geschichte des Utz Rachowski beides: was in diesen Menschen irreparabel kaputtgemacht wurde, aber zugleich erkenne ich in ihnen eine humane Grundhaltung, die nicht leicht auszurotten ist.
Seit nun der Streit um die Stasi-Karriere so mancher Geistesgrößen in Ost und West losbrach, fragt man die Schriftsteller nicht mehr zuerst, wie viele gute Bücher sie geschrieben haben, sondern wie viele gute Freunde sie verrieten. So entsteht im Westen ein falsches Bild, das womöglich genauso schief ist wie das geschönte Bild vordem.
Solche Menschen wie Utz Rachowski sind eben auch ein echtes DDR-Produkt, im allerbesten Sinne. Nicht nur sein Name klingt slawisch, es ist auch der Seelen-Sound in der Sprache. Östliche Tugenden, die es im Westen genauso gibt, aber vielleicht seltener: altmodische Leidenschaft, moralischer Ernst, melancholischer Humor. Seine Prosa klingt nach Poesie, so wie es auch die hellsichtig verrückte Dichterin Herta Müller aus Temisvar in Rumänien kann. Umgekehrt versucht er mit seiner Poesie, die Höhe guter Prosa zu erreichen. Das ist normal in Deutschland, das prägende Beispiel Brecht. Diese reziproke Ästhetik streben in unserer Zeit die meisten Dichter an, ich auch.
Gewiß wimmelt es im Osten von prominenten Feiglingen, die

sich nun mit nie getanen Widerstandstaten brüsten. Hermann Kant schießt mit ruhiger Hand beim Schützenfest der Heuchler mal wieder den Vogel ab. Volker Braun ist viel zu zittrig, viel zu anständig, um seinen jahrelangen Kumpel, den SED-Oberzensor Klaus Höpcke, zu verleugnen. Da läßt er vor Schreck lieber andere Freunde im Stich. Auch mich ließ er nun fallen wie den Sandsack aus einem Ballon, der gefährlich an Höhe verlor. Vor lauter Aufräumungsarbeiten im Keller, in dem nicht nur die Leiche Günter Zehm liegt, vor lauter Postenjägerei im Literaturinstitut Leipzig kommt Rainer Kirsch nicht mehr zum Schreiben.

Ich könnte jetzt Utz Rachowski als gutes Gegenstück und tapferes Schneiderlein preisen. Aber das haut auch nicht hin. Mein Kandidat Utz Rachowski definiert sich aus sich selber und hat, so kommt es mir vor, auch gar nicht den Ehrgeiz, als moralische Lichtgestalt hochgejubelt zu werden.

Im Prenzlauer Berg, so höre ich, sind allerhand Leute in diesen Tagen sehr aufgeregt. Die Erregung ist begründet. Es ist alles noch ernster, als ich in Darmstadt sagte. Damals setzte ich das provokative Reizwort Sascha Arschloch in die Welt. Wer wüßte nicht, daß ein Schimpfname noch lange kein Argument ist und schon gar kein Beweis. Aber ohne diesen lutherischen Furz hätte es statt einer politischen Kontroverse in Germany weiterhin den Small talk gegeben. Wir hätten womöglich geschwiegen, bis das Stasiaktengesetz wie ein Maulkorb über unser Land gestülpt ist. Ich will nicht, daß unser explodierter Stasiaktenberg so wie der Tschernobyl-Reaktor einfach einbetoniert wird. Der Beton aus Bonn würde bald Risse kriegen, und der Schrecken aus Lüge, Angst und Erpressung würde kein Ende haben.

Inzwischen hat Sascha Anderson selbst zugegeben, daß er jahrelang und immer wieder und ohne die geringste Hemmung zur Stasi gelaufen ist und alles über alle erzählt hat. Traurige Tatsachen kommen ans Licht, und wir kriegen sie in den nächsten Wochen schwarz auf weiß von Jürgen Fuchs geliefert. Auch die Zaungäste können dann mit hektischem Desinteresse alles bequem im Wochenblättchen nachlesen. Im großen ZEIT-Interview vor einer Woche tat der traurige Held vom Prenzelberg noch so, als ob er ein Spitzel von der somnambulen Sorte sei. Er redete wirr, in lyrischen Andeutungen und kindlichen Paradoxen und mit einer Naivität, die leider, leider nicht naiv war. Er tat so, als habe er gar nicht so recht begriffen, was diese Herren von der Firma MfS seit 1972 in Dresden und dann in Ostberlin immer wieder und immer mehr und immer genauer von ihm hatten wissen wollen. Er offerierte sich uns also als ein Zuträger, der aber nie ein Zuträger war, frei nach Heinrich Heines schönem Lied von der Loreley:

Ich weiß nicht was soll es bedeuten
Daß ich ein Spitzel bin
Eine Unterschrift aus uralten Zeiten
Die geht mir nicht aus dem Sinn...

Es ist alles viel banaler, viel mieser und krimineller, als ich am Anfang dachte. Deshalb nehme ich das Wort Sascha Arschloch zurück. Nicht nur, weil einige empfindsame Geister sich über dieses grobschlächtige Wort empörten. Ich bilde mir ein, es müßte für Deutsche, die genügend Menschenverstand und Sprachgefühl haben, sowieso klargewesen sein, daß dieses Schimpfwort viel zu drollig, viel zu familiär und verharmlosend war. Wie auch immer – ich nehme es zurück, denn ich brauche es für bessere Gelegenheiten. Wenn etwa ein im Grunde guter Kerl und Freund etwas tut, worüber man sich im ersten Schreck ärgert, dann kann man so kumpelhaft schimpfen und sich auch wieder vertragen.
Ich höre von kollektiven Haßanfällen einer buntgemischten Gruppe aus ehemaligen Staatsdichtern und halbherzigen Ge-

legenheitsoppositionellen. Sie alle können es nicht ertragen, daß das SED-Monopol der öffentlichen Kritik jetzt demokratisiert wurde. In der Zeit der Unterdrückung waren die staatstreuen und die staatsfremden Intellektuellen eben vorsichtiger miteinander. Das verband sie trotz aller Konflikte: Angst. Die einen zitterten um ihre Privilegien, die anderen vor dem Knast. Utz Rachowski paßt in keine dieser Gruppen, er gehört halt nicht zu den trauernden Hinterbliebenen des toten Regimes.

Viele haben vieles verloren, manche alles. Also wimmelt es in der ehemaligen DDR-Kulturszene von aggressiven Jammerlappen, die gestern noch in lässig eleganter Haltung mit der ideologischen Peitsche hoch zu Roß durch die Partei-Plantagen ritten. Jetzt pfeifen sie auf dem letzten Loch das verlogene Lied der tapferen Opposition: Ach wenige waren wir – und viele sind übriggeblieben.

Jedes Kind weiß es, und keiner muß so tun, als ob ich es in der Rage vergessen hätte: Natürlich gab es immer auch viele prima Leute in der DDR. Sogar unter den Schriftstellern und sogar unter den Prominenten und natürlich auch unter Genossen der SED. Es geht im richtigen Leben so interessant zu wie im realistischen Roman: sehr gemischt. Es kann ja gar nicht anders sein: Natürlich gab es unter all diesen Menschen auch Menschen.

Fast alle Geschichten, die Utz Rachowski in Poesie oder Prosa schreibt, erzählen von getretenen Landeskindern wie Woyzeck. Und Rachowski weiß das auch ganz genau. So ist es kein Wunder, daß der Preisträger einen seiner besten Texte über eben diesen Woyzeck verfaßt hat. Und zwar schrieb er nicht über die Kunstfigur des Georg Büchner, sondern über den historischen Mörder Johann Christian Woyzeck, der im Jahre 1824 hingerichtet wurde. Dieser Text ist ein innerer Monolog des armen Mörders auf dem Weg zum Blutgerüst auf dem Naschmarkt. An dem Text begeistert mich ein aufreizender Mangel an mitleidtriefender Moral. Die Tatsachen um den Delinquenten auf dem Schafott und die Gedankenfetzen und Bilderfetzen in ihm werden raffiniert von Utz Rachowski wie in einer Kollage montiert. Die scheinbar mitleidlose Sicht des Autors provoziert im Leser ein um so intelligenteres Mitgefühl und provoziert ein gradezu aufrührerisch wildes Erbarmen mit der geschundenen Kreatur.

Georg Büchner läßt den Hauptmann in der ersten Szene zum Woyzeck sagen:

»Woyzeck, Er ist ein guter Mensch, – aber Woyzeck, Er hat keine Moral! Moral, das ist, wenn man moralisch ist, versteht Er.«

Das paßt glänzend zu den bevorzugten Helden in Utz Rachowskis Prosa. Sie sind keine ideologischen Sprachtüten, keine homunculi der Literatur. So entsteht was Lebendiges in der Dichtung. Utz Rachowksi ist eben ein guter Dichter, und so einer war ja hier gefragt.

Verehrte Stadtmütter und Stadtväter, verehrte Bürger in der schönen, kleinen Stadt Fellbach – ich denke, Sie können froh sein über diesen Kandidaten, dem ich so selbstherrlich, wie ich ja durfte und auch sollte, den Förderpreis zum Eduard-Mörike-Preis zuerkannt habe.

Schnelle Antwort auf eine Umfrage der ZEIT zum Putsch in Moskau

Es gibt so viel Parasiten
Uniformierte Banditen
Putsch-Generäle und Offiziere
Ordenbehängte hohe Tiere
So viele Menschen-Verwalter
Die sehen Glasnost mit kalter
Mit kalter Wut und mit heißem Schrecken
Die mußte wieder in die Arbeit stecken

Aber nein, Gorbi nein
Steck se nich ins GULAG rein!
Auch so Schweine sind ja Menschen
Und die brauchen Sonnenschein
Aber ja! Gorbi, ja!
Bleibe tapfer und gerecht
Denn wir wollen keine Lager
Keinen Herrn mehr und kein' Knecht
Oj, oj, Kinder
Eine neue Zeit
Offen alle Grenzen
Oj, Gerechtigkeit!
Oj, oj, Kinder
Klein ist unsre Welt
Und sie soll ein Garten werden
Grün und gut bestellt

Denkste! Vonwegen »Il faut cultiver notre jardin.« Das war mein Lied vor drei, vier Jahren. Die Spottdrossel weiß nicht, was sie singt. Die Erde ein Garten, die Erde ein KZ. Gorbatschow hat seine Feinde nicht ins Gulag gesteckt, aber sie ihn und seinesgleichen in den Sack. Es ist schwer, in diesen Zeiten

kein Hellseher fürs Finstere zu sein. Glasnost und Perestroika. Schon bald kam nach den überschwenglichen Hoffnungen die überschwengliche Hoffnungslosigkeit, und sie kam in der Sowjetunion viel früher und radikaler als im schwärmerischen Westen. Der russische Herkules beendete den kalten Krieg, er entmachtete die allmächtige Partei, er schenkte den geschichtsdummen Deutschen die Einheit, machte eingefleischte Kommunistenfresser in Washington zu Vegetariern, aber der Held schaffte seinen Völkern kein Fressen ran. Gorbatschows Revolution von oben stieß auf den verwüsteten Boden der sowjetischen Wirklichkeit. Das große Land ist schlimmer kaputt, als es die DDR je war, die Menschen noch abgestumpfter und seelisch tiefer verelendet als die kranken Ostdeutschen. Das Volk wie ein Haufen verhaltensgestörter Heimkinder, die sich wundern, daß es plötzlich keine geladenen Stacheldrahtzäune mehr gibt, aber auch nicht den tagtäglichen Schweinefraß aus der Großküche. Genau wie den gelernten Untertanen in Leipzig und Dresden waren die Begriffe Verantwortung und Eigeninitiative den »Sowjet-Menschen« Fremdworte geworden. Sollte Gorbatschow die Rechnung für 70 Jahre systematischen Wahnsinns etwa aus der Privatschatulle blechen? Die Nomenklatura klammerte sich an ihre Privilegien und verzögerte und hintertrieb und sabotierte. Und das Volk, »der große Lümmel«, lümmelte im alten Schlendrian. Gewiß, die Arbeiter im Donezbecken lernten langsam das Streiken gegen den Arbeiter- und Bauernstaat, aber sie stellten so abenteuerlich bescheidene Forderungen auf wie: Ein Stück Seife mehr pro Mann und Monat! Ob die jetzt den Generalstreik wagen?
Die endlosen Berichte darüber, wie die Agonie in der Sowjetunion wächst, regten uns schon nicht mehr auf. Zuletzt hatte der Nobelpreisträger zu Haus ein Häuflein leidenschaftlicher Anhänger und eine Handvoll wütender Feinde. Aber die Masse wurde beim Schlangestehn vor den Fleischläden nur

immer noch apathischer. Es kam, wie es kommen mußte, ein schwarzer Tag in dunklen Zeiten – und nun bin ich doch überrumpelt. Wir Kenner sind komische Propheten. Wir wußten und ahnten immer schon alles. Aber wenn es dann passiert – und natürlich ganz anders, als wir dachten –, dann glotzen wir blöde und sagen: Na siehste! und stehn hilflos da wie all die anderen Schlauköpfe auch.

Es ist ein Fehler, daß wir Gott nachahmen, der schon nach sechs Tagen Arbeit die Hände in den Schoß legte. Das fällt mir auf: Immer drehten nämlich diese Schweinehunde ihr Ding am Wochenende, wenn das Volk von der Arbeit ausruht und vor sich hindöst wie Gott seit dem siebten Tage.

Man sollte die Wochenenden abschaffen, it's Putsch-time. Der Mauerbau am 13. August '61, der Einmarsch der fünf Warschauer-Pakt-Brüder in die ČSSR am 21. August '68. Und als der polnische Putschgeneral Jaruzelski das Kriegsrecht gegen sein Volk verhängte, war auch ein Sonntag.

Das Fernsehn ist eine prima Erfindung, man hat mehr vom Leiden anderer Leute.

Nach den Bildern vom Platz des Himmlischen Friedens in Peking, nach den War-Game-Bildern vom Golfkrieg und nach den täglich frischen Blutbildern aus Jugoslawien fahren nun Panzer in den Straßen Moskaus durch mein Wohnzimmer in Altona. Jelzin kletterte auf einen von Passanten umringten Panzer und las eine flammende Rede vom Blatt. Er sprach starke Worte gegen den rechtsradikalen Staatsstreich der KGB-Gangster und der Ganoven vom militärisch-industriellen Komplex und hatte nicht mal ein Megaphon. Er soll zur Rettung seines gestrauchelten Gegenspielers aufgerufen haben. T 54-Panzer, blutjunge russische Soldaten. Bilder wie Budapest '56, wie Prag '68 – nur mit dem kleinen Unterschied, daß die Panzer jetzt in Moskau das eigene Volk platt machen. Ein deutscher Antifaschist schrieb im dänischen Exil gegen die Hitler-Bande:

General, dein Tank ist ein starker Wagen

Er bricht einen Wald nieder und zermalmt hundert Menschen.
Aber er hat einen Fehler:
Er braucht einen Fahrer.

– das ist schön gedichtet, scharf gedacht und glänzend formuliert, eben Brecht. Der einzige Fehler ist, daß dies Poesie war und blieb. Es mangelte den wirklichen Generälen nie an Fahrern, die bereit waren, im Kampf gegen äußere oder innere Feinde aus Menschen Menschenfleisch zu machen.
Was wird? Ich weiß es nicht besser als andere, die noch weniger wissen. Das Rad der Geschichte läßt sich nicht einfach zurückdrehn? Stimmt. So schlimm wie es war, kann es nicht wieder werden, aber schlimmer.
Die Bürgerkriege werden nun womöglich in der SU toben wie in Jugoslawien. Die sowjetischen Truppen, die jetzt aus Deutschland abgezogen werden, kommen nicht, wie befürchtet, in ein soziales Vakuum aus Wohnungs- und Arbeitslosigkeit, sie werden noch gebraucht. Wenn diese Maschinerie gegen die Menschen losrollt, werden nicht nur ein paar Kinder aus den Bäumen fallen wie in der »Ballade über russisches Fallobst«*.
Wir sind seit dem baltischen Konflikt und nach den Schlächtereien in Armenien und in Tiblissi auch schon aus diesen und jenen Wolken gefallen. Der Unterschied: Wir haben's überlebt, und wir leben sehr gut – unter anderem auch von der literarischen Verarbeitung solcher Leiden, die andere am eigenen Körper erfahren. Dem entkommt hier im Westen keiner so leicht.
Der kalte Krieg kann nun auf höherer Stufe wieder beginnen. Die Sowjetunion kann mit den alten Betonköpfen an der

* Alle Lieder, S. 433

Macht noch Jahrzehnte existieren. Der Hunger? Die galoppierende Armut? Lächerlich! Am Elend des Volkes ist noch keine Herrschaft zusammengebrochen. Ja, wenn ein paar Oppositionelle erschossen werden, gibt es vielleicht Geschrei und Aufruhr. Aber wenn der Massenterror einsetzt, wenn erst mal ein paar Millionen Menschen durch Hunger und Panzer und Stacheldraht vernichtet werden, dann wird eine himmlische Ruhe sein.

Außerdem wird man dem Volk wahrscheinlich erst mal mit Würsten das Maul stopfen, die in den Magazinen des Staates gehortet worden waren, um sie nach der geplanten Preisreform teurer verkaufen zu können. Aber auch längere Würste haben ein Ende. Die Elite aus der stalinistischen Ära kann sich an die Macht putschen, aber sie hat in Jahrzehnten bewiesen, daß sie das gar nicht kann, was Gorbatschows Leute wenigstens schlecht konnten: wirtschaften.

Die glasnostischen Intellektuellen wird man jetzt jagen. Und die übriggebliebenen Juden werden in der Sowjetunion wie Geiseln festsitzen und mal wieder an allem schuld sein. Pamjat als Regierungsprogramm, großrussische Paranoia, Pogrome wie gehabt.

Und die grad eben noch ins Gelobte Land davongelaufenen russischen Juden werden sich nur in ein neues Chaos gerettet haben. Wieso? Saddam Hussein, da freß ich einen Besen!, wird frohlocken wie alle Parasiten des Ost-West-Konfliktes. Israels arabische Feinde kommen wieder an den globalstrategischen Tropf der Sowjetunion. Es wird nun doch keinen Frieden im Nahen Osten geben.

Korrektur, zwei Tage später

Was ich am Tage des Putsches schrieb, war richtig – und ist nun alles wunderbar falsch geworden. Ja, ich bin ein gebranntes Kind, und so sah ich im ersten Schreck alles sehr dunkel. Weil ich mich immer schützen will vor lähmenden Enttäuschungen, neige ich im Affekt erst mal zu den schlimmsten Befürchtungen. Meine politische Phantasie war, das gebe ich zu, kleinmütig geworden, ich glaubte nicht daran, daß Soldaten und Offiziere der sowjetischen Armee den Mut haben, Befehle zu verweigern, das hatte es noch nie gegeben. Geschweige denn kenne ich Beispiele von russischen Soldaten, die die Kanonen umdrehn und bereit sind, auf diejenigen zu schießen, die ihnen die Befehle gaben.
Das Gedicht »General, dein Tank ist ein starker Wagen« ist nun in Moskau wie durch ein Wunder Wahrheit geworden, es weist den Dichter Brecht nun doch als einen realistischen Träumer aus. Seine Poesie wurde Wirklichkeit. Es wäre fast zu schön, wenn nun umgekehrt auch die Wirklichkeit in der Sowjetunion poetischer werden würde. Die Besatzungen der sowjetischen Panzer, das ist erkennbar, wußten, als sie sich in Bewegung setzten, mal wieder nicht, wer und was hinter ihren Marschbefehlen steckte. Sie wußten weder für wen noch gegen wen sie kämpfen sollten.
Jetzt, hinterher, ist man eben schlauer, nun begreife ich, daß diese Blindheit auch was Gutes haben kann. Solche Soldaten hocken abgeschottet von der Welt in ihren Kasernen, sie sind sehr jung, sind naiv und leicht zu mißbrauchen. Aber eben deshalb sind sie offenbar zugleich auch anfällig für menschliche Gefühle, sind erreichbar für die beschwörenden Argumente wildverzweifelter Mütter, die am Straßenrand auf sie einreden. Die Brötchen, die Blumen, die Beschimpfungen der jungen Mädchen beeindrucken diese Flaumbärte in Uniform doch.

In Moskau leben 9 Millionen Menschen. Gemessen daran waren die paar hunderttausend Menschen auf den Plätzen wenige, ein Häuflein Aufrechter und Neugieriger. Aber grade weil es früher nicht einmal so viele wenige gab, die den Mut hatten, sich als Citoyen in ihre eigenen Angelegenheiten einzumischen, waren die Panzerfahrer wahrscheinlich von diesem bescheidenen Volksgewimmel überrumpelt, eingeschüchtert und ins Grübeln geraten. Freilich nicht alle. Wir sahen die Bilder, als in der entscheidenden Nacht eine Panzereinheit des KGB in die Menschenmenge raste und versuchte, die Bus- und Lastwagen-Barrikaden vor Jelzins Weißem Haus zu durchbrechen. Wir sahen die Panzer in Flammen, todesmutige junge Männer mit Molotow-Cocktails – und dann die Trauerblumen über dem Blut der zermatschten Menschen im Rinnstein.

In einem flüchtigen Fernsehbild sah ich einen der Milizionäre, martialisch ausgerüstet für den Kampf gegen das Volk. Er wurde vom Reporter gefragt: Wen verteidigen Sie hier, die neue Regierung oder die alte? – Mich selber, sagte der Mann und grinste verlegen. Immerhin! dachte ich, ein Fortschritt – das ist wenig, aber schon sehr viel.

Nun ist der Putsch gescheitert – die wirtschaftlichen Probleme und politischen Konflikte bleiben. Nun könnten sie wirklich gelöst werden – ohne Rücksicht auf die gescheiterten Mumien aus Gorbatschows alter Crew. Es ist ja wirklich ein Kreuz mit den Kompromissen. Hätte Gorbatschow sie nicht gemacht, wäre sein Schritt in die neue freiere Zeit schon vor fünf Jahren gescheitert. Aber so tückisch ist die Dialektik der Macht, so nahe liegen Kompromiß und Verrat beieinander. Das, was ihm vorwärtsgeholfen hatte, brachte ihn endlich auch zu Fall. Grad weil er mit ihnen Erfolg hatte, verwandelten sich die Tugenden von gestern in gefährliche Fehler. Jetzt ist die Zeit der Schlauheiten und Tricks vorbei – oder es ist mit Gorbatschow vorbei. Aber selbst in diesem Falle bliebe dieser

Michail Gorbatschow ein großer Revolutionär in der Weltgeschichte. Wer hätte jemals mehr als er die versteinerten Verhältnisse eines solchen Kolosses zum Tanzen gebracht.
Die ersten Gesten und Worte von Gorbatschow auf dem Flugplatz waren wacklig. Wer weiß, wie die Rolle des gestürzten Helden in diesem Schmierenstück hinter den Kulissen war. Gorbatschow stammelte, er habe sich standhaft geweigert, mit den Putschisten zusammenzuarbeiten. Ich hoffe, Gorbatschow kommt nie wieder in eine Lage, in der sich solche Verbrecher überhaupt einbilden können, sie könnten mit ihm gemeinsame Sache machen. Besmertnych, sein wackliger Außenminister, nach dem Sturm wieder aufgetaucht, stand verlegen an der Gangway.
Ich hatte mich schon auf eine neue Eiszeit eingestellt. Und nun freue ich mich über meinen Irrtum. Zufällig heute ist der 21. August, der Jahrestag des Einmarsches der fünf falschen Brüder in die ČSSR. Ich kann nicht vergessen, wie groß 1968 unsere Hoffnung auf den Prager Frühling war und wie groß unsere Verzweiflung über den langen, langen Winter, der dann über uns alle hereinbrach.
Der Putsch in Moskau war zum Glück dilettantisch vorbereitet und halbherzig durchgeführt. Wer weiß – wenn sich nicht die zwei Panzerdivisionen auf die Seite des Volkes geschlagen hätten, dann hätte das Volk wenig Chancen gehabt. Ich bin sehr, sehr glücklich nach all den Ängsten. Nun also, bis zur nächsten Katastrophe, glaube ich wieder mal wie ein Kind daran, daß die Menschheit auf diesem Planeten vielleicht doch überlebt.
Ansonsten werde ich auch in Zukunft immer mit dem Schlimmsten rechnen und zugleich das Beste tatkräftig anstreben. Das entspricht dem schönen Grundsatz von Antonio Gramsci, der sagte: »Ich bin für den Pessimismus der Intelligenz und für den Optimismus der Tat«.

Ein öffentliches Geschwür

Offener Brief an Lew Kopelew

Lieber Lew, mein Freund, Du redest wie ein Feind. Dein langer Brief endet mit dem Satz: »Morgen fliege ich für 3 Wochen nach USA.« Du bist also nicht mehr in dieser Welt, und ich kann Dich in der Neuen nicht erreichen. Vielleicht kaufst Du ja in New York den SPIEGEL.

Dein Brief tut mir weh, darum schreibe ich. Weder Deine schmerzensreiche Odyssee zusammen mit Solschenizyn durch den »Ersten Kreis der Hölle« noch mein Respekt und meine Liebe zu Dir und zu Raissa geben Dir das Recht, Dich dermaßen gegen mich gehenzulassen. Aus welchen dunklen Tiefen Deiner russischen Seele nimmst Du die Grobheit, mir derart hemmungslos in die Seele zu treten? Du schreibst in Deinem Brief: »...widerlich, unausstehlich, *wie* Du über Christa geschrieben hast, *wie* Du Dich zu Bush und Schwarzkopf bekannt hast und *wie* Du in Deinen Büchner- und Mörike-Reden über die Prenzlauer Bergler gesprochen hast.« Ja, wie denn, lieber Lew, hätte ich es anders machen sollen?

Über Deine alte Germanistenliebe Christa Wolf schrieb ich kritisch und freundschaftlich, ich verteidigte sie gegen den absurden Vorwurf, sie sei keine todesmutige Drachentöterin in der DDR gewesen. Ich werfe ihr auch nicht vor, wie es Marcel Reich-Ranicki tut, daß ihre Prosa weder Witz noch Humor habe: immerhin hat sie Verstand. Und wenn sie mit bohrender Wahrhaftigkeit nach einem ehrlichen Selbstbild der Deutschen nach '45 suchte, schnitt sie sich immer auch ins eigene Fleisch. Schon deshalb achte ich sie. Ich kann sehr wohl unterscheiden zwischen einer großen Schriftstellerin, die sich vor der Barbarei ihrer Obrigkeit fürchtet, und einem kriminellen Lumpen wie Alexander (»Sascha«) Anderson,

der selbst zur Obrigkeit gehörte. Spitzelprosa. Ein postmoderner Ausläufer des sozialistischen Realismus.
Ach, und der Golfkrieg. Verehrter Lew, ich habe mich in meinem Artikel weder zu Schwarzkopf noch zu Bush bekannt. Ich habe Kuweit und Israel verteidigt, als die deutschen Friedenskämpfer diese Länder grad an Saddam Hussein verfüttern wollten. Mir hängt dieser heillose Nachhilfeunterricht im genauen Lesen schon zum Halse heraus.
Es ist wahr, ich nannte die Literaturszene vom Prenzelberg einen Schrebergarten der Stasi. Das schließt nicht aus, daß es dort auch echt anarchisches Unkraut und ein paar ehrliche Kaninchen und talentierte Maulwürfe gab. Aber die jetzt bekannt gewordenen Akten beweisen, daß meine Einschätzung richtig war.
Ich weiß, mein böses Wort über »die Ossis« hat viele geärgert. Sollte aber Hölderlin im »Hyperion« statt »So kam ich unter die Deutschen...« etwa schreiben: So kam ich unter 11 Prozent deutsche Trottel, 27 Prozent deutsche Kriecher, 54 Prozent deutsche Normaluntertanen, 6 Prozent deutsche Aufmüpfer und 2 Prozent jakobinische Rebellen? Wo bliebe da Deine geliebte Poesie? Niemand muß mich darüber aufklären, daß es unter den Ossis viele gute und aufrechte Menschen gibt. Ich kenne übrigens mehr von dieser Sorte als alle meine Kritiker. Kunststück, denn ich lebte in der DDR so, daß ich grade mit solchen erfreulichen Menschenexemplaren befreundet sein durfte.
Lieber Ljowa, Dein Brief aus dem stillen Bad Münstereifel ist eine Mitternachtsvase voll Gift und Galle. Kein biblisches Alter und keine literarischen Meriten sind ein Freibrief für dermaßen aggressive Attacken, auch dann nicht, wenn sie weich eingepackt sind im Wimmerton eines Mini-Hiob. Ich weiß nicht, welche dschugaschwilischen Furien Dich in Köln reiten. Du nennst mich »Blutrichter und Scharfrichter«, nur weil ich einen Spitzel öffentlich anklage, der sich jahrelang als

Löwe der Opposition und Paradiesvogel der Avantgarde spreizte. Ich sollte seinen Namen also lieber gar nicht erwähnen, sondern ich soll besser totschweigen, weil so einer meiner Schläge nicht würdig sei? Das ist ja eine sublime Variation der Menschenverachtung. Ab wann wäre denn nach Deinen schrulligen Hierarchievorstellungen ein prominenter Kulturnik und »ekelhafter Typ«, wie Du schreibst, satisfaktionsfähig? Woher nimmst Du überhaupt diese Kategorien einer altmodischen Offizierssprache? Du warst zwar Offizier in Ostpreußen, aber doch in der Roten Armee. Da gab es Genickschüsse hinter der Front, aber keine Duelle wie im zaristischen Rußland oder in der k. u. k.-Monarchie oder im alten Preußen.

Der Schrecken und die Wut sitzen mir noch in den Knochen. Diese Leute haben mit ihren Abhörwanzen jede Umarmung registriert, sie haben die Liebenden ohne Erbarmen aneinander vergiftet (IM-Decknamen »Jago« und »Othello«) und haben systematisch die Freunde verfeindet. Es tut mir weh, ja, immer noch! Und wenn Du lieber gut gereimte Schreie hören willst, na dann leg meine letzte Platte auf! Warum schreibst Du mir über all meine neuen Lieder kein Sterbenswort? Und Leute wie Jürgen Fuchs und Katja Havemann und Bärbel Bohley schrei'n doch schon gradezu gespenstisch leise und wohlerzogen in der bundesdeutschen Landschaft. Wo ist die Grenze? Wen darf man also attackieren? Dürfen nur Juristen, oder dürfen auch Dichter? Sind Klaus Höpcke und Hermann Kant satisfaktionsfähig?
Du wirst immer noch schlimmere Verbrechen und gemeinere Verbrecher finden. Gemessen an Pol Pot müßte Honecker jetzt das Bundesverdienstkreuz vom Präsidenten Weizsäcker kriegen.
Nein, mein Lieber, mich haben meine Angriffe auf Leute, die Du drollig »Falschspieler, Diebe« und »Kleingeister« nennst,

keineswegs »erniedrigt«. Die Prenzlauer-Berg-Szene war schließlich kein stiller Privatpuff, sie war ein modisches Rauschen im deutschen Blätterwald. Sogar aus Frankreich und den USA flogen sensationshungrige Feuilletonisten und Germanistikstudenten auf der Suche nach einem Thema für ihre Diplomarbeit ein, und sie saugten dankbar aus jeder Plastikblume des Ostens ihren Kunst-Honig.

Ich hätte es bequemer haben können, hätte ich mir den Büchner-Lorbeer eitel in den Rüssel gesteckt und den Preis still verdaut. Aber Büchner war kein gemütlicher Mucker. Also habe ich in meiner Darmstädter Rede ganz nebenbei auch eine Stasi-Eiterbeule aufgestochen – halten zu Gnaden, immerhin ein öffentliches Geschwür. Es läßt sich nicht leugnen, mir ist dabei allerhand Dreck ins Gesicht gespritzt. Lieber Lew, ich stinke, ja! Und es ist ekelhaft. Es gibt empfindliche Nasen, die den Gestank mehr fürchten als die Krankheit, die ihn hervorbringt. Das war immer so: Wenn man ihnen zu nahe kommt, stinkt man nach seinen Feinden. Aber dieser Gestank kommt nicht von innen, solcher Dreck läßt sich leicht abwaschen: von den Freunden nämlich, die zu einem halten. Du aber wischt mich in Deinem Brief mit einem Lappen ab, der so voll Schmiere ist, als hätten unsere gemeinsamen Feinde von gestern ihn Dir heute in die Hand gedrückt. Besten Dank, lieber Lew. Bei aller Liebe, das gefällt mir nicht, und so was lasse ich mir nicht mal von einem ehrwürdigen Greis gefallen.

Günter Graß schimpft mich einen Großinquisitor. Warum haust Du hysterisch in dieselbe Kerbe? Leute wie Jürgen Fuchs, Sarah Kirsch, Hans Joachim Schädlich und auch ich wollen niemanden auf den Scheiterhaufen bringen. Du weißt, daß Leute wie wir nicht nach Rache schreien. Ich will nicht einmal einen greisen Großverbrecher wie Honecker hinter Gittern sehen. Es geht um sehr bescheidene Wünsche nach ein bißchen praktischer Vernunft. Ein Spitzen-Spitzel wie Ibrahim Böhme soll nicht ausgerechnet SPD-Vorsitzender werden, es gibt bessere Leute, wie zum Beispiel Utz Rachowski oder Lutz Rathenow. Die sind auch keine Jahrhundertgenies, aber aufrichtige und tapfere Menschen. Ein IM* mit dem sinnigen Decknamen »Notar« soll nicht an der Rampe im Bonner Varieté mit demokratischen Bällen jonglieren. Oder nehmen wir Modrow, ein schuldbeladener Repräsentant des alten Unrechtsregimes: Er sollte nicht ausgerechnet im Bundestag sitzen. Ein hochkarätiger Stasi-Agent wie Professor Fink darf nicht Rektor einer weltberühmten Universität sein, die nach fast 60 Jahren endlich wieder demokratisiert werden soll. An der Humboldt-Uni lehrten Leute wie der große Philosoph Hegel und der kleine Philosoph Havemann, dort studierten der große Heine und der kleine Biermann. Ein falscher Hirte wie Fink könnte von mir aus mit hohem Professorengehalt Moraltheologie unterrichten: Für solch einen Job reicht auch ein Mann, dem das Gewissen abgeschnitten wurde, so wie seinerzeit in Paris seinem Kollegen Abaelard die Hoden.

Warum redest Du wie der verlogene Stefan Heym, wie der ausgebrannte Graß? Wer bläst denn hier zur Hexenjagd? Wenn ich mit der Faust an ein paar Bretter klopfe, die solche Trauergestalten wie Rainer Kirsch vor der Stirn tragen, dann will ich denen das Brett doch nicht gleich von der Stirn abreißen. Das sind vernagelte Leute, ich will sie nicht belehren. Und schon gar nicht will ich aus solchem Holz einen Scheiterhaufen aufrichten.

Ich kämpfe auch nicht mit »schweren Waffen« in »prunkendem literarischem Ornat« gegen gestürzte Zwerge, wie Du schreibst. Ich habe in meiner Büchner-Rede vielleicht 50 Namen genannt, davon an die 40 gute Namen von tapferen und treuen Freunden, denen ich es verdanke, daß ich in all den finsteren Zeiten nicht kaputtging. Nebenbei sprach ich von

* Inoffizieller Mitarbeiter der Stasi.

vielleicht 10 Lumpenhunden. Es sind keineswegs Zwerge, und sie winden sich auch nicht, wie Du behauptest, im eigenen Dreck. Es handelt sich um bekannte Leute, die munter weiterlügen und die alle schon wieder nach Einfluß und Macht greifen.
Mensch, Lew, Du kennst mich lange genug und weißt doch, wie ich reagieren würde, wenn auch nur einer von diesen anmaßenden Tuis* sich hinstellen und die Wahrheit sagen, wenn nur einer sich beknirschen und schämen würde. Aber dazu sind sie zu schwach, zu feige und zu dämlich. Ihr Urvertrauen in die Menschheit und damit auch in sich selbst ist offenbar verkümmert. Die wirklichen Opfer der DDR lechzen doch gradezu idiotisch danach, ihren Peinigern zu verzeihen. Man kann aber eine Schande und Schuld nur vergeben, die, wenn schon nicht bedauert, so doch wenigstens eingestanden wird. Die Dichterin Helga Novak war eine der ganz wenigen, die den Mut zur traurigen Wahrheit hatten: herzenskühl, reuelos, aber wahrhaftig.
Bei alldem grassiert unter den Zuschauern im Westen ein plänkelnder Wettstreit ums tiefere Verstehen. Jeder verkrachte Romancier unter den Redakteuren möchte bei dieser Gelegenheit seine humanistische Substanz zu Markte tragen. Jeder Plattkopf wuchert mit seinen paar Gramm Talent und verrenkt sich in tiefenpsychologischen Arabesken, um den armen, geschundenen Täter als Opfer zu durchschauen und seiner Kundschaft zu servieren. Für die wirklichen Opfer bleibt kein Mitgefühl übrig, für sie wird nicht soviel stumpfer Feinsinn und moralisches Gehirnschmalz aufgewendet, geschweige denn praktische Hilfe. Die Opfer sind für das Publikum offenbar langweilig und kein Thema. Interessant ist der Bösewicht, er stachelt die Phantasie abgestumpfter Leute wenigstens ein bißchen an. Das war schon vor Shakespeare in

* Brecht-Ausdruck für gekaufte Intellektuelle.

der hohen Kunst so. Aber das Leben ist kein Fernsehkrimi. Und nicht alle Bretter der Welt bedeuten eine Bühne. Hier auf der platten Erde interessieren mich am allermeisten all die mißhandelten Menschenkreaturen, die sich wenigstens manchmal wehrten und die schuldlos in ein lebenslanges Elend gerieten, das auch die schönste deutsche Einheit nicht mehr heilen könnte, wohl aber lindern. Lew, hör gut zu: Wenn die lachenden Täter allzu flott und geschäftstüchtig im geschäftigen Alltag abtauchen, dann tauchen auch alle Opfer unter: ins gnadenlose Vergessen. Das kann doch nicht unser Interesse sein.
Lew, Du nennst meine Attacke gegen eine Handvoll Denunzianten »geschmacklos«. Du mahnst in mir den erhabenen Dichter an, der »von Gottes Gnaden berufen« sei. So bombastisch kannst Du über Pasternak und über Jessenin reden. Die Russen sehen ihre Dichter in diesem erhabenen Licht.
Ich bin weder »berufen« noch »von Gottes Gnaden«. Warum schmeichelst Du mir so oft und so billig mit der Phrase, ich sei ein genialer Dichter. Das geb' ich zu, auch ich werde lieber gelobt als getadelt. Aber so unbelesen in der Weltliteratur bist Du doch nicht, warum also dermaßen übertrieben, lieber Lew, warum so galant zu einem Freund, der Hilfe braucht und keine Komplimente?
In meiner Büchner-Rede steckte mehr Substanz, als das Feuilleton der *Süddeutschen Zeitung* in drei Jahren verbraucht. Nicht ich habe das Wort Arschloch in Deutschland zum meistzitierten Wort des letzten Jahres gemacht. Von den Zuträgern der Staatssicherheit sprach ich beiläufig und machte sie nicht, wie Du daherschreibst, zum »programmatischen Thema«. Es waren die Medien, die sich auf den Fall Anderson stürzten. Wobei ich den Journalisten zugute halte, daß Anderson eben nicht, wie Du offensichtlich denkst, ein kleiner Fisch ist. Er war kein unbekannter »Kleingeist«, den ich nun durch meine Erwähnung erst »Land und Welt bekannt gemacht« habe.

Nein, mein lieber Professor, da bist Du eben bei Deinem leichtverdaulichen Germanisten-Futter Christa Wolf stehengelieben. Sascha Anderson war die coole Kultfigur der letzten Jahre, er war der Geist dieses geistlosen Künschtlervölkchens. Er bestimmte auch selbstherrlich, wer und was in den achtziger Jahren »illegal« gedruckt wurde: Also die Staatssicherheit bestimmte in dieser Farce. Anderson schlich unbehelligt mit den Liebhaberdrucken der Szene in die bundesdeutsche Vertretung und verscheuerte zentnerweise das kunstgewerbliche Zeug an bundesdeutsche Diplomaten, die DDR-dissidentische Trophäen sammelten wie vielleicht vorher in Afrika Negerplastiken. In der Berliner Szene wird gemunkelt, er sei auch als Makler über schalckische Kanäle monopolistisch und nur von der Stasi kontrolliert an das Verbundnetz des westlichen Kunstmarkts angeschlossen gewesen – wundern würde es mich nach alldem nicht mehr. Es ging offenbar auch um große Geldwürste, von denen die ahnungslosen Künstler freilich nur die Wurstpelle kriegten.
Eben grad sah ich im Ersten Programm die Sendung »Kontraste«. Ich wünschte, Du hättest sie auch gesehen. Bärbel Bohley, die Poppes, Rathenow, Roland Jahn und die Ehefrau des Spitzels »Donald«, Vera Wollenberger, in den Räumen der Gauck-Behörde vor ihren Akten. Fast alle suchten und fanden im ersten Schreck Hinweise auf »David Menzer« alias »Fritz Müller« alias »Peters«, also auf die Galionsfigur der Prenzelberg-Szene. Dein kleiner Falschspieler, wie Du ihn nennst, hat nicht nur in Ost und West Freunde an die Stasi ausgeliefert, er hat sie auch in den Knast gebracht. Glaubst Du im Ernst, ich hätte gegen irgendeinen kleinen Taschendieb ein öffentliches Wort gesagt? Wie kannst Du mich genial schimpfen und mich gleichzeitig für solch einen Trottel halten!
In den Wochen des Golfkrieges übersetzte ich für Eva-Maria und mich selber eine Serie von wunderschönen Liedern des Möbeltischlers Mordechaj Gebirtig. Dieser jiddische Bras-

sens wurde 1942 von der SS im Ghetto Krakau auf der Straße erschossen. Sein hinreißendes und lustiges Lied vom kleinen Taschendieb und Straßengauner Awreml im jüdischen Schtetl ist im Moment bei uns zu Hause *der* Schlager:

Ich bin Klein-Abraham,
der schnellste krumme Finger
Künstler bin ich, dreh' die dollsten Dinger
In den Knast kam ich,
das kränkt mich bis zum Tod
Weil ich Hunger hatt' und fingerte ein Brot,
oj, oj...

So kleine Diebe, wie überhaupt Trickbetrüger, Geldfälscher, Geldschrankknacker und Kiez-Ganoven, stehen moralisch hoch über professionellen und kaltblütigen Spitzeln der politischen Polizei in der DDR. Sie achten wenigstens einen kleinen, aber zuverlässigen Ehrenkodex unter Freunden.
Nach meiner Büchner-Rede wurde ich von den meisten Verwaltern der öffentlichen Meinung wie ein Denunziant und Verleumder behandelt. Keiner von diesen hochdotierten Überfliegern in der westlichen Medienlandschaft hat sich bisher öffentlich oder wenigstens bei mir persönlich entschuldigt. Diese Feiglinge hätten im Osten genauso alles mitgemacht und alles mit sich machen lassen wie diejenigen, über die jetzt geredet und gerechnet wird. Deshalb fühlen sie wohl auch so eine Seelenverwandtschaft und Fürsorgepflicht für die angegriffenen Geistesgrößen des gestürzten Regimes. Ich sage Dir, lieber alter Lew: Das modische Mitleid mit den Tätern ist eine schlecht kaschierte Gewalttätigkeit gegen die Opfer, und es ist bei den Nutznießern des vergangenen Elends außerdem eine zynische Form des Selbstmitleids.
Die ZEIT druckte brav und marktorientiert wie immer meine Büchner-Rede ab, und ich war froh darüber. Aber danach

zeigte sie von Ausgabe zu Ausgabe schamloser mit dem Pfui-Finger auf ihren Autor: Shocking! diese unappetitliche Schlammschlacht. Fuck you, wir stecken eben tief im Schlamm, und den Kampfplatz kann man sich nicht immer aussuchen. Zweimal stand in der ZEIT mit süffisanter Ironie: Warten auf Montag, auf die nächste Ausgabe des SPIEGEL, in dem Jürgen Fuchs über die Landschaften der Lüge in der DDR berichtete. Hast Du diese fünf Artikel überhaupt gelesen?
Es ging Fuchs nicht um den Schaum auf der Welle, es ging ihm auch nicht um die Welle selbst, sondern um die tiefere Strömung in diesem Meer der Unterdrückung und Bespitzelung. Für Jürgen Fuchs war der Fall Anderson nur eine Fußnote der erschütternden Wahrheit über das Ausmaß der Verwüstung in den Seelen und auch an den Körpern. Als dann das Anderson-Zuckerl endlich geliefert war, rang sich meine vornehme Hauspostille kein einziges selbstkritisches Wort dazu ab, obwohl die ungnädig angemahnten Beweise nun veröffentlicht waren.

Ich habe selbst lange genug im Nebel permanenter Verdächtigungen und im Gebläse des Rufmords gestanden. Ich weiß sehr wohl, wie ungemütlich das ist. Wer will schon einen schuldlosen Menschen ins Unglück reißen. Ich mußte aber in die Öffentlichkeit vorpreschen, weil sonst das Thema vom Tisch gewesen wäre. Freunde, die in Bonn sitzen und es besser wissen, sagten mir: Ohne deine kleine Attacke im richtigen Moment hätte das Stasi-Akten-Gesetz das Parlament in der alten schlechteren Fassung passiert.
Man könnte einwenden: Im Grunde ist es auch sympathisch, daß Journalisten hellhörig und mißtrauisch reagieren, wenn ein Mensch ohne Beweise angeklagt wird – und ich denke genauso. Das Mißtrauen gegen Verdächtigungen ist eine demokratische Tugend. Aber es ist eine genauso fundamentale

Tugend, einem Menschen zu vertrauen, der immerhin seit 30 Jahren treulich aushielt im Freiheitskrieg der Menschheit. Die Bereitschaft, Anderson zu glauben, war von Anfang an größer als die Bereitschaft, Jürgen Fuchs und mir zu vertrauen. Selbst ein Gericht hat die oft jahrelange Frist eines langwierigen Prozesses, bei dem erst ganz am Ende die Beweise auf dem Tisch liegen und das Urteil gesprochen wird. Wir aber haben es mit den Beweisen noch schwerer. Wir kamen bisher nur auf Umwegen an das Material heran, mit Hilfe der Bürgerkomitees in der Ex-DDR. Außerdem soll hier keiner hinter Gitter. Ihr seid alle hysterisch und übergeschnappt. Du, Lew, Graß, Christa Wolf, die sich bedeckt hält, Heym, der auf jedem öffentlichen Platz unter sich wegmacht. Aber warum? Ich weiß es nicht. Warum Du?
Warum diese ungnädige Ungeduld? War es Sascha Anderson nach 15 Jahren Spitzeltätigkeit nicht zuzumuten, zwei, drei Wochen zu zittern? Ja, er wußte nicht, ob er davonkommt, ob wirklich alles belastende Material vernichtet war, wie ihm seine Führungsoffiziere versichert hatten. Andersons Opfer haben jedenfalls im Knast länger und qualvoller warten müssen als er in Freiheit.
In der außerordentlich erhellenden »Kontraste«-Sendung wurde zum wiederholten Mal jene verlogen inszenierte Szene gezeigt, die Andersons Spezi, der ZDF-Reporter Kulick, für »Kennzeichen D« gefilmt hat. Anderson schreit da heraus, daß ihm wegen meiner Lieder die Nieren im Knast zerprügelt wurden, und beteuert, er sei niemals Mitarbeiter der Stasi gewesen. Ein infames Happening. Ich war verwirrt und übertölpelt von diesen Tölpeln. Unmittelbar vor meinem Konzert im Gorki-Theater hatte dieser öffentlich-rechtliche Herr Kulick mich in die Kantine gelockt. Er ließ mich ohne Vorwarnung direkt in seine laufende Kamera laufen wie ins Messer und fragte scharf nach einem Beweis, den ich sofort und hier gefälligst führen sollte… Als ob ich unvorbereitet und zehn

Minuten vor dem Konzert eine Stasi-Akte aus dem Ärmel zaubern könnte.
Es war ein niederträchtiger Coup, den man Studenten der Journalistik vorführen sollte, damit sie lernen, wie man's nicht macht. Dabei spielte Anderson seine Rolle immer noch ausgezeichnet. Friedrich Luft hätte ihm einen Bambi in Gold verpaßt. Wie sollten die Leute zu Haus an der Glotze diese Kabale durchschauen! Es gab ja Häftlinge, die im Knast zu Krüppeln gemacht und die zu Tode geprügelt wurden. Der Schriftsteller Siegmar Faust hat solche Torturen überlebt und könnte einen Roman darüber schreiben. Blutige Nieren. IM Anderson saß genauso komfortabel im Stasi-Knast wie sein Bruder im Verrat, Ibrahim Böhme. Solche Spitzel wurden zum Schein verhaftet und eingesperrt, damit sie anschließend, mit mehr moralischer Glaubwürdigkeit ausgerüstet, ihre Freunde noch besser ausschlachten konnten. Als der arme Siegmar Faust im nassen Keller bei Wasser und einer Scheibe Brot gegen den Tod ankämpfte, lümmelten solche Herren wahrscheinlich in einem der abgeschirmten Ferienobjekte des MfS an der Ostsee.
Was hast Du mit denen zu schaffen, die all das unter den Teppich kehren wollen? Warum, mein lieber, lieber Freund, bist auch Du jetzt so maßlos und arrogant geworden?
Ein viel zu drolliges Schimpfwort wie »Arschloch« regt allerhand wohltemperierte Schöngeister mehr auf als die Tragödie selbst. Es ist wie bei der Tanzstunde im Schweinestall. Arschloch, Arschloch, Arschloch. Tanzlehrer Ulrich Greiner, der seit Jahren meine Texte abdruckte, rügt den Formfehler als eine »Entgleisung«. Er redet damit vielleicht manchem feinsinnigen Zahnarzt, manchen vertrottelten Oberlehrern und ähnlichen Abonnenten der ZEIT nach dem Munde. Als wäre die Müllhalde, auf der wir uns prügeln, ein Salon bei der Gräfin Dönhoff. Kommt noch hinzu, daß ich dieses böse Wort längst öffentlich zurückgenommen hatte. Für einen Verbre-

cher wie Alexander Anderson ist die Bezeichnung Arschloch zu schade, zu verharmlosend und zu versöhnlich. Diesen Ausdruck brauchen wir gelegentlich im Affekt unter Freunden. Dein Deutsch ist gut genug, lieber Lew, Dir muß ich nicht groß erklären, daß das grobianische Wort A... mehr wie ein kräftiger Furz ist, der schnell verfliegt. Versöhnung und Verzeihen ist schon in der Schimpfe mit drin. Lew, Du liebst doch Deinen Goethe, mehr noch als ich. Der schrieb:

»So sei doch höflich!« – Höflich mit dem Pack?
Mit Seide näht man keinen groben Sack!

Ulrich Greiner tadelte jetzt auch das Wort vom »Auschwitz in den Seelen« als »monströs«. Ist das Wort monströs oder nicht vielmehr die grauenhafte Wirklichkeit, die Fuchs damit benennt? Das alte Lieblingsthema seichter Talkshows: Darf man, kann man, soll man Auschwitz vergleichen mit irgend etwas, etwa mit den 50 Millionen Opfern des Stalinismus? Soviel Philosophie zum praktischen Gebrauch müßte in den Schrumpfköpfen doch drinne sein: Man darf! Ihr lieben Kindlein!!

Man kann nur Elemente miteinander vergleichen, die nicht gleich sind. Natürlich ist der unfaßbare Massenmord am jüdischen Volk vergleichbar. Vergleichen heißt ja gerade nicht: gleichsetzen! In Auschwitz wurden über eine Million Juden vergast. Das Herrenvolk der Vergaser aber verrohte bei dieser Schandtat, es verblödete bei dieser Massenmorderei bis ins Mark. Und die elende östliche Hälfte unseres Heil-Hitler-Volkes geriet nach '45 ohne Atempause in den Machtbereich des Stalinismus. Die Ostdeutschen tappten von der braunen in die rotgetünchte Diktatur, die Verwüstung in den gestorbenen Seelen dieses vom Untertanengeist verstümmelten Volkes ist gründlich. Also darf Jürgen Fuchs so etwas sagen.

Damit verharmlost er ganz und gar nicht das Verbrechen an sechs Millionen Juden, ein Verbrechen, das nicht im deutschen Namen begangen wurde, wie Kohl immer salbadert, sondern von den Deutschen.
Lew, Du tadelst meine prosaische Einmischung, und Du gemahnst mich so großväterlich an das gut gereimte Beispiel meiner uralten Spottlieder gegen Paul Verner, den allmächtigen Parteichef von Berlin, und gegen den gefürchteten Sindermann. Du lobst an den alten Pasquillen, daß sie »bei all den bitterbösen, rohen und groben Ausdrücken dennoch poetische Werke« waren. Soll ich nun etwa noch einen Sonettkranz über Anderson häkeln? Geht Einmischung in die eigenen Angelegenheiten nur in Poesie und nicht in platter Prosa? Und hast Du nicht gemerkt, daß in meiner Prosa immer noch mehr Poesie steckt als in den gedachtelten Gedichteln solcher Nebelkrähen wie Papenfuß-Gorek? Ich rede Dir von ihm, weil ich manchmal hörte: Jaa, dieser Anderson kann nichts, aber der Papenfuß, daaas ist ein guter Dichter, der beste von allen am Prenzelberg. Lieber Lew, ich habe mir das Zeug angesehen. Gequirlter Stumpfsinn. Der Giftpilz Karl Kraus dachte über solche verwelkten Musenjünglinge: Man darf nicht nur keine Ideen haben, man muß auch unfähig sein, sie auszudrücken. Originale Prenzelpoesie: seichte Wortspielereien, an denen gemessen der Blödl-Jandl in Wien ein Poet mit tiefsinnigem Witz ist. Papenfuß ist der Sohn eines DDR-Generals. Dafür kann er nichts. Aber was dieser General mit den armen Rekruten gemacht hat, das macht sein Söhnchen mit den armen Worten.
Ljowa, mach nicht auf Elite! Wirf mir nicht vor, daß ich mich musenvergessen vom Olymp ins Getümmel werfe. Solche Ausflüge habe ich auch früher gelegentlich gemacht, denn der Poet ist zugleich ein Citoyen. Du hast Dein ganzes Leben nur Prosa geschrieben, warum soll ich das nicht auch mal dürfen? Kaputtes Vaterland, aber heile Muttersprache: dank Oma

Meume und dank Mutter Emma. Ich rede so, wie mir der Schnabel in Hamburg gewachsen ist. Ich komme nun mal nicht aus einer Professorenfamilie, meine Eltern waren weder Literaten noch Künstler.
Du solltest mal die Kommentare hören, wie sie meine Mutter, Deine alte Freundin, mit ihren 87 Jahren losließ! Ich las Emma laut und langsam jeden Montag den neuesten Artikel von Fuchs vor, sie wollte es wissen. Die alte Frau hatte übrigens keine Mühe, dem schwierigen Text zu folgen. Der Stil war ihr nicht zu trocken. Die Abkürzungen begriff sie als ein aufschlußreiches Dokument für die grauenhafte Sprache des Vierten Reiches. Die Sprache des Dritten Reiches (die »LTI«*) hat sie noch gut im Langzeitgedächtnis, und so konnte sie vergleichen. Ich betone das, weil ich gelegentlich Leute hörte, die gelangweilt stöhnten, daß dieser Fuchs sooo drööge schreibt. Steinefressen ist eben kein Sahneschlecken. Ich finde es gut, daß Fuchs die Fakten nicht essayistisch aufgepeppt hat, damit hätte er die unglaublichen Dokumente nur unglaubwürdig gemacht.
Meine Augen fliegen immer wieder über Deine drei Schreibmaschinenseiten. Ich schwanke zwischen Ratlosigkeit und Zorn. Immer wieder lese ich den Satz: »Du bist ein Dichter, von Gottes Gnaden berufen und darfst nicht nebenberuflich als politisch-moralischer Richter, Blutrichter und Scharfrichter praktizieren.« Du würdest mir mehr als nur einen Gefallen tun, wenn Du diese brutale Geschmacklosigkeit korrigierst.
Ich weiß nicht, ob Du weißt, daß ich mit vollem Namen Karl-Wolf heiße. Meine Mutter nannte mich so, weil sie es einem Bruder des hingerichteten Hamburger Kommunisten Karl Wolff versprochen hatte. Dieser Bruder war im Jahre 1934 auf der Flucht nach Holland. Emma half ihm damals und sagte

* »Lingua Tertii Imperii« (Victor Klemperer).

ihm: Wenn mein Mann wieder aus dem Knast kommt und wenn ich dann schwanger werde und wenn es dann ein Sohn wird, dann machen wir uns einen neuen Karl Wolff.
Brecht hat ein kleines Gedicht über diesen Mann geschrieben. Als Karl Wolff enthauptet wurde, passierte ein Zwischenfall, der sich unter den deutschen Kommunisten schnell herumsprach.

Der letzte Wunsch

In Altona, bei einem Überfall auf die Arbeiterviertel
Fingen sie vier der unsern. Bei ihrer Hinrichtung
Wurden fünfundsiebzig der unsern zum Zusehen herbeigeschleift.
Sie sahen folgendes: Der jüngste, ein großer Mensch, befragt
Was er sich noch wünsche (wie es die Formel vorschreibt)
Sagte trocken, er wünsche, sich noch einmal auszustrecken.
Aus der Fesselung gehoben, streckte er sich und schlug
Mit ganzer Kraft dem Führer der Völkischen
Seine beiden Fäuste unter das Kinn. Dann erst schnallte man ihn
Auf das schmale Brett, das Gesicht nach oben, und schlug ihm
Den Kopf ab.

Lieber Lew, ich bin weder der Henker noch ein Blutrichter. Blutrichter – so nannten die Antifaschisten den verfluchten Roland Freisler. Der Volksgerichtshof hat meinen Vater im Jahre '37 verurteilt. Ich will ausgerechnet Dir keinen Deutschunterricht erteilen. Aber ich bin nicht das hölzerne Bengele, das alles aushält. Wenn Du dieses Wort nicht zurücknimmst, werde ich Dich ein letztes Mal in Köln besuchen. Ich werde wie in den langen Jahren unserer Freundschaft zufällig meine Gitarre dabeihaben. Dann singe ich Dir Raissas Lieblingslied vor, wir reden noch ein Wort übers Wetter, und dann geht jeder seiner Wege.

Und als wir ans Ufer kamen

Und als wir ans Ufer kamen
Und saßen noch lang im Kahn
Da war es, daß wir den Himmel
Am schönsten im Wasser sahn
Und durch den Birnbaum flogen
Paar Fischlein. Das Flugzeug schwamm
Quer durch den See und zerschellte
Sachte am Weidenstamm
– am Weidenstamm

Was wird bloß aus unsern Träumen
In diesem zerrissnen Land
Die Wunden wollen nicht zugehn
Unter dem Dreckverband
Und was wird mit unsern Freunden
Und was noch aus dir, aus mir –
Ich möchte am liebsten weg sein
Und bleibe am liebsten hier
– am liebsten hier

Tiefer als unter die Haut

Über Schweinehunde, halbe Helden, Intimitäten und andere Funde aus meinen Stasi-Akten

Am Ende seiner Reise durch Deutschland kommt Heinrich Heine im »Wintermärchen« hoch nach Hamburg. Er besucht dort seine alte Mutter und gerät dann unter die Freudenmädchen auf die schönere, die schiefe Ebene. Hamburgs dralle Schutzgöttin Hammonia krallt sich auf dem Kiez den exilierten Poeten aus Paris. Die breithüftige Tochter der Schellfischkönigin nimmt unseren deutschesten Dichter mit rauf auf ihre Bude und gewährt ihm, weil er so affenscharf darauf ist, einen Blick in die Zukunft. Es geht mal wieder ekelhaft unfeuilletonistisch zu in der hohen Literatur, ungehörig fäkalisch: Die üppige Göttin der hanseatischen Fischköpfe und Pfeffersäcke gestattet ihrem erlesenen Freier einen tiefen Blick in ihren, pardon, Kackstuhl. Als Hammonia ihrem Dichter den Dekkel öffnete, da verschlugen die giftigen Miasmen deutscher Zukunft dem armen Heine den Atem: »Es roch nach Blut und Kot / Und nach gehenkten Schuften.«

Auch mich verführte in diesen Tagen die Neugier zu solch einem gefährlichen Wunsch, ich wagte den Blick in Heines Zukunft von damals, will sagen: in unsere stinkende Vergangenheit. Man kann nicht alles haben. Ich riskierte diesen Blick nicht auf der bunten Reeperbahn in St. Pauli und schon gar nicht mit einer lustgewaltigen Göttin im Arm. Ein kleiner, freundlicher und schwer gebeutelter Pastor aus Rostock nahm mich mit auf seine Berliner Bude in der Behrenstraße und öffnete mir den großen Aktendeckel. Ich hielt mir die Nase zu und las mit aufgerissenen Augen. Vier Tage lang saß ich im ersten Stock der Gauck-Behörde im tristen Ost-Berlin, nur ein paar Schritte neben der verödeten sowjetischen Botschaft.

Was für ein Wiedersehn! Unter den Aktendeckeln fanden sich alle, alle wieder: die halben Helden und die ganzen Schweinehunde, die fast Guten, die fast Schlechten, die stillstarken Charaktere und die großmäuligen Schwächlinge, kleine Zuträger und Großkopferte aus dem Politbüro der SED. Es wimmelte von Freunden und Feinden, Tätern und Opfern. Alte Lieben, verblaßte Kumpel. Grüß Euch, Genossen: alle meine 70 leibeigenen Spitzel. Schaut Euch Eure Decknamen im SPIEGEL an. Ihr kennt ja Euer Gesicht hinter der Maske. Wer liest schon gern halbe Telefonbücher, keine Sorge, lieber Leser – aber eine handverlesene Auswahl soll heute in Augsteins Wochenblättchen die Ehre haben: IMV* »Erich«, IMV »Kurt«, IMV »Walter Stein«, IMV »Hartmut«, IMF »Ernst«, IMV »Jäger«, IMV »Emma Langer« alias IMV »Ilse«, IMV »Heinz Malchow«, IMV »Leonore«, IM »Sylvia Faust«, GI »Friedrich«, IM »Max«, GI »Wolfgang«, IM »Ilse Meißner«, IM »Schmatzke«, IM »Karla Schneider«, IM »Chef« und seine Frau IMS »Martina«, IM »Lorenz« (Guten Morgen, Herr Nachbar!), IM »Anton«, IM »Alexander«, IM »Heinz«, IMV »Reinhard«, IM »Anna«, IMV »Hans Lamprecht« (Fließt in Frankfurt die Oder noch nach Norden?), IM »Tamar«, KP »Proll« und KP »Kannenberg«, GI »Horst Hilhelm«, IM »Willi«, IM »Rita«, IM »Fritz«, IM »Stefan Parker«, IM »Otto Erle«.
Als das Letzte nenne ich einen verstorbenen Dichter mit dem sinnigen IM-Decknamen »Dichter« – lieber Paule Wiens, Du hast Dich rechtzeitig abgesetzt in die Hölle, bist angenehm tot und hast es besser als die, deren Klarnamen ich für mich behalte. Wie andere Kollegen (keine Namen!) hast Du Dein Dichterleben in Sitzungen des Schriftstellerverbandes versessen, in Kommissionen und Gremien, bist auf Kongresse mar-

* »Inoffizieller Mitarbeiter Verbindung«, ältere Bezeichnung für IMB: Spitzel mit Auslandskontakten.

schiert und hast Dich in konspirativen Wohnungen zu Deinem Führungsoffizier geschlichen wie zu einer heimlichen Geliebten. Du hast die Musen mit ihm betrogen.
Ich möchte nicht, daß eine wurmstichige Galionsfigur am DDR-Wrack (bloß keine Namen nennen!) mich wieder einen Denunzianten schimpft, nur weil ich einen besonders stinkenden Denunzianten an den Pranger stelle. Gott ja: Namen sind Schall und Rauch, und so belasse ich es bei den chiffrierten Rauchzeichen.
Im ersten Stock der Gauck-Behörde wurden für uns zwei kahle Leseräume eingerichtet. Abgestaubte Stasi-Tischchen und Bürostühle und ein Kleiderständer. Auf dem Boden türmen sich meine Akten. Vieles ist vernichtet, aber über 100 Ordner haben sich noch angefunden. Das macht bei 300 bis 350 Seiten pro Akte ungefähr 40000 Blatt.
So saßen wir dort: Am Nebentisch schaufelt Jürgen Fuchs seelenruhig in seinem Aktenberg, er hat schon mehr Übung als wir. Nebenan Katja Havemann mit spitzen Fingern. Eva-Maria Hagen irrt durch ihr früheres Leben. Roland Jahn stochert in seiner Vergangenheit. Ab und zu ein kleiner Wutausbruch, ab und zu ein Gelächter, das so übertrieben klingt, weil der Schrecken immer mitlacht. Namen werden gerufen: Kennste den noch? Wer war damals dabei, als wir... vergessen! Deckname »Anton«? Das war doch gar kein Mann, das war doch die Frau von dem Schriftsteller »Karla Schneider«! Aber der wurde doch selber bespitzelt, hier steht es! – Na und, ein Agent provocateur!

Soviel Papier. Ich fand parallele Aufzeichnungen über ein und denselben Abend bei mir zu Hause in der Chausseestraße 131. Drei »Quellen«: Spitzel 1, Spitzel 2 und außerdem noch das Protokoll von der Abhörwanze. Da IM 1 nicht weiß, daß IM 2 auch zur Firma gehört, kriegt der Führungsoffizier aufschlußreiches Material: Er bespitzelt nebenbei immer auch seine Spitzel. Anhand des Wanzenprotokolls kann er seine beiden Zuträger auf Glaubwürdigkeit und Genauigkeit überprüfen. Wir lebten alle wie Ratten in wechselnden Versuchsanordnungen.

Die Betreuung durch Mielkes Dienstleistungskonzern war umfassender, als wir wußten. Sie ging noch tiefer ins Intime und zugleich breiter ins allgemeine Menschenleben, als wir damals wahrhaben wollten. Wir schützten uns in dieser bleiernen Zeit vor übertriebenen Ängsten durch eine chronische Untertreibung aller Gefahren. Jetzt sehe ich, wir haben unsere Todfeinde unterschätzt, aber auch manchmal überschätzt. Sie waren dümmer und klüger, sie wußten mehr und viel weniger, als man so dachte. Und wenn wir geahnt hätten, wie sehr sie vor uns zitterten, wären wir am Größenwahn krepiert.

Verblüffend und manchmal niederschmetternd ist der freiwillige Übereifer, mit dem fast alle IMs berichteten. Das kann ich nicht fassen. Sie haben ihr Soll übererfüllt und »freie Spitzen«* abgeliefert, sie haben sich überschlagen mit Verbesserungsvorschlägen beim Fallenstellen. All unseren nichtigen Privatplunder haben sie an die Firma verkauft: Eßgewohnheiten, Zigarettenmarke, Jungfernhaut und Tripper.

Wenn ich im Sommer mit Kind und Kegel meinen Freund, den Maler Otto Manigk, auf der Insel Usedom in Ückeritz besuchte, dann wurde, wie ich jetzt sehe, von der Staatssicherheit sogar ein spezieller Rettungsschwimmer an dem öffentlichen Nacktbadestrand eingesetzt. Ein Lebensretter zum Totlachen, ein zuverlässiger Genosse im Dienst ohne Hose. Was für ein Einsatz im Klassenkampf! Was'n Service!

Aber all das ahnten wir schon, das haut keinen vom Hocker. Neu ist für mich etwas andres: Die Stasi hat wirklich auf Gott

* DDR-Ausdruck für »frei« verkäufliche Übersoll-Produktion.

gemacht, der allmächtige Mielke hat jede Woche neu unsere Welt erschaffen und ruhte am siebten Tage in Wandlitz aus. Das MfS hat nicht nur geschnüffelt, hat nicht nur passiv registriert und defensiv Beweismaterial gesichert, nicht nur verhaftet und verhört. Der Staatssicherheitsdienst hat auch aktiv Schicksal gespielt. Und am fürchterlichsten treffen in diesem politischen Kampf immer die privaten Schläge. Die sexuellen Zentralorgane, der Gefühlsapparat Herz, der Denkapparat Hirn. Das war die Rangfolge der Ziele in diesem Vernichtungskrieg des Regimes gegen einzelne Menschen. Die Liebenden in die Höllen der Eifersucht treiben, die Freunde ins Mißtrauen locken, die Verbündeten in die Rivalität. Ehen wurden getrennt und gestiftet. Existenzen wurden vernichtet und aufgebaut.
Sie schickten aus West-Berlin linksalternaive Genossen, die mir im revolutionären 68er-Rausch Rauschgift anboten, sie schickten mir ausgewachsene und minderjährige Nutten auf den Hals. Die HVA* des Markus Wolf spickte gekaufte Journalisten im Westen mit gefälschtem Spielmaterial und zahlte doppelte Honorare für verleumderische Artikel und Radiosendungen. (Keine Namen.) Sie präparierten mein Auto für Unfälle und schüchterten systematisch jeden ein, der zu mir hielt. Auch dies war eine Waffe des MfS: künstliche Kunstfehler von Ärzten, die ihren Eid auf Erich Hippokrates geschworen hatten. Die Palette reichte von zermürbenden Schikanen bis zu Mordanschlägen. Für die Ausgebürgerten und Freigekauften ging die Stasi-Betreuung im Westen lückenlos weiter. Post. Telefon. Beruf. (Keine Namen.) Alles nichts Besonderes, das war der Alltag.
Schillernd exotisch und schrecklich amüsant war für mich die unfreiwillige Umdichterei. Ich fand meine poetischen Machwerke im Aktenberg in gelegentlich komischen Variationen.

* Hauptverwaltung Aufklärung.

Da sie immer auf dem neuesten Stand sein wollten, schrieben meine Fans in der Normannenstraße die neuesten Lieder und Gedichte vom Tonband ab, sobald die installierten Abhör-Wanzen frische Ware lieferten. So fand ich ausgerechnet meine Stasi-Ballade aus den sechziger Jahren in der Stasi-Akte:

Menschlich fühl ich mich verbunden
mit den armen Stasi-Hunden
die bei Schnee- und Regengüssen
mühsam auf mich achten müssen
die ein Mikrophon einbauten
um zu hören all die lauten
Lieder, Witze, leisen Flüche
auf dem Klo und in der Küche
– Brüder von der Sicherheit
Ihr allein kennt all mein Leid

Ihr allein könnt Zeugnis geben
wie mein ganzes Menschenstreben
leidenschaftlich zart und wild
unsrer großen Sache gilt
Worte, die sonst wärn verscholln
bannt ihr fest auf Tonbandrolln
und ich weiß ja, hin und wieder
singt im Bett ihr meine Lieder
dankbar rechne ich euchs an:
die Stasi ist mein Ecker
        die Stasi ist mein Ecker
                die Stasi ist mein Eckermann …

Man erkennt nur, was man kennt, lehrte der große Hegel. Ein wahres Wort auch für kleine Gelegenheiten. Wer noch nie von Goethes Vertrautem, Herrn Eckermann, etwas gehört hat, der hört eben falsch und fängt selber an zu dichten. So ein Kämpfer an der unsichtbaren Front tippt dann für die Genos-

»Ausschweifungen veranlassen«

Stasi-Schikanen gegen Wolf Biermann: ein Strategiepapier des MfS

1. Maßnahmen zur Verhinderung und Eindämmung der feindlichen, politisch-ideologischen Wirksamkeit/Verbreitung

   a) im Operationsgebiet (*gemeint ist die Bundesrepublik*-Red.) gesteuert
   – z. B. geeigneten Journalisten-IM zur Diffamierung einsetzen (sinnentstellende Äußerungen usw. in Presse o. a. Massenmedien veröffentlicht)
   – über IM Konflikte zwischen den Verlegern herbeiführen
   – Verunsicherung des Verbindungssystems (fiktive Werbungen, HA-VI-Kontrollen [*HA = Stasi-Hauptabteilung*-Red.], Zoll usw.)
   – Einreisesperren durch HA VI.

   b) in DDR
   – Förderungsverträge, um vertragsrechtliche Maßnahmen einleiten zu können (Lizenzentzug usw.)
   – Manuskriptdiebstähle und Unbrauchbarmachung von technischen Hilfsmitteln / Tonbandgeräte u. a. Geräte zerstören bzw. durch nicht gleich zu erkennende Eingriffe funktionsuntüchtig machen / Filme belichten, Bänder löschen
   – Verbreitung sinnentstellender Verfälschung – Nachahmung von Texten und Musik.

2. Maßnahmen zur Zersplitterung und Verunsicherung des Verbindungs- und Anhängerkreises sowie der eigenen Person
   – fiktive Werbungen
   – Desinformationen hineintragen zur Schaffung von Widersprüchen
   – Verdächtigung von Einzelpersonen über Zusammenarbeit mit MfS (kann auch auf eigene Person angewendet werden)
   – gezielte betriebliche Aussprachen mit ausgewählten Personen
   – Störung des Verbindungssystems / häufige Veränderung der Telefonnummer / Leitungsstörungen verursachen (z. B. wenn wichtige Verabredungen geplant sind)
   – Festnahmen (Schaffung von Bedingungen, die zu kriminellen Handlungen führen) z. B. Trunkenheit am Steuer usw.
   – Auftritte von »Widersprechern« bei Zusammenkünften organisieren

– ständige ideologische Auseinandersetzung, dosiert, daß er selbst zu zweifeln beginnt
– zielgerichtete Heranziehung zum Wehrdienst.

3. Maßnahmen zur Schaffung psychischer Belastungen
– Zerstörung seines Persönlichkeitsbildes durch negative Beeinflussung seiner Lebensgewohnheiten, z. B. zum Alkoholmißbrauch veranlassen
zu sexuellen Ausschweifungen (Minderjährige) veranlassen (Möglichkeiten für EV durch K prüfen und veranlassen)
– Liebesverhältnisse, die bestehen, zerstören
– falsche ärztliche Betreuung
– persönliches Eigentum beschädigen
PKW
Wochenendgrundstück
Boot usw.
– bestimmte Vergünstigungen unterbrechen
AWA-Valutaschecks (*AWA = Gema der DDR*-Red.) auf rechtlicher Grundlage kündigen
Garage kündigen
– Maßnahmen gegen Familienangehörige
z. B. wenn im Ausland wohnhaft durch HA VI öfter »filzen« lassen
– anonyme Anrufe.

4. Maßnahmen zur Auseinandermanipulierung von Zusammenkünften, Veranstaltungen usw.
Hauptmaßnahme:
Ständige offensive Argumentation durch fähige politisch hochgebildete Kräfte, die die Falschheit der Gegenargumente glaubhaft und verständlich widerlegen.
– Gezielte politische Arbeit durch
Gegenveranstaltungen, Beeinflussung des Veranstalters
– gezielte Maßnahmen des Staatsapparates
– gezielte Umgruppierungen negativer Kräfte durch Legenden und op. Kombinationen.
auf Personen bezogen
– durch Aussprachen bei staatl. Stellen (s. Biermann – Löffler)
– durch »Lob« bei den anderen Haß erzeugen (Spaltung, Entfernung voneinander)
– mittels Parteiauftrag bestimmte Personen zur zielgerichteten Veröffentlichung in Parteipresse veranlassen (s. Hauser Harald)

sen im Politbüro zur Information: »Die Stasi ist mein Henkersmann...« Eine andere Version fand ich auch: »...mein Echomann.«
Ein einziges Blatt habe ich mir aus einer verplombten Akte rausgerissen, ein kleines Souvenir: Das Briefchen zeigt den Kultur- und Ideologiechef der SED, Professor Kurt Hager, als Zulieferer für den Staatssicherheitsdienst. Hager schickte seinem Genossen und MfS-Minister Erich Mielke brandneue Texte des B. Eins davon: »Antrittsrede des Sängers«, ein Gedicht gegen die verdorbenen Greise im Politbüro. Hier die ersten beiden Zeilen:

Die einst vor Maschinengewehren mutig bestanden
Fürchten sich vor meiner Gitarre...

Nun sehe ich, was für'n Kind ich damals war. Von wegen »vor Maschinengewehren mutig bestanden...« Im Spanischen Bürgerkrieg war Mielke hinter der Front mit der Liquidierung andersdenkender Genossen beauftragt. Er lag wohl nie im Maschinengewehrfeuer der Faschisten.
Die Akten liefern bittere Enttäuschungen, gewiß, aber auch hinreißende Ent-Täuschungen. Ich traf beim Lesen auf Leute, die sich in aller Stille viel mutiger verhielten, als es uns vorkam. Ich entdeckte tapfere Menschen, die jahrelang widerstanden, obwohl sie nicht geschützt waren durch eine aufmerksame Weltöffentlichkeit wie Robert Havemann und ich.
Ich fand sogar zwei Freunde, die ursprünglich als Spitzel auf unseren Kreis angesetzt worden waren und durch den dienstlichen Kontakt mit uns dienstuntauglich wurden. Sie desertierten in diesem stillen Krieg auf unsere Seite. Sie hatten nicht den kleinen Mut, uns dann die Wahrheit über ihren Sinneswandel zu sagen, aber sie hatten den unglaublichen Mut, sich aus den Fangarmen der Stasi-Krake zu befreien. Aktennotiz des Führungsoffiziers: »F. war IM der HVA. Nach Rück-

sprache mit der HVA wurde bekannt, daß F. im Ergebnis der feindlichen Beeinflussung durch Biermann die weitere Zusammenarbeit mit dem MfS ablehnte.« Grüß Dich, P., grüß Dich, R. Keine Namen.
Es war also sehr wohl möglich, sich zu verweigern. Dies ins Stammbuch all der Jammerlappen, die so tun, als habe das Kaninchen vor der Schlange nicht davonhoppeln können. Und da ich diesen F. kenne, kann ich sogar sagen: Seine Aufrichtigkeit hat ihn nicht einmal beruflich ruiniert.

Ich muß gestehn, daß das Lesen in diesen Akten in mir auch bedenkliche Allmachtsgefühle provoziert hat. Plötzlich steigt einem wie Schamröte das Blut ins Gesicht, denn man sitzt ja wie ein geheimer Führungsoffizier über dem Material und spielt ein bißchen Jüngstes Gericht. Man kann nun selbstherrlich entscheiden, ob man irgendeinen Spitzel hochgehn läßt. Ich denke, es gibt da eine brauchbare Faustregel, eine nach menschlichem Maß: Öffentlich bloßstellen dürfen wir nur solche Täter, die selbst das Licht der Öffentlichkeit suchen und dabei lächelnd weiterlügen. Sie spreizen sich in der Regel als Opfer und verkappte Widerstandskämpfer. Ich denke an Spitzel, die nach öffentlichen Ämtern jagen und sich schamlos nach vorn an die Rampe der jungen Demokratie drängen. Keine Namen.
Nur einmal wurde mir beim Lesen schwarz vor Augen, ja aus tödlichem Haß. Rache! Rache! Rache! Weil ich aber nicht zum Racheengel tauge, darf ich nie wieder nach Frankfurt an der Oder fahren, sonst passiert ein Unglück. Mein Busenfreund, der IM »Hans Lamprecht« berichtet seinem Führungsoffizier: Biermann hat mir die drei Verstecke anvertraut, wo er seine Manuskripte hingebracht hat. Ich soll im Falle einer Verhaftung alles an mich nehmen. Biermann schwor mir, daß er selbst im Falle einer Verhaftung und auch nicht unter der Folter meinen Namen preisgeben würde...

Goya-Radierung: Der Schlaf der Vernunft

Ansonsten tausend Blätter voll mit nichts als Tagesnichtigkeiten am Telefon. Kommst du heute noch vorbei? – Nein, ich kann heute nicht mehr. Diese Art Akten erkennt man schon von außen: Die Blätter sind normiert, keine eingeklebten Dokumente, keine konfiszierten Briefe in eingehefteten Tüten, keine heimlich geschossenen Fotos im Worte-Einerlei. Manche IM-Berichte sind handschriftlich, manche wurden auf Tonband diktiert und dann abgetippt. Manchmal urkomische Notate. Ein ulkiges Beispiel aus der Telefonüberwachung vom 3. Februar 1975 habe ich mir notiert:

> *Während eines Gesprächs knirscht und knackt es in der Leitung (was bei Biermanns Telefonaten des öfteren vorkommt). Renate Schmidt fragt sich, was Biermann für ein komisches Telefon besitzt. Darauf gibt er zur Antwort, daß seine Gespräche durch mehrere versandete Gehirne gehn. Daher ist der Ton so zerquetscht. Diese Geräusche erzeugt der Sand und der Kalk in den Stasi-Gehirnen. 12.07 Uhr.*

Man sieht: Unser Leben unter dem totalen Verbot war trotz aller Ängste und Traurigkeiten immer auch kreuzfidel. Wir hatten besser lachen als unsere verbiesterten Feinde. Leute wie Robert und Katja Havemann hatten alles andere als eine Stasi-Paranoia. Wir haben Honecker und seine Bande mindestens so genervt wie die uns. Wir hatten immer noch viel mehr Lebenslust als Angst, wie es in dem Gedicht »Confessio« heißt: »Wir gingen aufrecht, hab'n uns schiefgelacht…« Havemann war ein unverbesserlicher Bruder Lustig. Prost, Robert! Von meinem lebensklugen Freund in Grünheide habe ich die notwendige Chuzpe im Streit mit diesen selbstherrlichen Trotteln immer wieder abgelernt.

Aber aller Galgenhumor verging uns doch, wenn die Schläge

tiefer als nur unter die Haut gingen. Die Liebe, was denn sonst. Ich meine die Liebe zu diesem einen Menschentier, das durch nichts und niemanden ersetzt werden kann.

Das mit den Männern und den Fraun ist schon unter normalen Bedingungen kaum zu schaffen. Die meisten von uns hätten es auch ohne Nachhilfe durch die Stasi geschafft, eine ewige Liebe kaputtzuleben. Aber wenn dann noch solch ein brutaler Machtapparat mit unter die Decke kriecht, sinken die Chancen der Liebenden ins Aschgraue. Ein Spitzel, der damals in Ost-Berlin auf meine Frau angesetzt wurde – »1.83 Meter groß, dunkle Haare, Frauentyp« –, erhielt den delikaten Auftrag: »Eine echte Liebesbeziehung ist zu entwikkeln.«

Allein für diesen absurden Satz hat sich das ganze Aktenstudium gelohnt. Verstehe! So wie zwischen der geliebten Regierung und den lieben Untertanen! Diese sechs Wörter formulieren das Dilemma der DDR-Führung noch treffender als Brechts ironisches Gedicht vom 17. Juni über die Regierung, die sich ein neues Volk wählen solle. Das letzte Wort in dieser kitschigen Lovestory hatte Erich Mielke am Ende der DDR vor der Volkskammer. Ich liebe euch doch alle!

Nach diesen lehrreichen Tagen in der Gauck-Behörde klemmte ich mir meine Mappe mit den kopierten Dokumenten untern Arm. Alle Namen beteiligter Dritter werden von den Mitarbeitern des zweckentfremdeten Seelenhirten aus christlicher Nächstenliebe vorsorglich geschwärzt. Aber das ist Augenauswischerei, denn im Original liest man ja alles. Man kann sich die Namen notieren und danach wieder einfügen. So haben wir es gemacht.

Am nächsten Morgen flog ich vom alten Militärflugplatz Tempelhof gleich nach Wien zu einem Konzert in Peymanns Edelschuppen. Aber diese Singerei war alles andere als normal. Ich saß auf der Bühne wie der Mann mit dem Alptraum,

den Goya gezeichnet hat: El sueño de la razón produce monstruos. Die Nachtmahre aus den Akten zerrissen mir die Lieder. Ich konnte mich nur schwer konzentrieren. Jedes Lied lockte irgendwelche Fledermäuse aus Mielkes Katakomben an. Irrwitzige Assoziationen. Als ich endlich das Lied für meinen Freund Robert Havemann singen wollte – die Ballade vom Gut Kirschenessen –, saß ich wie ausgeknipst im Scheinwerferlicht. Mir fiel weder die erste Zeile des Liedes ein noch die Melodie, noch wußte die linke Hand, wohin mit den dummen Fingern auf dem Griffbrett meiner treuen alten Weißgerber-Gitarre. Da schwiegen die Vöglein im Walde. Es dauerte vielleicht eine Minute, und das ist eine Ewigkeit vor so vielen fremden Menschen, die eine Eintrittskarte bezahlt haben. Alles nicht tragisch, ich rettete mich mit der Wahrheit und stotterte: Mir ist der Kopf vernebelt von vier Tagen im Gestank der Stasi-Akten.
Gegen Ende sang ich, weil es so gut paßte, meine »Populär-Ballade« aus dem Jahre 1966. Ein moritatenhaftes Pasquill gegen Ulbricht, Honecker, Sindermann und Paul Verner. Die beste Strophe ist die fünfte:

Im Neuen Deutschland *finde ich*
Tagtäglich Eure Fressen
Und trotzdem seid ihr morgen schon
Verdorben und vergessen
Heut sitzt ihr noch im fetten Speck
Als dicke deutsche Maden
Ich konservier euch als Insekt
Im Bernstein der Balladen...

Dann kam nach all dem galligen Gespött die süße Butterbirne:

Heut morgen kam Marie zu mir
Mein allerliebstes Schmeicheltier
Das war ein Frühstück in der Früh!
Ein scharfes Brötchen hat Marie
Und Milch und Honig, weiche Knie
Und wenn mir jemand wehe tut
Dann macht Marie das wieder gut
Die Art, wie sie das macht, ist sehr...
– populär!

Tja, und bei dieser Strophe riß es mich vor Lachen um. Ich holte mein Notizbuch raus und las den schmähbegierigen Wienern dasselbe noch mal in originaler Stasi-Prosa vor. Quelle: die Abhörwanze unter dem Bett.

Wolfgang Biermann führte mit einer Dame Geschlechtsverkehr durch. Später erkundigt sich er, ob sie Hunger hat. Die Dame erklärt, daß sie gern einen Konjak trinken würde. Es ist Eva Hagen. Danach ist Ruhe im Objekt.

Meinem Publikum im Burgtheater mußte ich nicht groß erklären, wer Eva-Maria Hagen ist. Ich habe für sie nicht grad meine schwächsten Lieder geschrieben. Und ganz nebenbei: Diese Schauspielerin singt nicht schlechter als ihre Tochter Nina, nur ein bißchen anders. Und meine schamlose Offenheit auf der Bühne war womöglich peinlich – aber nur für peinliche Leute. Der Wahrheitsgehalt der Akten wird nun von allerhand dahergelaufenen und davongelaufenen Tätern in Zweifel gezogen. Für die Opfer aber sind diese Akten die einzige Chance, sich Recht zu verschaffen und einen Hauch Gerechtigkeit noch auf Erden zu erleben. Es ist gut, daß wir den Dreck endlich lesen können. Trotzdem habe ich erst mal die Schnauze voll von diesem öden Stasi-Deutsch. Das Leben ist zu kurz. So viele große Werke der Weltliteratur sind noch ungelesen. Und was ich schon las, das will ich wieder und mit neuen Augen sehn. Da

finden sich im Grunde alle Niedrigkeiten schon und in hoher Sprache.
Hanns Eisler komponierte im lieblichen Kalifornien eine sehr ernste deutsche Musik zu einem Stückchen Shakespeare, das mehr sagt als 40 000 Blatt voll Spitzelprosa. Es sind die Schlußworte von Hamlets Freund Horatio:

Und laßt der Welt, die noch nicht weiß, mich sagen,
Wie alles dies geschah; so sollt ihr hören
Von Taten, fleischlich, blutig, unnatürlich,
Zufälligen Gerichten, blindem Mord;
Von Toden durch Gewalt und List bewirkt,
Und Planen, die verfehlt zurückgefallen
Auf der Erfinder Haupt; dies alles kann ich
Mit Wahrheit melden.

Ich habe meinen Teil der traurigen Wahrheit gemeldet. Aber nun ist genug. Andere müssen noch sprechen in ihrer Sprache. Für mich ist die Schlacht im Stasi-Schlamm beendet. Ich habe meine Akten gelesen, mein Herz hat genug gesehn. Das weiß ja jeder Provinzgockel: Es gibt noch viel Schlimmeres auf dieser wahnsinnigen Erde, aber Vergnüglicheres gibt es eben auch. Ich schütte jetzt wie Fischfutter diesen Text in das große Aquarium an der Hamburger Ost-West-Straße*, und dann ziehe ich mir endlich neue Saiten auf meine alte Gitarre. Et tout finit par des chançons.
Wann immer ich seit dem Fall der Mauer an Deutschland dachte in der Nacht, konnte ich ausgezeichnet schlafen. Der Dreckverband ist abgerissen, die offenen Wunden können heilen. Der Rest ist nicht Schweigen. Übrig bleibt eine tiefe Verletzung, die niemals heilt und die keiner mehr merkt. Und ansonsten: ein heilsames Gelächter.

* Gemeint ist das SPIEGEL-Verlagsgebäude.

AktenEinsicht

Es geht kein Schwein was an, daß der wunderbare Brechtschauspieler Martin Flörchinger an die zehn Jahre in Ostberlin mein Nachbar gewesen ist. Wir bewohnten eine zweigeteilte Wohnung in der Chausseestraße 131 und waren ein Herz und ein Frühstücksei. 1975 ging er in Rente, leider! Denn Flörchinger verließ damals nicht nur das Berliner Ensemble, sondern gleich die ganze DDR. Der Schauspieler ging zurück nach Bayern, um dort im Land seiner Jugend die Rente zu genießen. Seine Wohnungshälfte war also frei geworden und brauchte einen neuen Mieter.
Eines schönen Tages rückte denn auch ein ungewisser Klaus-Peter Gerhardt an. Der Mann war schwer bewaffnet mit einem Einweisungsschein vom Wohnungsamt. Er stellte sich als ein neuer Nachbar vor und zog, nachdem seine Wohnung renoviert worden war, mit einer hübschen Frau ein.
Eineinhalb Jahre lang, bis zu meiner Ausbürgerung 1976, lebte ich also mit diesem Ehepaar Tür an Tür und Wand an Wand. Mein alter Freund Robert Havemann knallte den neuen Mitbewohner bei irgendeiner Gelegenheit unverblümt an, er sagte ihm auf den Kopf zu, was wir alle dachten, aber ja nicht sicher wissen konnten. Und weil ich vor haltlosen Verdächtigungen noch viel mehr Angst hatte als vor der Stasi, beschimpfte ich damals meinen lieben argwöhnischen Freund Robert und erinnerte ihn an unsere Grundregel. Wir wollten uns durch nichts und niemanden in eine allgemeine Stasi-Paranoia treiben lassen.
Nun, nach so langer Zeit, schrieb dieser Nachbar mir einen Brief nach Hamburg, man muß schon sagen: eine Art Bittbrief. Ich schrieb ihm denn auch prompt zurück. Unsere bei-

den Briefe wären wahrscheinlich längst im Postordner abgeheftet und vergessen, hätte ich nicht zufällig einen knappen Monat später Gelegenheit gehabt, in der Gauck-Behörde meinen Aktenberg (ZOV »Lyriker«) zu besteigen.

AktenEinsicht – ein hübscher Titel. Er lockt in ein Geschwätz über die tiefsinnige Frage, ob für den Bespitzelten bei der Einsicht in seine Stasiakten erleuchtende Einsichten zu gewinnen sind. Aber wem erst anhand der Akten ein Licht aufgeht, der muß ja ein Armleuchter sein. Gewiß sind die Akten wahre Wundertüten, man wundert sich im Guten wie im Bösen, sie liefern Überraschungen in allen Variationen. Aber im großen und ganzen wußte das Kaninchen ja, in welchem Bestiarium es hoppelt.

In dem Aktenordner Nr. 19 fand ich also Mitte Januar eine ganze Serie von Spitzelberichten eines inoffiziellen Mitarbeiters der Staatssicherheit mit dem Decknamen »Lorenz«. Es handelte sich, wie der Leser schon dunkel ahnt, um meinen Nachbarn, Herrn Gerhardt.

Und das zeigen die Akten auch: Ich war nicht sein erstes Opfer. Er war damals von seinem Führungsoffizier, dem berüchtigten Oberst Reuter, systematisch mit einer ausgeklügelten Legende in die Wohnung Chausseestraße 131 gesetzt worden. Und weil Flörchingers Wohnung im Grunde für einen hochangesetzten Spitzel und Chefredakteur und Verlagsleiter der Ost-CDU nicht gut genug war, ist er offenbar nach getaner Arbeit auch mit einer Bleibe im schönen Berlin-Karow belohnt worden, die seinem Verdienst und seinen Verdiensten besser entsprach. Dort sitzt er nun, umgeben von Weltliteratur, arbeitslos nach einem arbeitsreichen Leben, und schreibt einen Hilferuf an sein Opfer von damals.

Soweit ich sehe, geht es bei all dem um keine justitiablen Verbrechen, der Mann ist kein Stolpe. Er hat auch keine spektakuläre Karriere gemacht wie der Waffenschieber

Schalck, nicht wie der Gefangenengroßhändler Vogel, nicht wie der Menschenverschaukler Rechtsanwalt Schnur, er spreizt sich auch nicht im Parlament wie Diestel, er steht nicht im Rampenlicht wie Gysi und Böhme und de Maizière.
Es ist lustig, aber wahr: Hätte dieser Mensch sich nicht so plump im richtigen falschen Moment bemerkbar gemacht, dann hätte ich ihn wohl kaum in den 40000 Seiten meiner Stasiakten gefunden. Ich hätte seine IM-Berichte glatt überblättert. Er wäre unerkannt geblieben, wie viele andere kleine Denunzianten, und wäre heil davongekommen. Aber was rede ich! Er kommt ja heil davon, auch wenn ich ihn hier an den Pranger stelle.
Heute ist Ostern. Hier unten am Elbestrand von Altona brennen die heidnischen Osterfeuer, die Kinder haben Tannenbäume und Treibholz gesammelt, sie haben mit wahrem Feuereifer alte Kisten und Bretter aufgestapelt und haben sogar eine Strohpuppe an einem Galgen ins Feuer gehängt. Die Kleinen kokeln, die Halbwüchsigen werfen leere Bierflaschen und Cola-Dosen in die Glut, und die Alten glotzen tiefsinnig in die Flammen. Oben in der schönen alten Christianskirche predigt die junge Pastorin von Jesus Christus und feiert die Auferstehung des Gottessohnes.
Aber was schert mich die brennende Puppe, und was gehn mich Gottes uneheliche Kinder an. Ich denke heute an einen Menschensohn, der mir näher ist: mein armer Bruder Judas Ischariot. Als der nämlich sah, was er angerichtet hatte, wandte er sich verzweifelt an die Hohenpriester, die ihn ja für 30 Silberlinge angeworben hatten. Der IM Judas (so steht es beim Evangelisten Matthäus geschrieben) sagte damals zu seinen Führungsoffizieren:

Ich habe übel getan, daß ich
unschuldig Blut verraten habe.
Sie sprachen: Was geht uns das an?

Da siehe du zu!
Und er warf die Silberlinge in den Tempel, hob sich davon, ging hin und erhängte sich selbst.

Ich will meinem zynischen Nachbarn von damals keine zynischen Vorschläge machen. Wenn aber so ein zeitgenössischer Judas im vereinigten Deutschland partout weiterleben will, sollte auch er, zumindest für sich selbst, eine Frage beantworten: Wie sind die Konditionen sine qua non für einen Neuanfang?

Soll er die 30 Silberlinge für sich behalten, oder soll er das Nummernkonto in der Schweiz und die Villa am Müggelsee in Ostberlin an die Treuhand zurückgeben? Soll er zu seinen Freunden gehn, die er jahrelang bespitzelt hat, und sich die Maske vom Gesicht reißen? Soll er sich auf den Marktplatz der Medien stellen und vorbehaltlos seine Schuld eingestehn, so wie Judas Ischariot es tat? Soll er sich durchschwindeln und sich die Würmer von findigen Journalisten widerstrebend aus der Nase ziehen lassen? Soll er, trotz erdrückender Beweise, frech alle Schuld leugnen, damit er unbehelligt weiterleben kann?

Ich weiß es nicht. Ich merke nur, daß ich allmählich mürbe werde und müde und böse von all den dummdreisten Lügen, mit denen uns die Kreaturen des gestürzten Regimes langweilen und aufregen. Für sie ist nicht nur Christus umsonst gestorben, sondern auch Judas Ischariot. Sie sind verlorener und elender als dieser arme Hund, der immerhin den Mut zur Wahrheit hatte.

Es geht bei all dem nicht um abstrakte Moralnormen, sondern um die praktische Gestaltung unseres Gemeinwesens. Daß ein Genie wie Schalck im Lande der CSU Unterschlupf fand, daß ein Christenmensch wie de Maizière von seiner CDU geschützt wird und ein Ehrenmann wie Stolpe von der SPD, das

verpestet die Luft der Demokratie und treibt also noch mehr Wähler in die braunen Sümpfe.
Ich lege dem Leser drei Texte vor. Jeder einzelne wäre nichts Besonderes. Aber wenn nun ihr gespenstisches Zusammenspiel zur Erscheinung kommt, verschlägt es mir doch die Sprache. Das ist kein Unglück, denn die Dokumente sprechen für sich.

Klaus-Peter Gerhardt
Schönerlinder Weg 74
1123 Berlin - Karow
Telefon: 349 37 57

Berlin, am 23. November 1991

Lieber Wolf Biermann,

sicher haben Sie in diesen bewegten Tagen, da der Stasi-Sumpf nun auch die Literaturszene der ehem. DDR endgültig eingeholt hat, anderes zu tun, als sich mit den persönlichen Sorgen Ihres einstigen Wohnungsnachbarn zu beschäftigen. Ich bitte Sie jedoch sehr herzlich darum, diesen Brief zu lesen und darauf zu reagieren.

Nachdem der Union Verlag Berlin, den ich seit 1982 geleitet habe, durch neue Eigentümer mit einem neuen und vornehmlich nicht-belletristischen Programm weitergeführt wird, habe ich mich um eine andere Tätigkeit bemüht, die an meine frühere Zeitungsarbeit bei der NEUEN ZEIT anknüpft, und mich um eine Mitarbeit bei der F.A.Z. beworben. Nach ersten und durchaus hoffnungsvollen Arbeitskontakten ist mir nun mitgeteilt worden, daß meine weitere Mitarbeit fraglich sei, da es aus Berlin Anschuldigungen gibt, ich sei im Zusammenhang mit meiner Wohnungsnähe zu Wolf Biermann auf diesen angesetzt gewesen und habe für die Stasi gearbeitet.

Noch gut erinnern sich meine Frau und ich an unser erstes nachbarliches Gespräch in Ihrer damals berühmten Küche, in dem Sie uns zwar Ihren Unmut mitteilten, daß wir und nicht Sie Wohnungsnachfolger von Martin Flörchinger werden, daß Sie sich aber damit abfinden, denn Sie hätten sich sehr genau erkundigt, Ihre neuen Nachbarn würden nicht für die Stasi arbeiten - und das sei ja beruhigend, schon wegen der "körperlichen Hygiene".

Und auf dieser für uns sehr angenehmen Verständigungsbasis haben wir dann wenn auch nur ein Jahr Tür an Tür gewohnt, die vielfältigen Belästigungen der Rothosen und Schielaugen tapfer gemeinsam getragen und uns wenn nötig gemeinsam Mut gemacht. Das ging bis zu Ihrer Abreise zum berüchtigten Konzert, zu der meine Frau Ihnen noch zugeraten hat, denn die DDR müsse sich doch einen Biermann leisten können. Die schlimmen Folgen Ihrer Ausbürgerung besonders auch für Ihre Frau und Benjamin haben wir versucht mitzutragen u.a. durch Telefongespräche, wenn nicht gerade unser Anschluß wie schon häufig vordem abgeklemmt war.

Sie, Tine und besonders Emma erinnern sich sicher noch der Zusammenkünfte mit uns und der kleinen Hilfeleistungen in schlimmen und angstvollen Zeiten. Ihre gerade noch vor der Ausbürgerung erschienene LP "Es gibt ein Leben vor dem Tod" haben Sie uns mit den vielsagenden Worten "...und unserem gesunden Nachbarn auch." im Juni 1976 gewidmet. Sie war uns in immer kränker werdenden Zeiten so etwas wie ein heimlicher Trost.

Und nun soll dies alles mit dem widerlichen Krakensumpf überschüttet werden. Offenbar genügt schon die gemeinsame Adresse und die Tatsache, daß Ihre und später auch unsere Wohnungsnachfolger in Ausübung des "Objektschutzes" der Ständigen Vertretung gegenüber eindeutig im Solde der Firma waren. Meine Frau und ich konnten uns schon gegenüber Robert Havemann nicht mir derartigen, vielleicht sogar von der Stasi selbst inszenierten Unterstellungen abfinden. Sie haben damals am Telefon sehr eindeutig und entschieden reagiert. Nun die zweite und existenzbedrohende Anschuldigung. Natürlich werde ich gemäß der Gesetzeslage nach dem 1.1.1992 bei der Gauk-Behörde eine Untersuchung beantragen. Es würde mir und auch meiner zwangsläufig mitbetroffenen Frau aber sehr helfen, wenn Sie Ihre mehrfach geäußerte gute Meinung wiederholen würden, ob an die Redaktion der F.A.Z. (Bereich Theater, Herrn Dr. Gerhard Stadelmaier, Hellerhofstraße 2-4, 6000 Frankfurt am Main 1) oder an mich, das bleibt ganz Ihnen überlassen. Bitte lassen Sie sich in einer so entscheidenden Situation nicht umsonst gebeten haben.

In der Hoffnung, daß wir nach der Trockenlegung des Sumpfes wieder unbeschwerter an die gemeinsame Zeit in der Chausseestraße denken können, verbleiben meine Frau und ich

mit sehr herzlichen Grüßen!

Ihr Heinz-Peter [illegible]

Lieber Klaus-Peter Gerhardt

- tja die Vergangenheiten vermasseln uns die Zukunft.

Lieber Nachbar, Sie sollen wissen, daß ich niemals mit irgendjemandem über Sie gesprochen habe, geschweige denn den Verdacht geäußert, daß Sie Spitzel der Staaastsicherheit sind oder waren oder gewesen sein könnten. Es hat mich, wie Sie sich wohl denken können, auch kein Mensch danach gefragt. Schon gar nicht kann ich wissen, wer in Berlin gegen Sie diesen Verdacht geäußert und offenbar an die F.A.Z. weitergegeben hat.

Alles was Sie über unsere gutnachbarlichen Beziehungen in diesem einen Jahr in der Chausssseestraße 131 schreiben, ist wahr. Mein Verhalten Ihnen gegenüber war offenherzig, es war nicht vom Verdacht vergiftet, Sie könnten mir als Spitzel in die Wohnung hineingesetzt worden sein.

Allerdings kann es Sie nicht wundern, daß solch ein Verdacht naheliegt. Immerhin waren Sie Chef in einer blockparteigebundenen Zeitung - und zwar nicht in der kuddelmuddeligen Gründerzeit der DDR, sondern im historischen Zenit des Regimes, als die Herrschenden eigentlich alle Medien unter Kontrolle hatten.

Außerdem müssen Sie bedenken, daß ich jahrelang von der Staatssicherheit scharf bewacht wurde. Nicht nur Post und Telefon, nicht nur die auffällig unauffälligen jungen Männer auf der Straße. Meine gesamte Wohnung war von unten her, wo ja die Büroräume des großen Kraftfahrzeug-Ersatzteile-Ladens lagen, mit Abhörwanzen durchdrungen. Die netten Arbeiter, die übern Hinterhof die Autoteile schleppten, haben es mir gelegentlich gesteckt, wenn nachts wieder mal unter meinen drei Zimmern von den Technikern der Stasi ein hochgeheimer Arbeitseinsatz lief. Diese kleinen Transportarbeiter waren eben helle und mir in all den Jahren freundlich, die merkten mehr als sie sollten. Es liegt also nahe, daß die Stasi die günstige Gelegenheit nutzte, als mein Freund Flörchinger seine Wohnung neben mir aufgab.

Über einen Punkt in Ihrem Brief wundere ich mich. Ich hatte, logischerweise, keine einzige Stelle, bei ich mich hätte erkundigen können, ob meine neuen Nachbarn für die Stasi arbeiten oder nicht. Also kann ich Ihnen keinen Persilschein ausstellen. Ich kann nur sagen: ich hatte den Eindruck, daß Klaus-Peter Gerhard und seine Frau keine Spitzel sind.

Zudem ist es klar, daß Sie trotz aller Bedenklichkeiten ein grundehrlicher Mensch sein können. Es gab immer auch erfreuliche Ausnahmen, die die Regel bestätigten. Auch deshalb, weil ich nicht in eine Stasi-Paranoia geraten durfte, machte ich mich mit haltlosen Verdächtigungen nicht verrückt.

Ich erinnere mich sehr wohl daran, daß Sie in den bedrohlichen Wochen nach meiner Ausbürgerung sich meinen "Hinterbliebenen" gegenüber normal verhielten. Auch Eva-Maria Hagen, mit der ich grade sprach, erinnert sich daran, daß Sie und Ihre Frau freundschaftlich blieben, als Hetze und Hysterie hochkochten. Als unser Telefon von der Firma gestört war, konnte ich gelegentlich mit Günter Wallraffs Telefon von Köln aus bei Ihnen anrufen und so meine Frau Tine oder Robert Havemanns Tochter Sibylle sprechen. Das war eine große Hilfe in all den Nöten und Ängsten dieser Tage.

Auch in den finstersten Zeiten lief ich nicht durch den DDR-Wald und vermutete hinter jedem Strauch einen Strauchdieb und schon gar nicht hinter jedem Baum einen Mörder. Sie wissen es ja, ich pfiff sogar lustige Lieder, halb aus Angst, halb aus Lebenslust.

Dennoch blieb es in diesen Jahren nicht aus, daß wir manchen Spitzel für einen Freund und vielleicht sogar mal einen Freund für einen Spitzel hielten. Kommt hinzu, daß die Staatssicherheit das Gift des Mißtrauens spritzte. Über den Fall Siegfried Reiprich schrieb Jürgen Fuchs jetzt im Spiegel. Gegen Fuchsens Freund Reiprich war in Jena systematisch von der Stasi der Spitzelverdacht verbreitet worden. Nun hat sich anhand der Dokumente alles aufgeklärt.

Ich finde es gut, daß Sie Sich so bald wie möglich an die Gauck-Behörde wenden wollen. Vielleicht sind Ihre Akten ja noch auffindbar.

Zum Schluß eine Nebenbemerkung. Falls Sie doch beim MfS angestellt waren, wie und wann und warum auch immer - dann wären Sie für mich noch lange nicht gestorben. Ich lebte lange genug in der DDR und weiß sehr wohl, wie leicht und sogar mit welchen grundanständigen Motiven ein Mensch in diese Firma hatte geraten können. Was uns im Streit dieser Tage empört, ist die dummfreche Verlogenheit solcher Spitzel wie Ibrahim Böhme, der sogar angesichts der gefundenen Spitzelberichte von seiner Hand, alles leugnet oder ins ichweißnichtwassollesbedeuten romanhaft Romantische zieht. Wie aber kann man Menschen verzeihn und ihnen beim Neuanfang helfen, solange sie munter weiterlügen.

Sie verstehen: Falls Sie, lieber Klaus-Peter, doch sowas wie ein "Informeller Mitarbeiter" oder ein OibE waren, würde ich mich trotzalledem für Sie bei der F.A.Z. oder sonstwo verwenden, wenn ich den Eindruck habe, daß Sie Sich wirklich ins Offne gerettet haben. Ich glaube, an solch einem guten Bruch zerbricht keiner so leicht. Im Gegenteil, es wachsen einem neue Kräfte zu. Sobald wir einander endlich wieder im Lichte der Wahrhaftigkeit gegenübestehen, hat keiner das Recht, den anderen aus der Menschheit auszuschließen.

Grüßen Sie herzlich Ihre Frau. Sagen Sie ihr, daß aus meinen Berlin-Plänen nichts wurde. Ich hätte gern nach dem Zusammenbruch der DDR wenigstens wieder in meiner alten Wohnung gewohnt. Aber auch eine andere Wohnung in Ostberlin fand sich für meine große Familie nicht. Und als man uns, wir waren nach langem Suchen schon allzu bescheiden geworden, eine schäbige dunkle und zudem asbestverseuchte 4-Zimmerwohnung im Prenzlauer Berg angeboten hatte, ging eine infame Kampagne in Berliner Zeitungen los, die es mir unmöglich macht, in dieser Stadt wieder zu leben.

Aber das ist kein wirkliches Unglück. Wir leben sehr gut und oft sogar glücklich im schönen Hamburg.

Altona, 3. 12. '91 Ihr Wolf Biermann

ub. eine Kopie dieses Briefes, das wird Ihnen recht sein, schicke ich an die FAZ, Herrn Dr. Stadelmaier.

Quelle des Gen. Reuter

A 1 1/11

Am 2. September kam es nach seinem Urlaub zu einer ersten Begegnung mit meinem künftigen Wohnungsnachbarn W.B. Ich stellte mich und meine Frau vor und sagte ihm, daß ich eine Einweisung für die Wohnung [redacted] habe und nach den wichtigsten Renovierungsarbeiten am 20. Oktober einzuziehen gedenke.
W.B. war über den Umstand und auch über Einzelheiten aus der Biografie der neuen Mieter bestens informiert (Quelle u.a. [redacted])
Er sagte mir auch, er habe sich genau erkundigt, wer ihm da ins Haus komme. Er wisse, daß ich „noch nicht bei der Staatssicherheit sei", was ihm nur recht ist. Nicht, daß er was gegen die Leute hätte. Aber es gehöre zu „persönlichen Hygiene, diese Leute „nicht zu nahe am Körper zu haben".
Er sagte weiter, daß er sich freue, daß ich diese Wohnung bekommen habe. Er wisse, wie gesagt, um wen es sich handelt und sei an einer guten Nachbarschaft interesseirt.
Alle uns betreffenden Fragen, Elektrozähler auf seinem Gang, Restbestände der Einrichtung von [redacted] noch in unserer Wohnung, für deren Abtransport W.B. zu sorgen hat, etc. konnten schnell und unkompliziert mit ihm geregelt werden.
Ich machte W.B. darauf aufmerksam, daß es für mich sehr erfreulich sei, daß er uns als Wohnungsnachfolger [redacted] anerkenne, da ich wüßte, daß auch er sich um die Vergabe dieser Wohnung beworben habe und es ja im Bereich des Möglichen gelegen hätte, daß er nun, da wir die Wohnung bekommen haben, uns als lästige Eindringlinge betrachtet. Er erwiderte darauf, daß das nun keine Rolle mehr spiele. Wir hätten die Wohnung nun mal bekommen und es zeuge nur von der „undemokratischen Entscheidungsweise", daß eine Intervention von Gerald Götting dafür ausschlaggebend gewesen wäre.
Folgerungen:
1. W.B. scheint von der offiziellen Version der Wohnungsvergabe weitgehend überzeugt zu sein. Er benutzte den Namen Götting noch

in einem anderen Sachzusammenhang, als er sich danach erkundigte, ob meine Frau als Schauspielerin schon feste Berufsaussichten in Berlin habe. Als sie ihm diese Frage verneinte, meinte er lakonisch, daß ihr in diesem Fall ja wohl kaum Götting helfen könne.

2. Es hat sich seit dem 2. Sept. ein sachliches und vernünftig distanziertes Verhältnis zu W.B. hergestellt. Wenn wir mit Handwerkern da sind, erkundigt er sich nach dem Fortgang der Ereignisse, ohne sich irgendwie einzumischen. Er bietet seine Hilfe an, die wir aber noch nicht in Anspruch genommen haben. Mir scheint diese Entwicklung günstig zu sein. Eine vorsichtige Intensivierung der Beziehungen scheint möglich, zumal mich im Laufe der Zeit auch Leute besuchen werden wie [redacted] und die Schauspielerin [redacted] die W.B. lange und gut kennen.

3. Die entstehenden nachbarschaftlichen Kontakte sollten gut abgestimmt und sehr vorsichtig vorgenommen werden.

4. Es ist gesichert, daß die offizielle Version unserer Wohnungsvergabe unter die Leute gekommen ist.

11. IX. 75

Das Kaninchen frißt die Schlange

Die Stasi-Debatte und das Drehbuch meiner Ausbürgerung

Noch vor drei Monaten sah es so aus, als ob sich der deutsche Michel mal wieder aus seiner Vergangenheit schleicht, als gäbe es nur eine Gegenwart und keine Zukunft. Inzwischen haben wir immerhin eine öffentliche Diskussion erzwungen, das Stasi-Akten-Gesetz wurde im Bundestag zugunsten der Opfer modifiziert.

Bei alldem liegt auf der Hand, wie lächerlich die melodramatischen Leiden in Deutschland sind. Gemessen an den Existenzfragen der Menschheit ist das alles Flohzirkus. In der zerbrochenen Sowjetunion gibt es Millionenstädte, deren Namen wir hier nicht einmal kennen. Dort gibt es keinen Strom mehr, kein Wasser, und die Hungernden haben die Kunst entwickelt, auf einer brennenden Kerze ein Spiegelei zu braten. Kernphysiker, mietbare Atombomben auf zwei Beinen, dienen ihre Dienste jedem dreckigen kleinen Despoten an. Aber wir leben nun mal im gemütlichen Deutschland, also reden wir – frei nach Brecht – erst mal von unserer Schande.

In den wenigen Akten, die von den Verfolgten seit Januar geöffnet wurden, wimmelt es von armen Stasi-Hunden, die nicht mal einen Fußtritt verdienen, aber es kommen auch hochkarätige Heuchler ans Licht. Die Strukturen totalitärer Herrschaft in preußisch Rot werden sichtbar.

Viele Opfer hoffen nun wie die Kinder auf Recht und Gerechtigkeit und sogar auf Wiedergutmachung. Ein Zipfelchen des blutigen Tuches wurde angehoben, und schon schreien die Spitzel im Osten wie auch ihre Spezis im Westen: Schwamm drüber! Sie verfluchen das Stasi-Akten-Gesetz und wollen es wieder kippen. Der edle Streit geht nur noch darüber, ob die

Akten lieber verbrannt werden sollen oder einbetoniert oder in die Spree geschmissen. Die Stasi-Problematik schrumpft zum Müllproblem. Der lebenskluge Gauck soll ab in den Orkus, die Tendenz ist klar: Stopft den Opfern das Maul! Wenn sie nun schon soviel zahlen müssen, wollen die Westdeutschen wenigstens ihre gewohnte Ruhe. Opfer, die nicht leise genug schrein, sollen mundtot gemacht werden. Es ist wie beim Schlachtfest. Der *Stern* haut populistisch vorn Kopp, die *Süddeutsche Zeitung* schneidet auf, die *Frankfurter Rundschau* schneidet in Stücke, *Bild* leckt Blut, und die ausgewogene *Zeit* wägt ab. Unkenntnis, Hochmut und handfeste Interessen. Wie es im alten Liedchen heißt: Sie sind so dumm, und sie tun auch nur so.

Der Wind in den Medien hat sich gedreht. Jetzt schießt der Hase den Jäger tot, und das Kaninchen frißt die Schlange. Die Hexe Bärbel Bohley bläst zur Hexenjagd auf ehrliche Menschen. Jürgen Fuchs macht penetrant auf Rächer der Enterbten. Stasi-Auflöser Gauck, blind vor Haß, ist nach Meinung von Stefan Heym schlimmer, als die ganze Stasi je war. Biermann mißbraucht seine Büchnerrede für politische Attacken gegen konkurrierende Poeten. Roland Jahn stört mit seiner »Kontraste«-Kamera Führungsoffiziere des MfS beim Nachdenken über Christa Wolf. Das ist die IM-Hatz: Pastor Eggert verleumdet seine ärztlichen Wohltäter.

Die Opfer haben sich endgültig als die wahren Täter entpuppt. Sie vergiften die postmoderne Gemütlichkeit mit einer rigoristischen Moral der Wahrhaftigkeit, mediengeil vermarkten sie ihre eingebildeten Stasi-Wunden. Verdrehte Welt. Im Kopf halte ich es grad noch aus, aber nicht im Herzen.

Die arbeitslosen Stasi-Generäle und Bundespräsident von Weizsäcker warnen vor einer Stasi-Hysterie. Daß Freiherr von Weizsäcker als junger Grenadier Polen unter die Stiefel nahm und dann als Wehrmachtsoffizier Leningrad belagerte, lag in der Logik seiner Generation und sei fast vergessen. Daß er nach 1945 seinem Vater, einem Kriegsverbrecher, vor Gericht half, finde ich fast sympathisch. Daß der Bundespräsident jetzt mit wohlabgewogenen Allerweltsweisheiten die Waage der Göttin Justitia zuungunsten der Opfer belastet, ist ein Skandal. Die Bäume der Heuchelei wachsen in den Himmel. Die ganze öffentliche Diskussion driftet ab in einen Stasi-Hexensabbat. Der Himmel ist voll von Ii-Emms, die auf Besen durch Deutschland reiten.

Über der Stasi stand immer und unangefochten die Partei. Ich finde, diese Tatsache muß ins öffentliche Bewußtsein gerückt werden, damit der ganze schöne Streit nicht zur Maulschlacht über ein paar schwache Menschen verkommt.

Aber wir sind erst am Anfang dieser Geschichte, nun erst mal die Akten. Natürlich sind die nicht alles, aber sie sind auch nicht nichts. Sie sind in der Regel die einzigen Dokumente, mit denen sich Opfer gegen Täter Recht verschaffen könnten. Und sie sind hundertmal glaubhafter als die Persilscheine, die irgendwelche Führungsoffiziere jetzt ihrem Genossen Gregor Gysi ausstellen. Auch die strammsten Genossen jagen nach Geld in dieser Geldgesellschaft.

Mielkes Generäle fordern immer aggressiver Rehabilitierung und noch höhere Renten, und deshalb drohen sie nun dem Staat mit dem Rest ihrer verlorenen Macht. Sie malen die Gefahr einer öffentlichen »Abschlachtung« ehrenhafter Geheimdienstleute an die Wand, die Branche kommt weltweit in Verruf. (Als ob uns das schrecken könnte!) Ausgerechnet sie, die den Bruder seinen Bruder bespitzeln ließen, warnen vor Brudermord. Sie, die gemordet haben, lügen die Gefahr einer Lynchjustiz herbei.

Dabei sitzen diese Schwerverbrecher nicht im Knast, sondern in ihren ergaunerten Anwesen und genießen mit saurer Miene zum erstenmal im Leben die bürgerlichen Freiheiten und Per-

sönlichkeitsrechte. Sie belehren jetzt uns mit dem Grundsatz: Im Zweifel für den Angeklagten. Dabei leben sie gemütlich vom Eingemachten. Sie haben ihr Schäfchen ins trockne gebracht. Kein Haar wurde ihnen gekrümmt, und keine private Beute wurde ihnen entrissen.
Ich staune über die Kraft und die Phantasie, mit denen kleinere und größere Stützen der zusammengebrochenen DDR-Gesellschaft die Stellung halten. Soviel Zivilcourage schlummerte also in diesen Duckmäusern. Ach! hätten sie ihren Mut benutzt beim Aufbau einer Demokratie, in der Rosa Luxemburg hätte leben können. Jetzt klagen die Pauschalurteiler von gestern über Pauschalurteile, die Betonköpfe wehren sich erfindungsreich ihrer dünngewordenen Haut. Das Haus, die Datsche, die Rente. Kaum einer gibt klein bei. Eine imponierende Standfestigkeit. Keiner beknirscht sich, keiner weint, keiner schämt sich. Unverdrossen beklagen sie ihre Unschuld. Mielkes Stasi-Generäle profilieren sich im Fernsehn als aufgeklärte Schöngeister und sportliche Großmeister im Schach der Geheimdienste.
Ihr Leben lang existierten diese Schreibtischhelden als fleischgewordene Uniformständer, die nie in einem Schützengraben lagen oder auf einer Barrikade standen. Ihr Panzer war der Panzerschrank, ihr Schützengraben waren die endlosen Hebelschub-Regale im Archiv. Diese Generäle des MfS nennen sich mit einer lumpenhaft bescheidenen Anmaßung Soldaten. Ich hab' es selbst gehört: Soldaten! obgleich sie niemals für eine gute – ja, und nicht einmal für eine schlechte Sache wie »man to man« gekämpft haben. Operettenhaft aufgeputzte Menschenquäler, mit militärischen Kriegsorden behängt bis zur Wampe. Jede dritte Talkshow präsentiert nun solche parfümierten Feiglinge, die gegen waffenlose und arglose Menschen im eigenen Volk jahrzehntelang ihren Terror organisierten. Der Nachfolger des General Markus Wolf, Werner Großmann, lächelt in die Kamera, er nutzt die praktische Ge-

legenheit im Ersten Programm und beruhigt seine aufgeschreckten Kundschafter an der unsichtbaren Front in Hamburg und Bonn, daß zumindest bei der HVA alles Beweismaterial ordentlich vernichtet wurde.

Vor ein paar Tagen sah ich im »Brennpunkt« einen neuen Fernsehstar, den Stasi-General Schwanitz. Er verspottete seine Opfer. Er sagte vor der Kamera so was wie: Die merken ja erst jetzt beim Aktenlesen, daß es ihnen schlechtging, vorher haben die doch gar nichts erlitten. Als ich das hörte, trat ich mit dem Fuß in den Fernsehapparat und griff mir den Ex-General aus der Glotze. Ich zerrte ihn durch das zersplitterte Glas der implodierten Braunschen Röhre ins Wohnzimmer und polierte ihm die Fresse. Da sagte er ruhig:
Herr Biermann, Gewalt ist keine Lösung. Im Vergleich zu dem Mord an sechs Millionen Juden waren unsere sogenannten Verbrechen nichts, oder?
Stimmt, schrie ich. Aber die Massenmorde in der Sowjetunion!
Die gehn nicht auf unser Konto, sagte der General, oder?
Stimmt! keuchte ich. Aber ihr wart die Kreaturen des KGB.
Im Gegenteil, sagte der General. Sie werden mir eines Tages dankbar sein für all das, was wir bei der Anwendung des primitiven sowjetischen Modells auf die DDR-Verhältnisse noch auf eigene Faust abgemildert haben.
Mag sein, sagte ich verwirrt. Aber ihr habt KZs geplant!
Wie will der bürgerliche Rechtsstaat uns verurteilen, wenn er nicht mal überführte Massenmörder aus der Nazi-Zeit hinter Gitter bringt?
Du lügst mit lauter Wahrheiten, schrie ich, und dann stopfte ich ihn zurück in den Apparat. Und ich dachte: Die Opfer dieses Herrn werden sich ihre aufklärerischen Ambitionen ein für allemal abgewöhnen müssen. Am Ende bleibt uns Brechts Moritat:

Der Mensch ist gar nicht gut
Drum hau ihn auf den Hut
Hast du ihn auf den Hut gehaut
Dann wird er vielleicht gut.

Seit Brecht das schrieb, wurde vielen mehr als nur auf den Hut gehaut. Und gut, wie der Reim es will, wurde keiner davon. Wir sind alle sehr erschöpft vom argen Weg der Erkenntnis, und unser Zweifel an der »sanften Gewalt der Vernunft« wächst uns über den Kopf. Und auch die Selbstzweifel wachsen ja mit der Erfahrung. Ich kenne keinen Fall von Racherausch bei irgendwelchen Opfern des SED-Regimes. Im Gegenteil, die meisten reden leise und verletzt und zögerlich. Sie reden mit offenen Ohren, denn sie wollen das Unfaßbare fassen, sie möchten die Motive der Täter verstehen.
In der *Süddeutschen Zeitung* stand soeben ein tückischer Satz, er gehörte in ein Lehrbuch fürs höhere Lügen: »Der als Stasi-Spitzel verdächtigte Berliner Lyriker Sascha Anderson verzichtet freiwillig auf ein Stipendium in der römischen Villa Massimo.« Wenn in der *SZ* nicht Leute zu sagen hätten, die so verblödet sind, wie sich die dümmsten Fischköpfe im Norden einen Bayern vorstellen, würde der Satz korrekt heißen: Der als langjähriger Spitzel entlarvte Stümper Alexander Anderson wurde durch den Protest sämtlicher Stipendiaten in der Villa Massimo gezwungen, seine vom Steuerzahler gezahlte Reise nach Rom lieber nicht anzutreten.
Wir sind in Deutschland. In den USA wären Ehrenmänner wie Gregor Gysi und Manfred Stolpe längst politische Leichen. Ehrenwort! Sie könnten in einem Land, in dem es große Gangster gibt, aber eben auch eine historisch gewachsene Demokratie, höchstens noch Generaldirektor von McDonald's werden oder Boß in einer korrupten Gewerkschaft bleiben.

Ohne das Gesetz über die Akteneinsicht wäre für einen ewig verkürzten Sohn wie Golo Mann die Welt noch in Ordnung: Das Eheglück der Familie Wollenberger könnte noch ungetrübt sein, de Maizière trippelte hinter Kohl als ein entzückender Vize. Der Frauentyp Ibrahim würde bei Wahlen gemeinsam mit dem norddeutschen Björn tiefe erotische Breschen in die Frauenschaft der CDU schlagen. Ohne die Spitzelberichte des IM »Notar« hätten die Deutschen für die nächste Zeit endlich mal wieder einen Entertainer fürs Parlament engagiert, der unter all den langweiligen rechten Eseln den linken Affen macht.

Als Schalck und Strauß ein Herz und ein Sparkassenbuch waren und die mächtigen Stalinisten der DDR mit ihrem Klassenfeind noch unter der Decke des kalten Krieges knutschten, da waren oppositionelle Kommunisten wie Robert Havemann für die Verbrecher im Politbüro der SED immerhin Todfeinde. Als Kohl und Honecker über den roten Teppich schritten, da war Matthias Domaschk schon tot. Als in Krupps Villa Hügel, nur zwei Jährchen vor der Wende, die westdeutsche Creme aus Politik und Wirtschaft dem heimgekehrten Saarländer Erich die deutschen demokratischen Knie tätschelte, entging Jürgen Fuchs knapp und mit Glück den Mordanschlägen der Staatssicherheit.

Gewiß, auch mich empört die Anmaßung vieler Wessis. In der Pose des Siegers sonnen sich allerhand nasse Säcke in einem Sieg, den sie nie erfochten haben. Die reaktionärsten rechten Kretins in der alten Bundesrepublik reiten plötzlich durch Deutschland wie der Weltgeist hoch zu Pferde. Allerhand gescheiterte West-Politiker kriegen in den neuen Bundesländern eine Extrachance.

Das ganze rechte Pack, das Deutschland zuerst in den Weltkrieg und dann, aufsteigend wie ein amerikanisches Suppenhuhn aus der Asche, ins Wirtschaftswunder geführt hat, fühlt sich glänzend bestätigt. Sie haben sich immer elegant durchgemogelt.

Für Hunderttausende Nazi-Verbrecher nach 1945 war der kalte Krieg ein Geschenk des Himmels. Die Amerikaner brauchten plötzlich Verbündete gegen die Russen, und das führte für die meisten Wehrwirtschaftsführer, für SS- und Wehrmachtsgeneräle, für alle Richter und Staatsanwälte, für braune Professoren und falsche Oberhirten zu einer Generalabsolution. Judenmörder und Kriegsgewinnler wechselten salopp mit ihrem geraubten Eigentum in den nächsten Karriereschub.
40 Jahre später genießen die totalitären Bolschewistenfresser aus dem Tausendjährigen Reich den Zusammenbruch des Kommunismus wie eine Heiligsprechung. Mit den Panzern des heißen Krieges sind sie vor Moskau im Schneematsch steckengeblieben. Mit den friedlichen Mitteln des kalten Krieges sind sie nun ohne Verluste bis an die chinesische Grenze gekommen.
Der Westen mag alles nach Osten exportieren, was dort jetzt noch Mangelware ist: Pommes, Nutella, Bankfachleute, schnelle Autos, paragraphenfeste Richter, solides Baumaterial, Manager, Computer und technisches Know-how – aber die besseren Charaktere bestimmt nicht. Die Schweinehunde und Dummköpfe sind wie eh und je gerecht auf alle Seiten verteilt – der einzige Unterschied: Im Westen hatten sie eben mit ihrer Besatzungsmacht mehr Glück. Es gibt unter den Ossis mehr fähige Leute, als man zu sehen kriegt. Wo aber Hoppla-jetzt-komm-ich-Trottel mit einschlägiger Vergangenheit wie Diestel und Krause sich im Rampenlicht spreizen, da bleibt eine kluge und tapfere Frau wie Bärbel Bohley in den Kulissen. Ich finde, Stolpe sollte ihr sein Amt antragen.

Genau wie Schwanitz für sich, so lügt nun das alte Lügenblatt *Neues Deutschland* mit solchen Wahrheiten für die After-SED. Ausgerechnet die demokratisch gepuderten Totschläger in der PDS spielen sich als Interessenvertreter solcher Os-

sis auf, die sich über die Anmaßung penetranter Besserwessis ärgern. Lenin setzte das Wort von den »nützlichen Idioten« in die Welt. Nun fallen Graß und Jens mit dem ganzen Gewicht ihrer Klugheit auf diesen uralten Dummenfang herein. Schade und zudem ein Schaden. Lieber Günter Graß, ich liebe deine Fischsuppe und bewundere deine Schreibkünste. Du bist so ein großer Koch – wie konntest du hinnehmen, daß der Ostberliner Kollektivsack mit all den faulen Kartoffeln in den großen Suppentopf der Westberliner Akademie geschüttet wird. Das wird ja ein schöner Schweinefraß. Ich könnte dieselbe Grobheit auch kulinarischer formulieren, lieber Turnvater Jens. Aber ich bin zu müd fürs Schlausein und zu stolz und bin zu alt für euren Harlekin.
Niemals war das deutsche Fernsehen so komisch und unterhaltsam. Die Bösewichte in den Seifenopern und Gruselfilmen sind abwaschbare Plüschtiere geworden, der böse J. R. ist nur noch ein drolliger Einfaltspinsel in Dallas. Das Tittentheater Tutti Frutti verbreitet gähnende Langeweile. Schlechte Zeiten für mörderische Geiseldramatiker, sogar der Krieg in Jugoslawien macht nichts mehr her – alle Clowns stinken ab, wenn Stolpe sich mit langer Zunge die Stasi-Anwürfe vom Rücken leckt. Wenn Anderson seine zertretenen Nieren auf Kulicks Tisch legt, dann ist Showtime. Wenn Gregor Gysi im Talk seine doppelte Zunge kaut, bleibt den redegeübten Moderatoren die Spucke weg. Den salbungsvollen Schweinepriestern in der Synode bleibt beim Predigen die Kinnlade stehn, schneuzt sich Herr Schönherr unschuldig in Jesu operatives Schweißtuch. Manfred Böhme mit seinem nachgebesserten Vornamen Ibrahim kommt ins Guinness-Buch der Rekorde. Was ist schon der Mann, der zwei zersägte Fahrräder auffraß und rostbraun ausschied, gegen Ibrahim Böhme, wenn er die zerkollerten IM-Berichte schluckt und übelriechende Unschuld ausscheidet.

Die berüchtigten Führungsoffiziere Oberst Reuter und Oberst Wiegand sitzen wie grinsende Buddhas in ihren Wohlstandsbunkern und wehren mit der Fliegenklatsche den lästigen Roland Jahn ab. Der stiernackige Franz Josef Strauß hängt sich halsbrecherisch wie ein Stuntman weit raus aus der Himmelsloge, denn er will seinem halslosen Milliarden-Spezi da unten am Tegernsee einen Tip geben. Ja, wo sitzt der denn? Sitzt er überhaupt? Gott bewahre! Er hockt wieder beim lieben Nachbarn. Schalck-Golodkowski stopft sich bei Bernt Engelmann mit Trosttorten voll und hat den dicksten Lacher immer auf seiner Seite: sich.

Viel Schuld, aber keine Schuldigen. Die kleinen Schurken erweisen sich für die Geißlersche Moralschablone als zu klein, die großen als zu mächtig. Welcher Schäuble will welchem Schalck ans Leder? Also werden Existenzfragen lieber behandelt wie Fragen der Etikette.

Sogar der gute alte Adolf Endler bemängelte »Biermanns Wehrmachtsdeutsch«. Wenn's nach Adolf ginge, sollte also jeder, der in Deutschland gelegentlich Tacheles redet, in Kommißstiefel gesteckt werden. Was wäre denn Wehrmachtsdeutsch? Luther? Grimmelshausen? Büchner? Brecht? Sprachgewalt ist nicht Sprache der Gewalt.

Das förderte ja grad die geistige Schwindsucht in der DDR: Schwache Talente hielten sich schon für Giganten, nur weil Klaus Höpcke ihr harmloses Gestammel nicht goutierte.

Also warten wir in dieser abgeschmackten Komödie nicht länger auf Godot. Die Katharsis kommt nicht. Jedenfalls nicht im Sinne des griechischen Dramas als geistige und sittliche Läuterung, als innere Wandlung des tragischen Helden. Katharsis kommt im wirklichen Leben wohl nur im Sinne des medizinischen Jargons vor: als Ausleerung des Darmkanals.

Ich schraube meine altmodischen Erwartungen zurück. Stolpe soll sich also nicht die Brust aufreißen, Gysi muß sich auf der Stirnglatze kein Haar ausraufen. Der Abschied von solchen Hoffnungen ist nicht das Ende der Welt, sondern nur das Ende der moralsauren Lyrik. Wir müssen uns nur angewöhnen, von nun an die prosaischen Fakten sprechen zu lassen.

Wie ich höre, reden in diesen Tagen Mitglieder des Verbandes deutscher Schriftsteller, darunter auch Leute aus dem alten DDR-Verband, über ein heikles Thema: die Ausbürgerung des Wolf Biermann im November 1976. Was geht's mich an.

Ausbürgerung. Ausstoßen aus der Gemeinschaft. Es ist die vielleicht härteste Strafe unter Zigeunern. Ein Mitglied der Roma- oder Sinti-Sippe wird für »infam« erklärt, das bedeutet, keiner darf mehr mit einem so gebrandmarkten Menschen reden, essen, arbeiten. Haus, Hütte oder Wohnwagen sind tabu für den Ausgegrenzten. Und da ein wirklicher Zigeuner auch von der umgebenden Gesellschaft ausgegrenzt ist, wird er ein Paria.

Nach dem Grundgesetz der Bundesrepublik hat der Staat unter keinen Umständen das Recht, ein mißliebiges Landeskind auszubürgern. Einsperren gewiß, aber eben nicht aussperren. Die Nazis haben nach Herzenslust ausgebürgert, einzelne Bürger und ganze Gruppen: Juden, Kommunisten. Interessanterweise behielt sich die Obrigkeit in der DDR dieses Recht auch vor. Es ist der Paragraph 13 des Ulbrichtschen Staatsbürgerschaftsgesetzes. Zudem ein Gummiparagraph, genau wie der berüchtigte Paragraph 106 des Strafgesetzbuches für »staatsfeindliche Hetze«.

»Für einen Schriftsteller, auch wenn er total oppositionell ist zum jeweiligen politischen System, ist das Exil das Schlimmste.« Das sagte der hellsichtige Heinrich Böll bei Gelegenheit der Zwangsausbürgerung des Alexander Solschenizyn. Solschenizyn war am 13. Februar 1974 mit einer Linienmaschine der Aeroflot nach Frankfurt am Main geschafft worden und wurde so dem westlichen Klassenfeind wie Menschenabfall vor die Füße gekippt.

Die inzwischen schon stumpfzitierte Propagandalosung »Von der Sowjetunion lernen heißt siegen lernen!« erstrahlt in immer wieder neuem ironischem Glanz. Auch im Falle meiner Ausbürgerung hat die DDR-Führung sich führen lassen vom Beispiel des Großen Bruders.

Zufällig fand ich in meiner Akte Nr. 56 das Szenario für meine Ausbürgerung. Die Konzeption wurde schon am 12.4.1973 von der HA IX/2 erarbeitet. Es lag aber, wie gesagt, in den Händen des Politbüros, zu entscheiden, ob, wie und wann. In diesem Dokument heißt es:

> Das dargestellte Vorgehen BIERMANNs erfüllt die objektiven und subjektiven Tatumstände des schweren Falls der staatsfeindlichen Hetze gemäß § 106 Abs. 1 Ziff 1, Abs. 2 StGB sowie wegen gleichartiger Angriffe gegen die Sowjetunion den Tatbestand des § 108 StGB und würde eine Freiheitsstrafe von 10 bis 15 Jahren zulassen.
>
> ...Zur Realisierung des Abschlusses der Bearbeitung BIERMANNs erfolgt die Einleitung folgender Maßnahmen:
>
> 1. Mit dem Ziel der Aberkennung der Staatsbürgerschaft, die gemäß § 13 Staatsbürgerschaftsgesetz voraussetzt, daß BIERMANN während seines Aufenthaltes im nichtsozialistischen Ausland in grober Weise die staatsbürgerlichen Pflichten verletzt...
>
> ...soll die Beantragung einer Reise durch BIERMANN in dringenden Familienangelegenheiten zu seiner Großmutter nach Hamburg erreicht werden.
>
> Im Rahmen des üblichen Verfahrensweges wird einer seitens BIERMANNs zu erwartenden Forderung nach

einer Garantie für eine Wiedereinreisegenehmigung damit begegnet, daß entsprechend der bestehenden gesetzlichen Regelung dies nicht üblich ist, da die Erteilung einer befristeten Ausreisegenehmigung die Rückkehr des betreffenden Bürgers voraussetzt und dies auch von ihm erwartet wird...

2. Bei Nichtdurchführung der angestrebten Reise erfolgt in Verwirklichung der Version der Entlassung aus der Staatsbürgerschaft, die einen entsprechenden schriftlichen Antrag des Betreffenden voraussetzt, die vorläufige Festnahme BIERMANNs wegen der von ihm begangenen Straftaten gemäß §§ 106 und 108 StGB.

Im Ergebnis der innerhalb der gesetzlich zulässigen Frist von 24 Stunden zu führenden Vernehmung wird BIERMANN seiner Straftaten überführt, ihm die für seine Straftaten vom Gesetz angedrohte Freiheitsstrafe mitgeteilt und ihm dabei alternativ die Möglichkeit der schriftlichen Beantragung einer Entlassung aus der Staatsbürgerschaft der DDR und die damit verbundene Übersiedlung nach Westdeutschland nahegelegt. Die Durchführung dieser Untersuchungshandlung erfolgt unter Teilnahme eines Staatsanwalts der Abteilung IA beim Generalstaatsanwalt der DDR.

Ausgehend von der mit hoher Wahrscheinlichkeit eintretenden Ablehnung der Beantragung einer Entlassung aus der Staatsbürgerschaft und einer damit verbundenen provokatorischen Forderung seitens BIERMANNs zur Verbüßung der Freiheitsstrafe, sollte auch gegen seinen Willen eine sofortige Ausweisung nach Westdeutschland vorgenommen werden.

Bei Durchführung dieser Maßnahme ist eine zeitweilige Forcierung der Hetztätigkeit gegen die DDR zu erwarten, in deren Mittelpunkt der Vorwurf des Verstoßes gegen das Staatsbürgerschaftsgesetz der DDR stehen würde…

In Vorbereitung der vorstehenden Maßnahme erfolgt mit dem Ziel des Nachweises des hetzerischen Charakters der von BIERMANN in Zusammenhang mit westlichen Publikationsorganen veröffentlichten Schriften die Erarbeitung eines Sachverständigengutachtens.

Die Aufgabenstellung der Gutachterkommission vertreten durch

Max Walter SCHULZ, Direktor des Instituts für Literatur »Johannes R. Becher« Leipzig

Dr. phil. Werner NEUBERT, Chefredakteur der Zeitschrift *Neue Deutsche Literatur*

Ruth GLATZER, Cheflektor des Aufbau-Verlages Berlin und Weimar

Dr. Armin ZEISSLER, Stellvertretender Chefredakteur der Zeitschrift *Sinn und Form*

besteht darin nachzuweisen, daß die Schriften BIERMANNs…

usw. usw. usw.

Aus diesem Dokument geht etwas Wichtiges hervor: Die Staatssicherheit bestimmte nicht, sondern schlug vor. Seitenlang werden das juristische und das propagandistische Für und Wider einer Ausbürgerung analysiert. Den entscheidenden Genossen in der Parteiführung sollte eine für sie vernünftige Entscheidung möglich gemacht werden. Es dauerte immerhin noch über drei Jahre, bis es zur Ausbürgerung kam. Nun wird anhand der Akten auch klarer, warum.

Sie hätten mich auch schon 1974 ausbürgern können. »Oma Meume«, die Mutter meiner Mutter, lag im Sterben. Darauf spekulierte das Szenario ja auch. Ich fresse einen Besen, wenn es kein harmloser Zufall ist, daß ausgerechnet Stefan Heym mir damals den Rat gab, Erich Honecker persönlich um eine Reisegenehmigung in »dringenden Familienangelegenheiten« zu meiner »Großmutter nach Hamburg« zu bitten. Es war ja genau die Schiene nach Westen, auf die ich geschoben werden sollte. Stefan Heym gab mir damals wirklich gute Eizes*. Er sagte: Wende dich direkt an ihn. Erinnere Honecker daran, daß in deinem Lied ja von solch einer Reise was geschrieben steht. Heym hatte recht. In der »Moritat auf Biermann seine Oma Meume in Hamburg« heißt es in schön geknittelten Versen:

Die Alte lebt heut immer noch
Und kommst du mal nach Westen
Besuch sie mal und grüß sie schön
Vom Enkel, ihrem besten
Und wenn sie nach mir fragt und weint
Und auf die Mauer flucht
Dann sage ihr: Bevor sie stirbt
Wird sie noch mal besucht...

Heyms Begründung war genial: Honecker wolle doch wohl nicht die Peinlichkeit riskieren, daß durch Engstirnigkeit der DDR-Behörden dieses bedooytende Lied der dooytschen Literatur Lügen gestraft werden könnte... Wir haben uns schiefgelacht. Ich stellte also den Antrag und durfte rüber ans Sterbebett. Es war eine absolut private Reise. Ich wußte nicht, in welcher Gefahr ich schwebte – und durfte nach ein paar Tagen unbehelligt wieder zurück. Warum? Ich kann die Motive für diese Entscheidung in den Akten nicht erkennen. Dort, wo die wirklichen Entscheidungen getroffen wurden, im Politbüro, mag sich in den Archiven etwas finden. Es fand sich aber in Gaucks Pandorabüchse ein anderes Beispiel für

* Jiddisch: jemandem einen nützlichen Tip geben.

sozialistische Realpolitik: General Franco, der große Freund der Deutschen Demokratischen Republik.

Im Jahre 1975 war ich eingeladen worden, an einer Veranstaltung in Frankfurt am Main gegen den Faschismus in Franco-Spanien teilzunehmen. Ohne viel Hoffnung beantragte ich ein Visum. Zu meiner Verblüffung wurde die Reise genehmigt.

Einen Tag vor der geplanten Reise kam ein Anruf aus dem Ministerium für Kultur: Njet. Aus den Akten weiß ich nun den Grund. Die Genossen hatten Angst, daß ich aus lauter Gemeinheit wirklich nur antifaschistische Lieder singen würde. Die ganze schöne Konstruktion mit dem Paragraphen 13 hätte nicht funktioniert. Und – viel interessanter – sie wollten nicht, daß vom Boden der BRD antifaschistische Aktivitäten ausgehen. Ausgerechnet die DDR hatte ja vor allen anderen Ostblockländern das geächtete Regime des alten Putschgenerals mit sozialistischen Pauken und Trompeten diplomatisch anerkannt.

Dieser delikat-perversen Interessenlage verdankte ich also, daß ich noch ein Jahr länger in der DDR bleiben konnte.

Wieder ein interessanter Zufall: Dann kam im Jahre 1976 eine Einladung der IG Metall für sechs Konzerte in der Bundesrepublik. Ich durfte nach Köln reisen, wo ich nach elf Jahren Auftrittsverbot am 13. November mein erstes großes Konzert gab. Als ich zwei Tage später ein Jahr älter wurde als mein Vater, erlebte ich meinen vielleicht glücklichsten Tag. Es war für mein kleines Menschenleben ein pathetischer Moment, ein bescheidener Triumph. Wenn ein Sohn den gleichen Weg wie sein Vater geht und trotzdem älter wird, sieht es doch fast schon ein bißchen nach geschichtlichem Fortschritt aus. Das Konzert war bedeutsamer, als es Lieder je sein können, und es war außerdem für mich ein großer Erfolg. Ich hatte nach so vielen Jahren Berufsverbot vor einem riesigen Forum meine Sache *not so bad* gemacht, und ich hatte bewiesen, daß solche

wie wir in der DDR eben nicht vertrocknet und verkümmert sind.
Ich sang in der Sporthalle Köln zum ersten Mal die »Ballade vom Preußischen Ikarus«. Der Gedanke an Robert Havemann und Katja, an Lilo und Jürgen Fuchs, an meine liebsten Menschlein in der Chausseestraße, war für mich ein starker Wind unter den Flügeln. Aber die Götter im Politbüro meinten es gut mit mir. Sie sorgten dafür, daß der Preußische Ikarus nicht die Sonne berührte. Ich sollte nicht im frischen Ruhm verbrennen, sondern im Vergessen ertrinken.

Die Glückseligkeit dauerte kurz genug. In den Mittagsstunden des 16. November hörte ich auf dem Weg zum zweiten Konzert in Bochum im Autoradio, daß Wolf Biermann ausgebürgert ist. Da hielt ich mich für den elendsten Menschen unter der Sonne – und ahnte nicht, daß ich mal wieder ein Glückskind war. Ich lief rum wie der sterbende Roi Renaud in dem schönsten Lied aus der Zeit der Kreuzzüge:

König Renaud, vom Krieg zurück kommt er
Trägt sein' Gedärme vor sich her
Vom Schloß herab sieht sie ihn so
Die Mutter ihren Sohn Renaud …

Es fragen mich heute noch Leute: Konntste dir dis nich denken, daß de nich zurückdarfst? – Na klar konnte ich das. Ich habe damals lange mit Robert Havemann und anderen Freunden hin und her überlegt. Es war die Zeit des Eurokommunismus. Marchais und Berlinguer und Carrillo hatten grad eben auf einer Ostberliner »Konferenz Kommunistischer und Arbeiterparteien Europas« unglaublich freche freiheitliche Töne gespuckt. Ihre Reden mußten gemäß höherer Abmachung im *Neuen Deutschland* ohne Kürzung abgedruckt werden. Wir rieben uns begeistert die Augen. Jede

dieser Reden war 30 Jahre DDR-Knast wert. Es roch mal wieder verführerisch nach Frühling und Tauwetter. Außerdem kursierten Gerüchte über Richtungskämpfe in der Führung.
Wir tüftelten und wägten ab und kamen zu dem Ergebnis: Die werden es wollen, aber nicht wagen, denn es würde für sie politisch zu teuer kommen. – Voilà, sie haben es gewagt, und es wurde zu teuer. Havemann und ich haben uns also halb geirrt und behielten zugleich halb recht.
Millionen Menschen in der DDR, die nie meine Lieder gehört hatten, saßen viereinhalb Stunden bis weit nach Mitternacht vor der Flimmerkiste und bildeten sich ein eigenes Urteil. Mit dem Ärger in den West-Medien hatten die Bonzen, wie die Akte zeigt, gerechnet, aber nicht mit der Protestbewegung in der DDR selbst. So was hatte es noch nie gegeben. Obwohl die Ausbürgerung eines Menschen natürlich unvergleichlich viel weniger bedeutet als der Einmarsch in die ČSSR am 21. August 1968, war die Protestbewegung gegen meine Ausbürgerung doch breiter und tiefer. Das zeigt, dieses Regime war reif für den Zusammenbruch. Trotzdem hielt es noch mal zwölf Jahre.
Durch die Akteneinsicht ergibt sich für mich eine neue aufreizende Perspektive auf meine Lieder und Gedichte. Im Stasi-Szenario meiner Ausbürgerung war als dritte Version vorgesehen, daß ich mit Gewalt rausgeschafft werde, weil die Herrschenden »mit hoher Wahrscheinlichkeit« davon ausgingen, daß ich nicht unterschreibe und statt dessen auf der »provokatorischen Forderung... zur Verbüßung der Freiheitsstrafe« beharre. Wenn ich so was lese, fällt mir ein Gedicht ein, das ich damals schrieb und später im Westen selten öffentlich vortrug. Mein Publikum hätte wenig damit anfangen können. Jetzt ist das anders, denn diese »Ballade vom Traum« ist nebenbei auch ein politisches Sittenbild der DDR.

Es gab damals im Osten – besonders unter den Berlinern – einen Standardtraum, einen Alptraum. In allen Variationen war es immer das gleiche Schema: Sie schafften es kinderleicht über die Mauer, aber schwer oder gar nicht wieder zurück. Ich bin kein Psychologe und kann's nicht deuten, aber immerhin singen:

Ballade vom Traum

1

Der Möbelwagen schwimmt die leere Friedrichstraße lang
Und landet vor dem Haus, ja ja, ich weiß: der will zu mir
Schrein kann ich nicht, die Schritte kommen, und ich kenn den Gang
Da klotzen schon die vier knallharten Packer in die Tür
Und schaffen mich im Bett die Treppen runter: immer vier
Mann – vier Ecken! und verfrachten mich im Laderaum
Dann das Klavier, den Kleiderschrank, die Bücher, Gummibaum
Die Schreibmaschine, alle acht Gitarren gut verstaut
Dann heult der Diesel auf, die Wagentür wird zugehaun
– das ist mein Traum, vor dem mir jeden Abend graut

2

Der volle Möbelwagen-Walfisch schwimmt mit mir im Bauch
Das Stück Hannoversche, die Charité wird rechts passiert
Links Invalidenstraße durch den Schlagbaum ... Slalomschlauch
Wir schwimmen durch die Grenze, und der Staatsrat salutiert
Spalier steht das Politbüro, die Knarre präsentiert
Schon sind wir durch und drüben, Mensch, wie leicht geht das!
Da winkt auch schon ein Strand: der Kuhdamm schillert regennaß
Der Fisch spuckt mich mitsamt den Möbeln auf den Asphalt, halbverdaut
Macht eine Wende, schwimmt zurück – ich such wie wild mein' Paß
– das ist mein Traum, vor dem mir jeden Abend graut

3

Der Westberliner Himmel schluchzt und heult sich auf mir aus
Ich krabbel aus dem Müll und renn mit festgewachsnen Schuhn
Zurück woher ich kam und will will will und will nach Haus
Die Mauer flatter ich entlang wie ein besoffnes Huhn
Und reiß ein Loch und beiß mich durch den Stacheldraht, und nun
Zerreißen Schüsse meinen Bauch; der deutsche Schäferhund
Verschlingt König Renauds Gedärme, die sind seltsam bunt
Und dampfen: roter Saft fällt komisch aus der tauben Haut
Und Regen regnet in den starren himmeloffnen Mund
– das ist mein Traum, vor dem mir jeden Abend graut

4

Hohe Huldigung für Eva

Dann wach ich auf, von Schweiß und Tränen klitschenaß
Mein Weib weint trocken mit und streichelt mich
Sie weiß es ja – und doch, sie fragt dann: Was
Was hast du, Lieber, laß den schwarzen Traum, dreh dich
Mal um zu mir! Na, siehst du, du bist schon o. k. – oh je!
Du hast die Nacht zu gut gegessen und zu schwer verdaut
– und darum träumst du auch den Traum, vor dem mir graut *

Eins habe ich an meinen Akten deutlicher als vorher gesehen: Die Stasi war bescheiden. Sie war ein treuer Dienstleistungsbetrieb der Macht. Das Selbstbild der Stasi, die sich als »Schwert und Schild der Partei« sah, war korrekt. Einzig und allein die Funktionäre der Partei bestimmten, wen das Schwert trifft. Diese Tatsache sollte der ganzen Diskussion einen neuen Schwerpunkt geben. Die Stasi spitzelte, sie wertete, machte Vorschläge und führte sie auf Anweisung aus. Diese Struktur entsprach dem normalen stalinistischen Modell in der Sowjetunion: Nicht die bewaffneten Organe (Ar-

* In: Für meine Genossen, in: Nachlaß 1, S. 449

mee, Polizei, Geheimpolizei) herrschten, sondern die Partei. Und da die Partei vom Parteiapparat beherrscht wurde und dieser wiederum in hierarchischen Abstufungen vom Politbüro, ergibt sich klar, wer die Macht und damit also auch die Verantwortung für irgendwelche politischen Verbrechen hatte.

Die Machtstruktur war auf jeder Ebene die gleiche; in den Kreisen, in den Bezirken und im ganzen Staat. Das heißt, Hans Modrow hatte in der Stasi Dresden zu sagen, er trägt die Verantwortung. Egon Krenz war im Politbüro zuständig für die bewaffneten Organe. Allerdings pfuschte Erich Mielke ihm ins Handwerk, denn er war zugleich Minister und Mitglied des Politbüros. Da kann Krenz froh sein. Mielke entschied in diesem Hühnerstall offenbar als erster nach Honecker, er pickte auf der gleichen Ebene in der Hackordnung mit dem Wirtschaftsboß Günter Mittag.

Der für mich zuständige Oberst Reuter und andere hohe Offiziere wie Oberstleutnant Lohr hatten Einfluß, aber niemals die Entscheidungsgewalt. Sie waren dienstbare Geister.

Helmut Müller, der 2. Sekretär der Bezirksleitung der SED in Berlin, sagte in einer internen Sitzung am 19.2.78 vor den Funktionären des hochoffiziellen »Festivals des politischen Liedes«: »Ansonsten aber gibt es natürlich genug Probleme, mehr als Ratten im Keller. Jede einzelne Ratte wird bekämpft – mit unterschiedlichen Methoden. Mancher zeigen wir nur das Loch, aus dem sie kam, manche streicheln wir, manche fangen wir. Wir haben für jede Ratte ein Rezept. Keine bleibt unbehandelt.«

Das tägliche Bulletin mit diesen goldenen Worten wurde damals schleunigst wieder eingezogen, so offenherzig redet man nicht in der Öffentlichkeit. Aber im Grunde hat man es dann gemacht, wie Müller meinte. Einige Schriftsteller und Intellektuelle, die die Biermann-Petition unterschrieben hatten, wurden mit Nationalpreisen und Reisepaß gestreichelt. Andere wurden in den Westen getrieben, noch andere wurden erst eingesperrt und dann wie üblich für Kopfgeld an den Klassenfeind verkauft.

Die Metapher von den Ratten war gar nicht so daneben: Man denkt sofort an ein sinkendes Schiff. Der Exodus vieler Schriftsteller und Schauspieler und Maler und Wissenschaftler nach 1976 war der Anfang vom Ende der Deutschen Demokratischen Republik. Freilich fielen diese zynischen Worte des Genossen Müller zu einer Zeit, als das DDR-Schiff noch gar nicht sank, sondern nur ein kleines Leck hatte. Gesunken ist es erst, als ein paar Jahre später Glasnost und Perestroika wie eine Sturmflut ganz andere Kaltekriegsschiffe versenkten.

Ein Handschlag mit dem Weltgeist

Hier unten an der Elbe, nicht weit von den Landungsbrükken, mit Blick über den Fluß auf die berühmte alte Schiffsbau-Werft *Blohm & Voß*, da steht ein Monstrum moderner Architektur, ein Schwimmdock auf dem Trocknen, eingewickelt in einen teuren Mantel aus rostfreiem Stahlblech. Es ist das neue Verlagshaus von *Gruner + Jahr*. Auf dieser Werft werden News genietet und Storys geschweißt und Sensationen vom Stapel gelassen. Diese Papier-Werft siecht in keiner Krise dahin, der Schornstein raucht. Das Märchen vom Sterntaler ist hier wahr geworden, denn es ist der Deutschen schönster *Stern*, mit dem so viele Taler gemacht werden. Millionenfach sammelt sich das Kleingeld für eine wöchentliche bunte Portion süßsaurer Suppe, zusammengekocht aus Siegerrotz und Mörderspucke, aus Muttertränen und Mitleidsbrühe, aus Katastrophensud und Urlauberschweiß und Asylanten-Blut, angereichert mit Unfallfleisch und jungem Gemüse, eine pikante Suppe, beliebig verlängert mit internationalen Mösensäften aus der Dose.

In diesen Medientempel waren meine Frau Pamela und ich zu einem Empfang für den Zar Ohne-Land geladen. Was dem Hamburger Senat nicht hatte gelingen wollen, Bertelsmann hat es geschafft. Der größte deutsche Medienkonzern lotste Michail Gorbatschow, den Helden der westlichen Welt, der zu Hause nicht mehr viel gilt, zu den Fischköpfen an die Norderelbe.

Es fand sich an diesem Abend im Gewimmel sogar die Gelegenheit, mit Gorbatschow ein paar Worte unter vier Augen zu sprechen. Genervter Leser, geneigte Leserin, es bleibt bitte unter uns: Ich habe mit dem Ex-Präsidenten beiläufig alle

Probleme der Menschheit endgültig gelöst. Sie brauchen sich also von nun an über nichts keine Sorgen mehr zu machen, geschweige denn Gedanken.

Michail Sergejewitsch Gorbatschow höchstselbst in der Freien- und Hansestadt Hamburg! Womöglich hatten die Mediengötter mit einem Scheck gewinkt, der die Fonds einer Stiftung füllen soll, mit denen der arbeitslose Ex-Präsident der Sowjetunion jetzt in Moskau perestroikische Schwarzarbeit macht.

Alles eitel und Haschen nach Wind? Es war die erste Einladung dieser Art in meinem Leben, und das ist wahr: Ich wollte um nichts in der Welt da hingehn. Aber meine Frau durchschaute meinen albernen Hochmut und verteidigte unser aller Grundrecht auf Eitelkeit und Windhascherei. Immerhin war es die vielleicht einzige Gelegenheit, einen Homo historicus von solchem Kaliber zu treffen. Gorbatschow ist schließlich mehr als nur ein Husten der Weltgeschichte.

Also fügte ich mich, stutzte meinen Bart und verfügte mich an Ort und Stelle. Und nun notiere ich im ersten Schreck meine authentischen Trugbilder, denn im nachhinein wird das ohnehin Schiefe leicht ins Erhabene umgelogen. Und dann schwadroniert man am Ende vor allerhand gutgläubigen Enkeln: Als ich damals den Jahrhundertriesen Gorbatschow persönlich traf, da sagte ich zu ihm: Alter Junge! Reich mir deine Flosse! Was waren wir für tolldreiste Kerle! Dieser Gorbi hatte einen Händedruck – Teufel noch mal! – wie ein Traktorist von der Kolchose *Morgenrot*.

Solch eine Episode wird dann mit den Jahren immer romanhafter im Lichte neuer Entwicklungen ausgeschmückt und aufgeblasen, und am Ende glaubt der Schwindler sich selber. Wer kennt das nicht: Wohl kerbt die Begegnung mit einem herausragenden Menschen sich von Anfang an besonders tief ins Gedächtnis ein, aber zugleich wuchert die nachbessernde Phantasie. Die Episode plustert sich auf zu einem Miniaturmythos aus Wahrheit und Dichtung. Aus dem flüchtigen Lächeln des Heroen wird nach zwanzig Jährchen schon eine tiefe Freundschaft, aus seinem scheelen Blick im Vorübergehn wird ein tiefer Streit. Und ein flüchtiger Händedruck avanciert zum archimedischen Punkt der Weltgeschichte. Ich kenne das Problem, zehn Stufen bescheidener, aus der anderen Perspektive.

Wann war das, 1803? In dem Dreh muß es gewesen sein, als der arme Friedrich Hölderlin sich auf den beschwerlichen Fußweg nach Bordeaux machte, um dort beim bremischen Konsul Meyer eine Stellung als Hauslehrer anzutreten. Seine Diotima in Frankfurt am Main war ihm grade gestorben. Holder bewegte sich in der Hälfte seines Lebens und schwankte schon auf der Kippe in den Wahnsinn. Unser Dichter nahm damals jedenfalls nicht den normalen Weg über Paris nach Bordeaux, er wählte den Umweg über Lyon. Warum? Der Hölderlinforscher Jean-Pierre Lefebvre hat da womöglich was rausgekriegt.

Napoleon Bonaparte weilte nämlich genau in jenen Tagen in Lyon zu Staatsgeschäften. Lefebvres These: Vielleicht reizte es unseren tippelnden Freiheitsschwärmer Hölderlin, den wirklichen Befreier der Epoche zu sehn oder wenigstens die Atemluft dieser Stadt mit Napoleon zu teilen... Wenn auch nur um zwei, drei Tage, Hölderlin hat den berühmten Napoleon Bonaparte, den sein Freund Hegel den »Weltgeist zu Pferde« nannte, knapp verpaßt.

Unsereins hat es bequemer, ist weder so arm an Geld noch so reich an Genie. Außerdem bin ich bis jetzt auch noch nicht dermaßen irre geworden an der verrückten Welt, und ich mußte mich auch nicht wochenlang zu Fuß durchschlagen. Wir wollten also Gorbatschow manierlich begaffen gehn, den Weltgeist auf allen vieren. Für zwölf Mark achtzig fuhren wir mit der Taxe von Altona bis zum Baumwall unten am Hafen. So wohlfeil nippt man in Hamburg Weltgeschichte.

Der hohe Gast wurde mit großem Bahnhof erwartet. Der Vorstandsvorsitzende, ein Herr Gerd Schulte-Hillen, und seine Blattmacher genossen mit angelsächsischer Coolness die eingekaufte Ehre. Sie erholten sich offensichtlich beim Anblick des echten Gorbatschow von den Nachwehen des Skandals mit den falschen Hitler-Tagebüchern. Eingeladen waren an die hundert VIPs mit Gattin. Die Polizeiabsperrungen hatten schon fast die vertrauten Ostberliner Dimensionen.
Im Zentrum des Abends stand Gorbatschows Rede. Er sprach halb frei, mit der unaufgeregten Stimme eines Mannes, der es gewohnt ist, daß man ihm zuhört. Aber es war eine Rede ohne Tiefe und ohne allen Glanz. Also beglotzte ich das dunkelrote Muttermal auf seiner glänzenden Stirnglatze und dachte: Es sieht en nature wirklich wie ein Stück Landkarte aus, das sich irgendwelche Japaner oder Aserbeidschaner oder Ukrainer aus dem Nachlaß herausreißen.
Die Rede kam mir inhaltsarm und ideenleer vor. Am schönsten war noch sein Schlenker ins Griechische. Europa, erklärte uns der Russe, sei ein griechisches Wort und bedeute so was wie Weitsicht. Ich setzte mir also die Lesebrille auf meine weitsichtigen Augen und notierte einen kindischen Satz: »Wenn wir Europäer mit Weitsichtigkeit unsere geballte Kraft einsetzen, dann werden wir jegliches Rätsel lösen...« Na dann, murmelte ich in meinen Bart, setz mal die Altmännerbrille auf! und balle die auseinanderdriftenden Kräfte! und löse alle Rätsel!
Ich glaube, die hanseatischen Wipps und ihre Weiber waren ein bißchen enttäuscht. Er variierte nur seine populäre Metapher vom europäischen Haus. Gorbi verklickerte den versammelten Meinungsmachern, daß das Haus Europa viele Zimmer und sehr verschiedene Ecken habe: Politiker-Poesie. Er appellierte, um im blassen Bilde zu bleiben, an die Hilfsbereitschaft der reichen Deutschen in der Beletage.
Ja, seine Rede war wie Ostseestrand nach der Bade-Saison: viel Sand, allerhand leere Plastikflaschen, etliche Bonbontüten –

aber kein Stück Bernstein. Mir kam es vor, als habe Gorbatschow weder Visionen noch ein Programm. Aber das zeigt vielleicht exemplarisch die gute Blindheit der Helden in der Weltgeschichte, von der unser Geschichtsphilosoph Hegel spricht. Sie wissen zum Glück nie, was sie tun. Wüßten sie es, würden sie's wohl lassen. Immerhin hat Gorbatschow mit Glasnost und Perestroika zwei beflügelnde Schlagwörter in die Welt gesetzt. Dieser letzte Leninist schlug sie mit dem Hammer wie Pfähle in den sowjetischen Boden und sichelte das Unkraut weg. Und siehe da, ein Wunder! Die toten Hölzer schlugen aus und wurden Bäume. Außerdem setzte er zwei geflügelte Worte in die Welt: *Wir brauchen die Demokratie wie die Luft zum Atmen* – das war der eine. Und den zweiten Satz, der gern zitiert wird, sagte er 1989 in Berlin über Honecker & Co.: *Wer zu spät kommt, den bestraft das Leben*. Die plattesten Allerweltsweisheiten, im richtigen historischen Augenblick in die Welt gesetzt, werden Zauberworte und können offenbar Berge versetzen.
Ich dachte an diesem Abend beim Zuhören: Eigentlich ist es eher ermutigend, daß sogar ein schlichter Geist wie Gorbi dermaßen weltbewegende Taten vollbringen konnte. Gorbatschow konnte es, weil er den Streit im richtigen Moment und am richtigen Ort wagte.
Ich fühlte mich also sympathisch mit ihm verwandt. Ich, der gallische Hahn auf dem deutschdeutschen Misthaufen, fühlte mich als ein welthistorischer Paradiesvogel. Ich dachte: Im Grunde funktionierte meine Wirkung im Kleinen mit ein paar mutigen Liedern in der DDR auch nicht viel anders. Als ich Anfang der sechziger Jahre den Streit wagte, war auch ich ein Schwärmer mit roter Brause im Schädel. Ich wußte weder, was mit der DDR wird, noch ahnte ich, was mir blüht. Und auch mein unerschrockener Freund Havemann begriff trotz all seiner Klugheit kaum die Hälfte.
Ulbricht und Honecker schimpften uns in all den finsteren

Jahren Antikommunisten. Wir aber nannten uns provokant Kommunisten und attackierten im Namen eines wahren Kommunismus den Kommunismus der Bonzen. Wir fühlten uns dabei wie Luther, der ja den Papst nicht mit einem Barbarenknüppel prügelte, sondern er schlug dem römischen Pontifex Maximus mit der hochgedeutschten Bibel über den Kopf. Das ist die Sprengkraft der immanenten Kritik. Entsprechend benutzten wir Marxens Worte als Waffe, und mit aufreizenden Zitaten von Rosa Luxemburg piesackten wir unsere Unterdrücker.

Wir waren bedrückt, bedroht, bespitzelt und ausgegrenzt. Wir kämpften als kommunistische Antikommunisten auf verlorenem Posten gegen antikommunistische Kommunisten. Während sie uns verfolgten, machten die SED-Bonzen mit dem klassischen Klassenfeind im kapitalistischen Westen erstklassige Geschäfte, gehandelt wurde mit Schweinefleisch und Menschenfleisch, mit Waffen aller Art und mit Rauschgift. Strauß, der Schalk.

Und weil wir so wenige und schier chancenlos waren, mußten wir uns so überwichtig nehmen. Das ist die herzerfrischende Komik in solch einer Tragödie: Wer auf seiten der Menschheit im Freiheitskriege kämpft, sollte halt wissen, daß er ein vergängliches Nichts im Dämmerlicht ist. Aber er muß sich zugleich schwer überschätzen. Als Brecht im Exil den dänischen Maler Tombruck traf, ermunterte er ihn, frei nach unserem teutschen Johann Gottlieb Fichte, mit solchen Reden: Sie müssen jeden Morgen, wenn Sie aufwachen, daran denken, daß Sie ein bedeutender Mensch sind und daß die Geschicke der Menschheit von Ihnen entscheidend abhängen... Brecht hatte recht. Ohne diesen Wahn schafft man es wahrscheinlich nicht mal, sich morgens einen Schnürsenkel zu binden.

Umgekehrt aber, auf der illuminierten Sunnyside der Macht, müssen die historischen Riesen jeden Morgen daran erinnert werden, daß sie zugleich vergängliche Zwerge sind. Die alten Römer wußten schon, warum sie ihrem triumphierenden Oberaffen immer einen Sklaven beigaben, der nichts anderes zu tun hatte, als dem hohen Herrn ins Ohr zu flüstern: Bedenke, daß du auch nur ein Mensch bist.

Wie komisch wir gegen unsere Vergänglichkeit ankämpfen! Im Bernstein meiner Balladen sind ein paar giftige Stechfliegen aufbewahrt. »Ach Sindermann, du blinder Mann…«: eine garstige Zeile, die mir vor drei Jahren sogar Gorbatschows Deutschland-Berater Portugalow begeistert vorträllerte. Kaum ein komplettes Gedicht hält länger als sein Dichter. Wenn's hoch kommt, werden zwei, drei gelungene Zeilen geadelt durch die Aufnahme in die Alltagssprache: »Ich möchte am liebsten weg sein – und bleibe am liebsten hier.« Wenn's hoch kommt: »Das kann doch nicht alles gewesen sein…«

Von Heine: »Ich weiß nicht, was soll es bedeuten, daß ich so traurig bin…« Goethe: *Sah ein Knab ein Röslein stehn.* Vom unseligen Hoffmann von Fallersleben: *Deutschland, Deutschland über alles.* Brecht: *Erst kommt das Fressen, dann kommt die Moral.* Aber auch Politiker und andere Monster wie Joseph Goebbels schaffen es: *Wollt ihr den totalen Krieg?* Falls es dann überhaupt noch Menschen gibt, diesen Satz werden sie noch in hundert Jahren zitieren.

Von einem millionenfach gefürchteten Menscheneinmacher wie Erich Mielke bleiben immerhin zwei kurze Sätze übrig: *Ich liebe euch doch alle* – das stotterte er 1989 vor der Volkskammer mitten in der Wende. Und nun vor dem Kammergericht in Westberlin murmelte er den einen aberwitzigen Satz, der ihn überleben wird: *Wo ist mein Hut.* Wenn ein hochkarätiger Lump so was Idiotisches im richtigen falschen Moment sagt, dann wachsen den banalsten Worten Flügel, sie kommen als Schmetterlinge auf die Nadel.

Gorbatschow stiftete an diesem Abend nichts Bleibendes für

den Zitatenschatz. Er sprach noch über die Rolle der Russen in der zerfallenen Sowjetunion, er beschwor die Notwendigkeit einer Erneuerung, ja, einer Neugeburt Rußlands. Sie sei entscheidend für das Schicksal der anderen Länder drumherum und für die ganze Welt. Mag sein, ich bin schon überempfindlich – aber ich dachte, als ich das hörte: Hoffentlich überleben die russischen Juden solch eine Renaissance in Rußland. Das fragte ich ihn dann auch in der kleinen Rede, mit der ich Eva-Maria Hagen ankündigte, die Gorbi und seiner Gattin ein drolliges Lied vorsang, geschrieben vor vier Jahren, das mit den Worten beginnt: *Michail Gorbatschow, biste Fleisch oder biste Fisch …*, und damit er auch was davon hatte, drückten wir ihm eine rohe russische Übersetzung in die Hand.

Die Videokameras blinkten, die Photographen blitzten. Es wimmelte von meinungsmächtigen Zeitungsmachern und von muskelmächtigen Bodyguards. Unter ihnen ein Johnny, der vor Kraft kaum stehen konnte und sich mir als »Deutscher Meister über 40« im Bodybuilding vorstellte. Mittenmang ritten einstmals zukünftige und zukünftig einstmalige Chefredakteure mit ihren Holzpferden auf diesem Karrierekarussell herum. Schon beim Zuschaun wurde mir schwindlig. Der alerte Bürgermeister Voscherau durfte dem Gast aus Moskau gegenübersitzen, die hochstirnige Gräfin Dönhoff wurde neben Gorbatschow plaziert.

Mir schoß der abartige Gedanke durch den Kopf, daß der Abend an medialer Brillanz enorm gewänne, wenn jetzt Erich Honecker als Überraschungsgast in diese PR-Show platzen würde. Und Margot müßte dann keifen: Towarisch Michail Sergejewitsch, du hast uns alle verkauft und machst hier den Affen für die Bourgeoisie! Aus Eitelkeit hast du unsere Macht an den Westen verspielt. Die Kapitalisten haben dich eingewickelt mit dem Nobelpreis. Du bist den Klassenfeinden auf den Leim gekrochen! Wir in der DDR waren schon fast am Ziel! Wir hatten den kalten Krieg so gut wie gewonnen. Wenn mein Erich stirbt, wird er eingeschreint im großen Herzen der Arbeiterklasse weiterleben. Aber du wirst von den Kettenhunden der Reaktion wie Schappi gefressen.

Dann käme das symbolische Ding mit der roten Farbe. Honecker überschüttet den Erfinder der Perestroika mit einem Eimerchen Ketchup. All dies geschieht im wahrsten Sinne des Wortes glasnostisch, also direkt vor den elektronischen Augen der Öffentlichkeit. Groß eingeebnetes Rot. Die Fahne der Arbeiterklasse zerfließt auf der Haut des hohen Gastes. Margot stürzt sich auf den einstmaligen Genossen und schleckt ihm die Sauce von der Backe und verbeißt sich in seiner Nase. Weltpolitischer Surrealismus. Taumelnde Bilder, Fotos, die um die Welt gehn. Das Tomatenmark wie Blut, dramatisch in Farbe auf diversen Videobändern in professioneller Qualität. Raissa mit der Serviette. Die Trillerpfeifen der Geheimpolizei. Das Gekreisch der eleganten Luxusweiber, die nicht sicher sind, ob hier Honecker ein Attentat begeht oder ein harmloser Aktionskünstler aus der nahgelegenen Hafenstraße vom Hause *Gruner + Jahr* angemietet wurde. Dann sähe man Erich Honecker im Schwitzkasten des Sicherheitsbeamten Johnny, er röchelt für den *Stern* ein Exklusiv-Interview über den agitatorischen Hintersinn seines Happenings.

Aber so turbulent wurde es zum Glück nicht. Anschließend gab es ein bieder serviertes Bankettchen mit Anchovispastete und geräuchertem Lachs und handgepulten Husumer Krabben. Meine Frau verschmäht alles Fischige, es war zum Lachen, denn sie hatte Hunger bis unter die Arme. Aber wie sie da mit dem Sektglas verwirrt zwischen all den wirklichen Damen der Gesellschaft stand, fühlte ich mich wie Kaiser Barbarossa, da kam sie mir schön vor wie die Schellfischkönigin. Da hätte ich am liebsten die ehrwürdige Hamburger Hymne auf unsere

breithüftige Tochter Hammonia* geschmettert: »Hammonia! Hammonia! O wie so herrrlich steeehst du daaa!«
Zuletzt beim Pudding war ich mir sicher: Eigentlich richtet die geistige Dürre dieser Gorbatschow-Rede gar keinen Schaden an. Im Gegenteil, es ist aufmunternd. Jedermann kann sehn, daß auch ein wahrer Welterretter nur mit Wasser kocht. Es ist damit mal wieder bewiesen, daß fast jeder helle Kopf im Welttheater eine tragende Rolle spielen kann, wenn der Regisseur Mr. Zufall ihn besetzt. Michail Gorbatschow hat sein großes Ding längst gedreht. Er hätte vor den versammelten Fischköpfen an diesem Abend genausogut über Hamburger Aalsuppe oder über russische Buchweizengrütze in süß und in salzig philosophieren können, seinen Platz im Pantheon der Menschheit hat er sicher. Und die Götter werden ihm sein Kascha im Himmel wie auf Erden und bis zum Tag des Jüngsten Gerichts gratis servieren.
Dieser Mann verdient unsere Achtung, denn er hat den genozidalen Ost-West-Konflikt beendet. Er hat den Weg zur Abrüstung erzwungen, und er hat die allmächtige KPdSU entmachtet. Und natürlich wußte auch er nur halb, was er da tat. Hätte ihn bei aller Hellsicht nicht zugleich die Illusion geblendet, er könne den sowjetischen Leichnam gesundbeten, dann hätten die mächtigen Betonköpfe im Politbüro ihn gleich am Anfang an die Wand geklatscht. Ihn schützten seine halbe Blindheit und seine ganze Tatkraft.
Ich finde es gut, daß er so inkonsequent war gegenüber den stalinistischen Hardliners im Apparat. Seine parteitreuen Sprüche, sein schändliches Taktieren im Baltikum, seine Backpfeifen gegen den vorlauten Jelzin haben die Militärs eingelullt. So hat er sie hingehalten und immer neu hoffen lassen, daß alles wieder gut wird zum Schlechten. Für den Charme eines ewig zaudernden Hamlet war er zu machtver-

* Die Schutzgöttin der Hansestadt Hamburg

dorben und zu alt. Seine ewige Kungelei mit den Betonköpfen verhinderte radikale Reformen und verärgerte die intellektuelle Elite. Seine selbstmörderische Toleranz ermunterte die alte Garde dann zum Putsch. Aber als seine engvertrauten Feinde den Königsmord endlich wagten, war's schon zu spät, und so verspielte die alte Bande alles.

Gorbatschow ist trotz all dieser Schwächen, Fehler und möglichen Verbrechen ein Erzengel Mi-cha-el, ein Drachentöter. Dieser eine kleine Mensch hat in mal eben fünf Jahren die eisernen Ketten vieler Völker zerschlagen. Und es ist nicht seine Schuld, daß die hungrigen Massen von all dem rostigen Schrott nicht auch noch satt werden können und nun undankbar die Zähne fletschen.

Jedes Kind weiß es, aber wir sprechen nicht gern darüber: Gorbatschow war selber ein stalinistischer Apparatschik. Ohne Schuld und ohne Verbrechen kam keiner in solch einem System an irgendeine Spitze. Der liberale Schewardnadse war vordem ein gefürchteter KGB-Geheimdienstchef in Georgien. Wer von all denen hat sich wirklich gewandelt, und wer hat sich nur gewendet? Messen wir mit zweierlei Maß, wenn wir Gorbatschow feiern, aber einen Wendehals wie Markus Wolf verdammen, der am 4. November auf dem Alex vielleicht ein deutscher Gorbatschow hätte werden wollen? Ich glaube nicht. Gewiß erkennt man Menschen auch an ihrem Hut, an ihrem Parteiabzeichen, an ihrer Funktion und an ihren wechselnden Sprechblasen. Aber letztendlich erkennt man sie an ihren Taten.

Kein einzelnes Menschenexemplar bewegte in diesem Jahrhundert soviel zum Besseren. Gorbatschow hatte den Mut zur Kapitulation im kalten Krieg. Er besiegelte die vernichtende Niederlage der atomwaffenstarrenden Nomenklatura, und das bleibt auch sein persönlicher Sieg.

Freilich mußte dieser Sieg mit einer persönlichen Niederlage enden. Nicht mal ein allmächtiger Gott hätte aus seinem Sparstrumpf die Rechnung für 70 Jahre planmäßiger Mißwirtschaft und politischer Barbarei begleichen können. Unsere Erde ist ein schwer geschundener Winzling im Sternenhaufen der Milchstraße, und wir spüren, daß nicht nur der Mensch ein kurzer Gast auf Erden ist, sondern auch die Menschheit. Gorbatschow erfocht für unsere Gattung die vielleicht letzte große Chance, die abgelaufene Frist um ein paar tausend Jahre zu verlängern. Und ob der Populist Jelzin aus dieser Chance nun etwas macht, kann ich vom Fischmarkt in Altona aus nicht erkennen.

Mögen die Balten und Georgier und alle Russen auf ihren Befreier spucken – ich bewundere ihn. Ich werde nie vergessen, daß wir Deutschen ihm alles verdanken. Oder wenn schon nicht alles, so doch mehr als uns selbst. Der Zusammenbruch des verfluchten Regimes in der DDR geht eher auf sein Konto als auf das unserer Jeanne d'Arc Bärbel Bohley und ihrer tapferen Freunde. Der Fall der Mauer ist Gorbis Verdienst, denn ohne die Wandlung im Lande des Großen Bruders hätten die Mauerspechte kein verrostetes Eisenwürmchen aus dem Beton gepickt.

Ohne die Gewißheit, daß die Panzer der sowjetischen Armee nicht wieder Hackfleisch aus Menschen machen wie 1953 in Berlin und 1956 in Budapest und 1968 in Prag, hätten die Montagsspaziergänger auf dem Leipziger Ring nicht mal den Verkehr in der Innenstadt behindert. Sie hätten nur Nachschub für die Zellen in Bautzen geliefert und ein paar mehr sozialistische Hacken schief gelaufen. Ohne die radikale Wandlung des Großen Bruders hätten all die literarischen Hinterherhelden in Ostberlin sich womöglich erst im Grabe zum Freiheitskämpfer gewendet.

Und die Ungarn? Sie hätten all die DDR-Häschen im Niemandsland eingefangen wie eh und je. Und schon gar nicht hätte der ungarische Außenminister Horn ihnen auch noch den Seitenschneider für den Stacheldraht rübergelangt und

als Leihgebühr dafür dann den Karlspreis der Kaiserstadt Aachen kassiert.
Gorbatschow ist längst Fallobst der Geschichte. Aber ich laß mir den Mann nicht madig machen. Ich bin, nebbich, kein Heine, aber dieser Gorbatschow ist in meinen Augen ein Napoleon Bonaparte. Und so wie Heinrich Heine dem General der französischen Revolutionsheere, dem Befreier der Juden am Rhein auch dann noch die Treue hielt, als der Bürger-Kaiser schon seinen Zenit überschritten hatte und längst kein Befreier mehr war, so werde auch ich dem Bonaparte des 20. Jahrhunderts die Stange halten. Man fährt damit auf Dauer besser durch die meschuggene Weltgeschichte.
Die Party mit Gorbatschow plätscherte dann so hin. Es ergab sich die Gelegenheit zu einem alles klärenden Small talk. Zu meiner Verblüffung hatte irgendwer ihm schon gesteckt, daß ich so was wie »der deutsche Wyssotzki« sei. Außerdem erinnerte er sich offenbar an den Skandal meiner Ausbürgerung vor nun 15 Jahren. In der Hektik solch eines Gesprächs sind Worte sowieso nur grobschlächtige Erkennungszeichen im Schweinsgalopp des Protokolls. Wie sollen Menschen miteinander reden, wenn sie nicht mal Zeit zum gemeinsamen Schweigen haben.
Ja, ich war aufgeregt und froh und totenfeierlich. Mir schlug das Herz im Schädel, mich überflutete eine Art Gefühlsstau im Gehirn. Und so passierte mir eine Peinlichkeit. Ohne alle Absicht und ohne jeglichen Anlaß sagte ich diesem wildfremden Mann nämlich ein Wort, von dem ich geglaubt hatte, daß ich es nie wieder über die Lippen kriege: Ich bin Kommunist. Ich stieß diese drei Wörter reflexartig hervor wie der tote Soldat sein Losungswort. Ich könnte auch sagen: Mir fielen diese 15 Buchstaben aus dem Munde wie ausgeschlagene Zähne. Diesen blutigen Satz werde ich so bald keinem wieder vor die Füße spucken.
30 Jahre Verzweifeln und Hoffen kulminierten in diesen drei

Minuten. Die Begegnung mit Gorbatschow wühlte all die wilden Grübeleien und Maulschlachten wieder in mir auf. Vor meinen Augen stand ja der letzte Fackelträger der kommunistischen Ideologie. Ja, ein Film lief in mir ab, von den ersten Anfechtungen nach dem XX. Parteitag der KPdSU 1956 bis zur niederschmetternden Gewißheit, daß der kommunistische Himmel auf Erden nichts anderes werden konnte als die perfekte Hölle.

Aber stehn wir gescheiterten Kommunisten in der Weltgeschichte nun deshalb genauso verachtungswürdig da wie unsere alten Lieblingsfeinde, die Nazis? Ach was! Wir waren immer besser als die und waren immer auch schlimmer. Schärfer gesagt: Unsere Verbrechen waren darum schlimmer, weil wir aus einer besseren Tradition kommen. Die Nazis kamen aus dem blutigen Stumpfsinn des nationalen Chauvinismus und des Rassenwahns, und sie endeten auch so. Sie blieben sich selbst immer treu. Hitler hat die Vernichtung des jüdischen Volkes ehrlich versprochen und hat sich dann leider auch daran gehalten. Als der Krieg schon für ihn verloren war, als er jeden Waggon und jede Lokomotive für den Nachschub der Wehrmacht brauchte, requirierte er immer noch genügend Eisenbahnkapazitäten für die Todestransporte der Juden. Wenn das keine Prinzipientreue war!

Wir aber verrieten alles, was wir uns und anderen je versprochen hatten. Wir waren aus der humanen Tradition der Aufklärung gekommen, unsere geistigen Väter sind die radikalen Demokraten der Französischen Revolution, unsere Dichter sind Heine und Büchner, unsere Denker sind Karl Marx und Rosa Luxemburg. All unsere großen Träumer und Wirrköpfe waren immerhin Propheten eines säkularisierten Urchristentums. Zudem sind Kommunismus und Sozialdemokratie Geschwister, sie kommen aus derselben historischen Familie. Nur wurde der intolerante Sohn ein bewunderter Mörder und die zickige Schwester ein ungeliebtes Mauerblümchen.

Die Nazis aber waren immer Dreck. Selbst der dümmste Klassenhaß ist immer noch menschenähnlicher als der gediegenste Rassenhaß, denn er kam ursprünglich aus dem Zorn gegen das soziale Elend der Ausgebeuteten.
Wenn wir unsere Lieder sangen, dann brüllten wir wenigstens nicht: Heute gehört uns Deutschland und morgen die ganze Welt... sondern: Die Internationale erkämpft das Menschenrecht. Ja, und in diesem Sinne waren wir allerdings schlimmer als alle Faschisten zusammen, denn wir haben die Menschenrechte mit Füßen getreten und haben uns selbst verraten. Man kann und soll vergleichen, aber man darf nicht gleichsetzen. Solche Überlegungen sind für die Opfer in diesen oder jenen Massengräbern kein Trost und sollen es auch nicht sein, aber für die Überlebenden muß es gesagt werden. Wir sind klüger geworden, gewiß, aber nicht glücklicher.
Es ist meine tiertiefe Trauer und unsere ewige Schande, daß niemand so viele Kommunisten liquidiert hat wie die Kommunisten. Hitler hat insgesamt 64000 deutsche Kommunisten, die seine wirklichen Feinde waren, ermorden lassen. Aber Stalins Schergen ermordeten fast das gesamte Leninsche ZK und liquidierten ein paar Millionen kommunistischer Kader ihrer eigenen Partei. Die Nazis haben, bis auf seltene Einzelfälle, nicht ihre eigenen Leute abgeschlachtet. Um so schlimmer für die Kommunisten, könnte man sagen, und das stimmt auch. Abgeschlachtet wurde nämlich in der kommunistischen Arbeiterbewegung eine humane Grundtendenz, die es geschichtlich bei den Faschisten nie gegeben hatte.
Inzwischen scheint überhaupt jedwede Hoffnung auf eine gerechtere Gesellschaft bis ans Ende aller Tage blamiert zu sein. Wir sind gescheitert. Trotz alledem hängt mein Herz an diesem verreckten Kinderwunsch. Die liebsten und tapfersten und klügsten Menschen, die mich prägten, waren fast alle linke Aufrührer, plebejische Rebellen und undogmatische Geister, sie waren allesamt gebrannte Kinder des Kommunis-

mus. Es bewegt einem wie mir eben das Gemüt, wenn man den letzten Repräsentanten der KPdSU trifft, dann brechen die alten Wunden wieder auf und bluten. Und es war gar nicht melodramatisch, im Gegenteil: Es war ein verwirrend angenehmer Schmerz.

Alle ernüchterten Träumer des Traums von der Commune wissen, daß ihre Wunde niemals heilen wird. Gewiß bin ich fertig mit dem Kommunismus, aber mit dem, was er für mich bedeutete, werde ich niemals fertig, und nichts wird für solche wie mich je abgehakt oder ausgestanden sein.

Für mich war das Wort »Kommunist« heilig in meiner Kindheit. Es wurde krank in meiner Jugend. Es ist tot seit vielen Jahren. Das wunderbare alte Zauberwort stank ja schon seit den zwanziger Jahren nach Heuchelei und Zynismus, nach doppelter Ausbeutung und nach Massenmord. Manès Sperber begriff es schon 1936, Arthur Koestler 1938, Brecht wußte es immer und nie. Und Gorbatschow ahnte es vielleicht erst vor zehn Jahren.

Nun hatte ich also das entzauberte Totem »Kommunismus« genau dem Mann übergeben, der in der Thronfolge Lenin–Stalin–Chruschtschow–Breschnjew als letzter großer Zar in der blutigen Dynastie nach 1917 herrschte. Michail Gorbatschow wurde als Repräsentant des Weltkommunismus zugleich sein siegreicher Widersacher und sein Totengräber. »Ich bin Kommunist...« Und siehe da: Gorbatschow reagierte auf dieses Reizwort wie ein Pawlowscher Hund in der Parteihochschule. Das rote Glöckchen tönte, und der alte ideologische Speichel floß. Es kam mir so vor, als ginge ein revolutionsromantischer flash durch seinen Körper. Mit diesem Signal aus seiner Vergangenheit hatte er offenbar ausgerechnet hier in Hamburg nicht gerechnet. Er packte mich plötzlich fester und sah mir durch die Augen wie durchs umgekehrte Opernglas tief ins Herz und drückte mir bedeutungsschwer und tragisch die Hand. Und wir wußten beide

sehr gut: Es bedeutet gar nichts mehr, und komisch war es außerdem.
Aber das ist nicht wirklich wahr. Nein, sein Händedruck war schon was! Es war so ein typischer Arbeiterhändedruck. Nein, falsch! Wirkliche Arbeiter geben die Hand ja ohne diesen edelproletarischen Nachdruck, den auch Gorbatschow drauf hatte.
Man hört ja oft die Behauptung, im allerletzten Moment des Lebens rausche einem Sterbenden noch mal sein ganzer Lebensfilm in komprimierter Kurzfassung durch den Kopf. Mir war ganz und gar nicht zum Sterben zumute, aber ich sah einen gerafften Film, als Gorbatschow meine Hand im Schraubstock festhielt. Frohlockt nicht zu früh, ihr frivolen Spötter, denn diese Szene hatte keinen Hauch von: Einmal Gorbatschow sehen und dann sterben. Ein anderer Tod war hier im Spiele, es war der Tod der kommunistischen Idee. Unser Filmchen dauerte höchstens drei Sekunden – aber es wurde für mich ein abendfüllender Roman.
Es war ein bemerkenswerter Händedruck, denn er war so, wie ich es von Funktionären der Arbeiterbewegung kenne. Sie wollen zeigen, daß sie im Inneren immer noch Arbeiter geblieben sind. Eine besonders forsche Variation des Arbeiterhändedrucks beobachteten wir in den Zeiten des Stalinismus bei Intellektuellen, die führende Funktionen in der Partei oder in der Gewerkschaft ergattert hatten. Sie übertrieben den proletarischen Habitus mit ihren oftmals schmalen Griffeln, indem sie beim Handschlag resolut zupackten. So erwischten sie eines Arglosen Hand dermaßen geschickt, daß sie ihm mit relativ wenig Kraftaufwand die Finger dennoch schmerzhaft quetschen konnten. Besonders mit Frauen funktioniert diese hyperproletarische Masche.
Auch in den darstellenden Künsten jener Zeit wirkte der parteitreue Händedruck prägend. Willi Sitte, Ronald Paris, Walter Womacka und andere Parteimaler malten monumentale

Arbeiterhände, da kam kein wirklicher Arbeiter mit. Staatsschauspieler, die in Filmen des sozialistischen Realismus einen klassenbewußten Arbeiter zu spielen hatten, gaben in dieser Manier die Hand. Das edelproletarische Handgeben beginnt schon lange vor dem eigentlichen Händedruck. Es bahnt sich schon deutlich an, wenn der proletarische Händedrücker auf den zu Begrüßenden zugeht. Seine Armhaltung hat zwei unverzichtbare Komponenten: Erstens muß der Arm etwas mehr ausgestreckt sein als normal, und zweitens muß der Ellenbogen etwas nach oben-außen gebogen sein. Diese Pose signalisiert die verborgene Kraft der Arbeiterklasse unter der Jacke, die gewaltige Oberarm- und Schultermuskulatur des Schwerarbeiters. Dabei fällt auf, daß auch die Finger etwas übertrieben gespreizt sind. Dieser Gestus hat seine Ursache darin, daß den zuverlässigen Genossen Arbeiter ein Adel primitiver Handarbeit auszeichnet: seine klobigen Hände. Nur grad eben für den Handschlag hat er Schaufel und Schraubenschlüssel oder Hammer und Sichel aus der schwieligen Hand gelegt. Sibirische Fröste und das Feuer der Hochöfen haben diese Haut gehärtet. Die Feinmotorik seiner Fingergelenke ist wie bei einer gichtigen Steifheit der Knochen eingeschränkt. Diese durch Arbeit erworbene Plumpheit muß jedes Herz höher schlagen lassen, das ehrlich auf seiten des werktätigen Volkes schlägt.

An dieser Stelle müßte man anmerken, daß im Gegensatz dazu der Heil-Hitler-Gruß in der politischen Körpersprache eben die adäquate Sprache des Klassenfeindes war: die aalglatten Finger sind eng aneinandergelegt und ein bißchen zum Handrücken hin konkav gebogen. Typisch kleinbürgerliche Federfuchserpfoten. Die ehrliche schwere Hand des klassenbewußten Arbeiters macht nicht solche Mätzchen.

Der Schauspieler und legendäre Partei-Sänger (»Barrikaden-Tauber«) Ernst Busch, Brechts berühmtester Arbeiterdarsteller, war ein Großmeister in dieser Disziplin. Sogar als Busch

am Berliner Ensemble die Rolle des Galileo Galilei zu geben hatte, bewegte er sich so, als spiele er Brechts Edelarbeiter Semjon im Lehrstück »Die Mutter«.
Es gibt eine voll ausgeprägte Phänomenologie des revolutionären Händedrucks der Arbeiterklasse. Aber niemand hat sich jemals der Mühe unterzogen, sie aufzuzeichnen. Das, was in Parteiversammlungen grade bei ideologisch schwankenden Gestalten oft hochnotpeinlich eingeklagt werden mußte: der gesunde Klasseninstinkt, grade dieser begrifflich schwer zu fassende Zentralbegriff bolschewistischer Moral zeigte sich vorzüglich in einem festen Händedruck. Die zupackende Art signalisierte zudem ein Gefühl volksverbundener Herzlichkeit, die der bürgerlich dekadenten Klasse und ihren intellektuellen Parasiten fremd ist. All die verweichlichten und parteifremden Elemente, die arbeitsscheuen Skeptizisten – das ganze bourgeoise Gelichter verriet sich durch seine schlappe Körpersprache, schon bevor es ein einziges Wort gesagt hatte. Das Pathos des proletarischen Händedrucks fand seinen höchsten künstlerischen Ausdruck im Emblem der SED.
Ich will in der Eile nicht unterschlagen, daß Gorbatschow im Moment unseres Händedrucks bedeutungsschwanger erstarrte. Wir schwiegen eine kleine Ewigkeit – wie ich schon sagte: drei Sekunden. Ja, ich hatte sogar das Gefühl, als würde der Automatismus bei diesem abertausendmal geübten Ritus der brüderlichen Verbundenheit Gorbatschow nun auch noch zum Bruderkuß hinreißen. Zu den letzten ehrlichen Häuten, die er gebruderküßt hatte, gehörten Erich Honecker und Judenfresser Jassir Arafat. Ich kann nicht sagen, ob ich es mir hätte gefallen lassen, im schlimmsten Fall hätte es mir sogar gefallen. Glücklicherweise ging dieser Kelch an mir vorüber. So standen wir da, zwei Hinterbliebene am offenen Grab einer fixen Idee. Jeder geht nun seiner Wege.
All dies und noch mehr, was ich nur dumpf empfinden und

mit starken Worten nur schwach fassen kann, artikulierte sich in Gorbatschows Händedruck, und den werde ich so bald nicht vergessen.
Ich stell mir vor, er kommt nach Hause, die Bude ist kalt. Nichts eingekauft. Raissa macht erst mal eine Maggi-Brühe. Und er sagt: Leg mal die Platte auf von diesem, ich weiß nich mehr, wie er hieß, der Kleine da in Hamburg. Der dicke Dolmetscher, der ihn zugleich immer auch überwacht, tritt ein und übersetzt. Und dann hören die drei das Kaddisch-Lied über den Tod der drei jungen Männer beim Putsch in Moskau. Und wenn Gorbi hört, was ich über den jungen Juden Ilja Kritschewski singe, dann wird er vielleicht auch meine düstere Frage nach dem Schicksal der restlichen Juden in Rußland schärfer verstehn. Falls ich wirklich Mitte Mai im Moskauer Eremitage-Theater die zwei Konzerte gebe, werde ich ja sehn, ob er neugierig geworden ist und mit seiner Raissa in Boris Jelzins Zarenloge sitzt.

Michail Gorbatschow

Michail Gorbatschow
Biste Fleisch oder biste Fisch
Laß dir bloß nich übern Tisch ziehn
Und zieh uns nich übern Tisch
Michail Gorbatschow
Bleibe klug und bleibe schlau
Sei ein Kind und sei ein Mann
Und sei tapfer wie 'ne Frau
Oj, oj, Kinder
Hoffnung, die ich heg
Mütterchen, mein Rußland
Macht sich auf den Weg
Oj, oj, Kinder

Blast mal in die Glut!
Feuerchen, du wärmst mir
und det macht mir Mut

Sonst gabs Kanonen statt Butter
Jetzt jibt et Freiheit statt Buttaa
Mein lieber Gorbi, det macht mir Sorgi
Nix is mit Freiheit ohne Futter
Ick will in keen Paradies rinn
De Welt soll bloß nich so mies sinn
Ick will bloß Wahrheit, Brot und Tomaten
Prost! uff de Liebe und den Sonntagsbraten

Michail Gorbatschow
Überall in Ost und West
Haste Freunde, doch auch Feinde
Und die wünschen dir die Pest
Michail Gorbatschow
Aber ick, ick wünsch dir Glück
Daß de weiter deinen Weg machst
Ohne Kugel ins Jenick
Oj, oj, Gorbi
Armer Supermann
Michail, die Macht macht dumm
Schnell wird man ein Tyrann
Oj, oj, Gorbi
Aber du kannst mehr
Bleibe immer Mensch, vastehste:
Revolutionär!

Da streiten sich die Gelehrten
Ob se auch rund ist, de Ecke
Is die Reform nun ne Revoljuuschn
Bist du 'n Verräter oder 'n Recke
– mir ist det schnuppe, ick denke
Det ick dir damit nich kränke
An Deine Taten soll man Dir messen:
Freiheit und Lieder und auch Wurscht zu Essen

Michail Gorbatschow
Weißtu, wo ich heute war?
Janz allein im Mausoleum

Jetzt is allet sonnenklar
Wladimir, sprach ich, sag:
Geht das mit dem Gorbi klar
– oder spielt der nur moderner
Wieder mal den alten Zar:
Oj, oj, Biermann
Hat Lenin gesagt
Laß mir lieber schlafn
In mein' Schneewittchensarg
Oj, oj, Gorbi
Alter, mach nich schlapp
Brauchste noch paar Kräfte
*– ick jeb dir wat ab**

* Alle Lieder, S. 403, die letzte Strophe des Liedes auf S. 87

Kaddisch

Auf atmet beklommen mein Herz
vorbei wie ein Spuk ist der Putsch
und weg sind die Barrikaden
Im Rinnstein aber, da schrein
die Blumen über dem Fleisch
über dem Blute der blutjungen Drei
tollkühnen Kerle vorm Parlament
zermatscht von den Panzerketten

Ach hätten sie nie nichts gewagt
und haben doch gegen das Drachenvieh
aus Eisen mit bloßen Händen
zu Waisen nun Vater und Mutter gemacht
Ein Judenjunge ist unter den Drein
Ich Träumer bild mir wahrhaftig ein
das könnte den russischen Pöbel
noch rühren beim nächsten Pogrom

Der da lebt sein Sterben

Über den Dichter Hans Sahl

Hans Sahl ist ein lebendiger junger deutscher Dichter an der Schwelle des Todes. Er wurde 1902 in Dresden geboren, er wuchs auf im wilhelminischen Berlin, wohlbehütet im kühlen Schoß einer akkulturierten und säkularisierten Judenfamilie. Hans Sahls Eltern waren betuchte Leute, sie waren zerkaisert, zerdeutscht und todunglücklich über die kommunistischen Eskapaden und literarischen Verrenkungen ihres Sprößlings. Mit 12 Mark Kapital und ohne einen Notgroschen Judentum trieb es ihn 1933 über mehrere Stationen ins Exil nach Amerika. Aber anders als Brecht, Thomas Mann, Anna Seghers – Hans Sahl blieb nach '45 in der Fremde. Er wurde Amerikaner und blieb Deutscher. Er fristete in New York sein Leben als verbannter Literat und verkannter Dichter, als umworbener Übersetzer und geachteter Journalist.

Und das war und blieb sein zentrales Thema: Exil – genauer: sein Exil im Exil. Denn seit der Liebschaft zwischen Stalin und Hitler war Hans Sahl vollends von der Moskauer Kominternlinie abgewichen. Von da an ächteten ihn seine linken Freunde. Seine parteitreuen Leidensgenossen mieden ihn, die stalinistische Literaturmafia schnitt ihn. Und das rechte Pack hatte mit diesem linken Lumpen sowieso nichts am Hut. So kam es, daß Hans Sahl weder im Westen noch im Osten eine Lobby fand.

Seit zwei Jahren, also nach fast einem Menschenalter, lebt der Alte wieder in Europa. In Deutschland ist er nun gelandet, in Tübingen. Und jetzt kommt eine späte Ernte, jetzt wächst sein Ruhm, es fragen die Jüngeren nach ihm, nun erscheinen bei Luchterhand seine Werke, ein Theaterstück, ein Roman, Memoiren und – Gedichte wie dieses hier.

Hans Sahl

Strophen

Ich gehe langsam aus der Welt heraus
in eine Landschaft jenseits aller Ferne,
und was ich war und bin und was ich bleibe,
geht (mit mir) ohne Ungeduld und Eile
in ein bisher noch nicht betretenes Land.

Ich gehe langsam aus der Zeit heraus
in eine Zukunft jenseits aller Sterne,
und was ich war und bin und immer bleiben ~~werde~~
geht (mit mir) ohne Ungeduld und Eile,
als wär ich nie gewesen oder kaum.

Ja, es begeistert mich, und ich liebe es, und nur darum behellige ich den Leser. Die Liebe bedarf keiner Begründung, sie zeigt sich. Es gibt Gedichte, die singen selber und brauchen keine Töne. Aber es gibt andere, die flüstern mir zu: Los, sing mich! Es war Liebe auf den ersten Blick: Ich habe eine Melodie zu diesen Worten geschrieben.
Begeisterung ist was Rationales, über ihre Ursache kann man sich verständigen. Also liefere ich eine Handvoll Vernunftsgründe zu diesen zwei mal 5 Zeilen von Hans Sahl.
Das Thema ist ewig. Nicht der Tod ist das Thema, sondern das letzte Stück Weg zum Tode. Und bei diesem Gedicht eine ausgefallene Luxusversion: ein alter Mensch geht zum Tode. Kein Kind verhungert, kein Soldat krepiert, kein Gefangener in der Folter.
Ein alter Mann, der sein Leben lebendig gelebt hat, denkt ans Ende. Er sagt nicht wie Luther auf dem Sterbebett, er sei lebenssatt, und schon gar nicht spricht da einer, der das Leben satt hat. Dieser da geht in Würde, ohne materielle Not und, wie's scheint, auch ohne selbstquälerische Nöte, zum Tode.
Ich könnte auch sagen: Der da lebt sein Sterben. Es gibt so viele, die finden sich im falschen Leben nicht mit dem Tod ab. Hier aber ist einer, der verendet nicht wie ein geprügelter resignierter Hund. Hans Sahl findet sich auch angesichts des Todes nicht mit dem falschen Leben ab.
Eigentlich das Normalste der Welt. Aber eben leider nicht in dieser Welt. Und schon gar nicht in diesem Jahrhundert. Und ganz und gar nicht in diesem Land Deutschland, und überhaupt nicht, wenn man ein alter Jude ist.
Hans Sahl ist eigentlich, das heißt: in der Statistik, vor einem halben Jahrhundert gestorben. Er krepierte in Auschwitz oder in Theresienstadt oder im Ghetto von Wilna oder Warschau. Statistisch starb der jüdische Dichter Hans Sahl als Mann in den besten Jahren mit seinem Volk, das von Hitler auserwählt war zur totalen Ausrottung.

Und eben das ist die unerhörte Begebenheit. Der Fall ist so dramatisch, daß ich diesen elegisch hinfließenden Gesang eine Ballade nennen müßte. In den zehn Zeilen über das Sterben eines einzelnen stecken sechs Millionen Juden, all die anderen, die sich nicht retten konnten. Sie hatten nicht das Glück, *»ohne Ungeduld und Eile«* zum Tode zu gehn, wie dieser eine Übriggebliebene.
Es trieb sie die Ungeduld der uniformierten Ärzte auf der Rampe. All diese Menschen waren in panischer Eile, als sie nackt und wehrlos unter den Peitschenhieben der SS in die Gaskammer rannten.
In einer Zeit der Völkermorde geht also dieser Einzelgänger, der knapp entkam und so schön alt werden konnte, zum Tode. Ich habe mich nebbich verspätet, sagt er und lächelt. Ich hatte Glück, sagt er ohne Bitternis und verschweigt, daß das Weiterleben nach all dem immer auch ein Unglück war.
Es ist gewiß nicht die lumpenhafte Bescheidenheit, wenn so einer wie Hans Sahl glaubt, daß von ihm nicht groß was bleibt. Nein, er weiß, daß die Vernichtung seines Volkes nur ein Vorspiel war für die Selbstvernichtung der Gattung Mensch, und darum spekuliert er nicht groß auf kommende Generationen und nicht auf ihr Gedächtnis.
Hans Sahl geht mit einem halben Jahrhundert Verspätung gelassen auf die andre Seite, wo die uneinholbare Mehrheit lebt. Er geht, als wär er *»nie gewesen ...«*
Und zum Schluß trotz alledem ein himmelschreiender Hauch von Hoffnung. Ein leises Echo vom Geschichtsoptimismus seiner Jugend schwingt in den letzten beiden Wörtchen: *»... oder kaum.«*

Ich hatte viel Bekümmernis

Meditation über die Kantate Nr. 21 von Johann Sebastian Bach, aufgeführt zusammen mit dem Chor und Orchester des Schweizer Fernsehens in Zürich

Passiert es Ihnen auch so? Werke der Kunst oder Gedankenbündel oder lebendiges Leben, Geschichtliches oder Familiäres, was auch immer an Wichtigkeiten und Nichtigkeiten auf meine fünf Sinne einstürmt – tief in mich rein, in meinen Rippenkäfig und in meinen Schädel kommt die Welt am heftigsten immer dann, wenn mein egoistisches Interesse die Türen weit aufmacht.

Letztlich interessiert mich an der Welt am meisten meine Person. Aber umgekehrt interessiert mich an meiner Person am meisten das Stück Welt, das in ihr zu finden ist.

Bachs Kantate Nr. 21: Was ist das? Es ist ein Stück Musik, strukturiert wie die Reklame mit dem Vorher und Nachher: Vorher hatte ich eine Glatze, nachher wuchsen mir wieder die Haare. Das Mittelchen kann eine Salbe sein oder eine Illusion, ein fester Glaube oder irgendeine andere Lebenslüge. Das Modell ist das gleiche: Erst ging's mir sauschlecht – nun geht's mir wieder gut. Oder so: Ich erstickte in Gewissensnöten, nun bin ich wieder im reinen mit mir. Oder so: Ich glaubte weder an Gott noch an die Menschen, noch an mich selbst. Nun glaube ich wieder. Oder so: Ich wußte nicht mehr weiter, jetzt kann ich wieder. Durch Nacht zum Licht – vom Regen in die Sonne – vom Schlechten zum Guten. Erst kaputt, nun wieder heile – so simpel ist die Mach-Art der Kantate No. 21. Gemacht allerdings ist diese Art mit höchster Raffinesse: Bach. Ich weiß womöglich selber nicht wirklich, was mich dermaßen begeistert an dieser Kantate. Ist es die Musik, oder sind es die Worte? Sagen wir erst mal so: Es sind

diese Worte, eingegossen in diese Musik. Aber das ist halt auch nur ein Wort.
Wenn ich einen Christenmenschen sehe, der seinen Glauben mit großen Worten oder auf der Brust vor sich herträgt, das Kreuz, also ein Folterinstrument, als Amulett am Kettchen, oder ich treffe einen Glaubensprofi, einen Priester, dann denke ich immer: Hoffentlich glaubt der wenigstens und wirklich an Gott. Und hoffentlich bringt ihn dieser Glaube auf den Weg zu den Menschen.
Ich aber kann an keinen Gott glauben. Mein Glaube ist noch absurder, denn ich glaube an den Menschen. Ob es ein Leben nach dem Tode gibt, das kann mir egal sein, solange es wenigstens ein lebendiges Leben vor dem Tode gibt. Auf den Traum vom Paradies kann ich verzichten, wenn nur einige Aussicht bliebe, daß der Mensch die Erde nicht vollends in eine Hölle verwandelt.
Aber auch auf den Messias der Juden möchte ich meine Zeit nicht verwarten. Das Schicksal des Menschen ist am Ende niemand anderes als der Mensch. Leider! sagen die frommen Pessimisten. Gott sei Dank – sagen die gottlosen Optimisten. Tja, und gäbe es Gott – und wäre dieser Gott je Mensch geworden, dann hieße der gewiß nicht Jesus von Nazareth, sondern Johann Sebastian Bach.

Chor

Was betrübst du dich, meine Seele,
und bist so unruhig in mir?
Harre auf Gott!
Denn ich werde ihm noch danken,
daß er meine Angesichtes Hilfe
und mein Gott ist.

Ich mag den Blues aus den lebenslustigen Höllen der schwarzen Armut in Amerika. Big Bill Broonzy mit seinen lässigen Baßläufen. Ich höre Lead Belly, das mißtönende Bleiglöckchen, eine Musik aus Weh und aus Leid gemacht und doch ganz ohne alle Wehleidigkeit. Und ich mag den Cante Jondo aus dem Fegefeuer des Flamenco. Das Licht geht an, wenn die Engel im Himmel heimlich Mozart spielen. Ja, ja, und Schuberts Lied von der Forelle entzückt mich. Und Schumanns Lied von den beiden Gesellen kann mich zu Tränen rühren:

Und als er auftaucht vom Grunde,
Da war er müde und alt.
Sein Schifflein, das liegt auf dem Grunde,
Und über den Wassern weht's kalt.

Und wenn Atahualpa Yupanqui, der alte indianische Meister aus Argentinien, auf der Gitarre die hohe Kunst der tiefen Pausen vorführt, dann denke ich: Jaa – solche Seelenlöcher soll erst mal einer reißen!

Atahualpa Yupanqui

Der berühmte Linkshandspieler
spielt seine Guitarre. Und das
kannst du von ihm lernen:
Löcher
ja in der Musik die Löcher
sind das Beste, sind das Schwerste
prallgefüllte Pausen bersten
zwischen Ton und Ton. So tiefe
Pausen traut sich nur der
Meister

Und in Argentinien, als sie
Yupanqui gefangen hielten
die Faschisten, da zermalmten
sie mit einer Schreibmaschine
seine rechte Hand ihm, die
zum Greifen

Jetzt, im Süden von Paris
spielt der Alte im Exil
wieder. Und mit neuer Technik
überspielt er die zerschlagnen
Finger
jetzt spielt er die Leere
voller noch, die Pausen bluten
ja, jetzt ist der stille Abgrund
zwischen Ton und Ton
vollendet

Aber Liebe, die richtige große Musik-Liebe? Ich liebe eigentlich nur Bach. Ich liebe erstens den Bach, zweitens Bach, drittens Bach – na und Bach! Und ich meine damit nicht die ganze bucklige Verwandtschaft im Stammbaum dieser Genies, ich meine nur den einen, den Alten. Und das geb' ich zu: Es gibt originellere Neigungen.
Vom unendlichen Bach wiederum liebe ich eigentlich seine Kantate Nr. 21: »Ich hatte viel Bekümmernis«. Dies Stück ist meins. Ich habe es mir rausgerissen. Reingezogen habe ich es mir immer wieder und in sehr verschiedenen Lebenslagen. Ihnen, meine Dame, gehört es vielleicht auch, aber anders.
Warum ich es so sehr liebe? Warum, warum! Dämliche Frage! Seit wann braucht Liebe Gründe. Und Liebe will auch gar keine nahrhaften Begründungen zugefüttert kriegen. »Ich liebe dich, weil...« In diesem Satz lauert schon der Tod. Wie Gift wirken die allerbesten Vernunftsgründe. Und weil wir's

im Grunde alle selber, wenn auch abgestumpft, erfahren haben, gefällt uns der scharf formulierte Satz von Blaise Pascal. Er schrieb: »Le cœur a ses raisons que la raison ne connait point.« Zu deutsch: »Das Herz hat seine Vernunftsgründe, die der Verstand gar nicht versteht.«

Soweit vom Herzen, und genug damit.

Von nun ab bemühe ich den Verstand (will sagen: meinen) und liefere nun doch ein paar gute Gründe hinterher.

»Ich! Ich! Ich! Ich hatte viel Bekümmernis in meinem Herzen...« So fängt es ja an.

Es ist gewiß das ganze Werk, aber eigentlich sind es zwei Stellen, die mich an diese Kantate fesseln. Nein, nicht etwa das berühmte Zwiegespräch zwischen der Seele und dem Heiland. Da krümmt sich eine Christen-Seele in Gewissensnöten, und Jesus Christus will sie trösten.

Sopran und Baß in einem Liebesduett, bei dem kein Auge trocken bleibt:

Komm, mein Jesu und erquicke –
singt die Frau
Ja, ich komme und erquicke –
singt der Mann
Und erfreu' mit deinem Blicke –
singt die Frau
Ja, dich mit meinem Gnadenblicke –
singt der Mann
Nein, ach nein, du hassest mich! –
singt die Frau
Ja, ach ja, ich liebe dich –
singt der Mann...

Tja, da bleibt kein Auge trocken – sei es aus Rührung über die brachiale Erotik dieses hochreligiös gemeinten Textes – oder weil die Augen weinen vor Lachen über die idiotisch geknüttelten Verse eines Hobby-Dichters, den die Musen auslachen.

Ich meine auch nicht die schöne Arie, in der ein Tenor in endlosen Tonbögen singt:

Bäche von gesalz'nen Zähren
fluten, rauschen stets einher.
Sturm und Wellen mich versehren,
und dies trübsalvolle Meer
will mir Geist und Leben schwächen,
Mast und Anker wollen brechen!
Hier versink' ich in den Grund,
dort seh' ich der Hölle Schlund.

J.S. Bach

So albern die Worte, so bildhaft, so modern, ja so schubertschön ist Bachs lautgemalte Musik dazu. Aber das alles sind nur Vergnügungen nebenbei.
Ich möchte Ihnen zwei Punkte in diesem Werk zeigen, an denen mein Herz ganz und gar hängt. Der erste Bezugspunkt ist ein eher lustig biographischer und der zweite ein für mich, das bilde ich mir ein, lebensnotwendiger, ja, ein Schutzschild, mit dem ich Nöte meines Lebens abwenden kann.
Das Biographische ist schnell erzählt: »Ich Ich Ich« – so fängt ein Gedicht an, das ich als junger Mann schrieb. Damals hatte ich von Bachs Tuten und Blasen nur eine Ahnung und kannte meine tolle Kantate Nr. 21 noch gar nicht.
Mein Gedicht hat den Titel »Rücksichtslose Schimpferei« – es ist das vielleicht kunstärmste und aufrichtigste Stück Lyrik aus den sechziger Jahren in der DDR:

Ich Ich Ich ...
Das Kollektiv liegt schief
Ich bin der Einzelne:
Das Kollektiv hat sich von mir isoliert
Stiert mich so verständnisvoll nicht an!
Ach, ich weiß ja schon

Ihr wartet mit ernster Sicherheit
daß ich euch
in das Netz der Selbstkritik schwimme

Aber ich bin der Hecht!
Ihr müßt mich zerfleischen
zerhacken, durchn Wolf drehn
wenn ihr mich aufs Brot wollt! ...

Ich will beharren auf der Wahrheit
ich Lügner ...
... getrennt vom Kollektiv
Ich liege eben schief
Ich lieg bei meiner Frau
und die kennt mein Herz

So schlug ich damals um mich in meiner Furcht. Und diese drei provokanten Ichs haute mir dann die Obrigkeit in der DDR um die Ohren. »Ich Ich Ich« – dies dreifach gebündelte Reizwort war in den Zeiten des Kartoffelsack-Kollektivismus ein Sakrileg, eine Gotteslästerung gegen die katholische Doktrin der Partei vom Gehorsam des einzelnen.

Ist das Zufall? Als ich dann Bachs Kantate entdeckte, traf ich meine drei guten Bekannten gleich am Anfang wieder: Ich, Ich und Ich. Und gleich noch einmal »Ich hatte viel Bekümmernis...« So fängt ja Bach an mit dem Chor. Das gefiel mir, der Mensch freut sich über einen Gleichgesinnten, auch wenn es ein Gott ist.

Im Westen hätte ich so was nie und nimmer rausgehaun. In der bürgerlichen Gesellschaft würde man mit diesem »Ich Ich Ich« offene Türen einrennen. Diese westliche Ichichich-Welt muß nicht noch groß ge-ich-tet werden, sie ist ich-tig genug, sie ist über-ich-tig. Anders im Feudalsozialismus der stalinistischen Jahre, anders auch 1714 in Weimar bei Hofe. Das Menschen-Ich muß ja durchgesetzt und verteidigt werden, von jedem, der als Untertan in der Gewalt irgendwelcher Fürsten lebt. Das war der erste Punkt.

Die zweite Stelle geht aber an den Nerv meiner lebenslänglichen Seelenschiefheit. Ich bin zu oft zu traurig. Es gibt Zeiten, da habe ich nicht etwa die Traurigkeit, sondern die Traurigkeit hat mich. Wer humpelt, sucht eine Krücke. Und meine Seelenkrücke fand ich in Bachs Kantate:

Wir machen unser Kreuz und Leid
Nur größer durch die Traurigkeit...

Die Stelle ist schnell markiert. Gegen Ende der Kantate geht's im Galopp mit allen Geigen und Oboen und Bachtrompeten, es geht mit den teuer eingekauften Solisten und den billigen, begeisterten Chorsängern zum guten Ende. Alles Musikantenvolk galoppiert in die Katharsis. Der Chor jubelt in polyphonen Verschachtelungen immer und immer wieder diese Worte: »Sei nun wieder zufrieden..., denn der Herr tut dir Gut's«.

Die schwächlichen Worte sind nur die Gelegenheit für eine starke Musik. »Sei nun wieder zufrieden..., denn der Herr tut dir Gut's.« Das geht einem wie mir auf den Nerv, mein Gott! Und das geht mich nichts an, denn es trifft mich nicht. Welcher Herr sollte mir Gottlosem Gutes tun. Und zufrieden... zufrieden bin ich erst im Frieden zwei Meter unter der Erde. Aber tief verdeckt unter dem kunstvollen Gewusel der Stimmen singen ein paar Männerstimmen eine stetige, langsame Choral-Melodie. Wie ein Gebetsriemen geflochten durch die Finger, eine Melodie in kürzesten Tonschritten und in langen halben Noten. Und die Worte versteht man überhaupt nicht, sie gehn unter im Gewirr.

Aber das Ohr hört sich rein. Das kunstvolle Durcheinander ordnet sich und wird transparenter. Und da werden diese elf Wörter aneinandergereiht zu einem Wort:

Wir machen unser Kreuz und Leid
Nur größer durch die Traurigkeit...

Worte, was vermögen schon Worte bei mir, der selber mit Worten auf den Marktplatz rennt und damit Handel treibt. Aber diese zwei Zeilen trafen mich wie ein Blitz, sie erschütterten mein Herz wie eine Erleuchtung.

Wir machen unser Kreuz und Leid
Nur größer durch die Traurigkeit...

Klingelt das nicht wie eine Binsenwahrheit? Das riecht doch nach Tautologie. Allein der banale Reim sollte ein gebranntes Kind mißtrauisch machen. Dennoch elektrisierten mich diese zwei Choral-Zeilen in Bachs Kantate wie die endlich gefundene Lösung meines Lebensrätsels. Die Musik behauptet nichts, fordert nichts und eifert nicht. Die halben Noten trumpfen nicht auf, sie singen nur einfach eine Lebenserfahrung: Ohne Lachen ist das schönste Weinen nur ein Triefen! Nicht dieses ewig anmaßende ›Du sollst!‹ Ich genoß jene gelassen dahingesungene Buchstabenreihe wie die Heilung von einer Krankheit in meinem Gemüt.

Wir machen unser Kreuz und Leid
Nur größer durch die Traurigkeit...

Als mich das so angenehm erschütterte, verstand ich den Sinn nur irgendwie. Nichts groß durchdacht, nichts hinterfragt, keine Analyse. Durchschaut war da erst mal gar nichts. Es roch so sympathisch nach meinem Freund Robert Havemann. Der ließ sich nie unterkriegen von Traurigkeiten. Der hatte sogar in der Todeszelle unter Hitler nicht aufgegeben. Er kämpfte um sein Leben, indem er den Kampf gegen die Hitlerbande auch hinter Gittern fortsetzte. Er kämpfte um sein Leben, indem er es abermals aufs Spiel setzte. Vielleicht blieb er so fröhlich, weil sein Kreuz und sein Leid schwer genug waren. Immerhin wartete die Guillotine im Zuchthaus Brandenburg auf seinen ungebeugten Hals.
Eine klare Situation eindeutiger Feindschaft mit eindeutigen Menschenfeinden hat was Befreiendes für die Seele.
In viel harmloserer Form erlebte ich das auch. Als die stalinistischen Bonzen der Partei mich endlich ganz und gar verboten und verketzert hatten, da ging es meinem Herzen besser als in der Zeit vordem, als ich noch immer auf faule Kompromisse spekuliert hatte.

Chor

Sei nun wieder zufrieden, meine Seele,
denn der Herr tut dir Gut's.
Was helfen uns die schweren Sorgen,
was hilft uns unser Weh und Ach?
Was hilft es, daß wir alle Morgen
beseufzen unser Ungemach?
Wir machen unser Kreuz und Leid
nur größer durch die Traurigkeit.
Denk' nicht in deiner Drangsalshitze,
daß du von Gott verlassen seist,
und Gott nur der im Schoße sitze,
der sich mit stetem Glücke speist.
Die folgend' Zeit verändert viel
und setzet jeglichem sein Ziel.

Ob diese zwei Zeilen aus Bachs Kantate mich in einem anderen Kunst- oder in einem ganz anderen Lebenszusammenhang dermaßen erwischt hätten, das bezweifle ich. Es geht ja mit den Worten wie mit den Farben in der Malerei oder wie mit einer harmonischen Wendung in einem Musikstück. Eine Farbe für sich ist keine Farbe für mich. Ein Wort ohne allen Zusammenhang ist ein sinnloser Laut, und ein isoliertes A hat eben soundsoviel Schwingungen pro Sekunde, und fertig!
Es ist in allen Künsten das gleiche ästhetische Prinzip. Nehmen wir ein berühmtes Bild von dem Impressionisten Monet. Das Rot neben seinem dreckigen Grau ist ein anderes Rot als dasselbe Rot bei Miró neben einem anderen Rot. Und doch sagt man dann: Ich liebe dieses duffe abgemaffte gelbe Rot der verdreckten Sonne im nebligen Himmel über dem Hafen von Le Havre, wie der Impressionist es malte.
So geht es mir. Ich liebe eben dieses

Wir machen unser Kreuz und Leid
Nur größer durch die Traurigkeit...

Also was! Nicht traurig sein? Oder nicht so sehr? Sind diese zwei Bach-Zeilen im tiefsten Grunde so pfützenflach wie die deutsche Schlagerzeile:

Liebäskumma lohnt sich nich, my da-harling
Schadä um die Tränen in der Na-hacht

Oder ganz anders: Warum eigentlich nicht traurig sein? Alexander Mitscherlich schrieb ein ganzes Buch über die fatale Unfähigkeit zu trauern. Demnach wäre die Fähigkeit zur Trauer offensichtlich eine Tugend, die ganz besonders den Deutschen abgeht und die sie sich gefälligst antrainieren sollen. Wie würde der Psychologe diese Stelle in Bachs Kantate finden?

Wir machen unser Kreuz und Leid
Nur größer durch die Traurigkeit...

Der Professor Mitscherlich würde vielleicht sagen: Das ist doch Unsinn! Wir verschlimmern und verewigen unser Kreuz und Leid ja gerade dann, wenn wir nicht die Fähigkeit haben, traurig zu sein...
Ich drehe den Gedanken noch mal um seine Achse. Denn meine Traurigkeit will ich mir gerne von einem Menschen ausreden lassen – aber nur von einem, der mir mein Leid nicht streitig macht. Die gute Laune laß ich mir gelegentlich doch verderben, bevorzugt von Freunden, die haben fast so etwas wie ein komisches Recht dazu. Aber wer mir das Leid verbieten will, der ist mein Todfeind, der will mich von innen töten.
Du kennst doch auch die Sprüche solcher Schweinehunde:

Stell dich nicht so an! Wird schon wieder! Alles halb so schlimm! – Nein Nein Nein! gar nichts wird schon irgendwie wieder. Das ganz Schlimme ist eben nicht halb, sondern ganz so schlimm. Und nichts macht mich trauriger und nichts wütender, als wenn einer mir mit meinem Schmerz auch gleich das Herz aus dem Rippenkäfig rausreißen und den Verstand aus dem Schädel kratzen will. Dann denk' ich böse: Ja, ja, fremdes Leid trägt sich leicht!
Jetzt habe ich mich selbst dummgedacht, finde mich eingesperrt in einem Käfig aus Argumenten und Gegenargumenten und finde keinen Ausweg. Wie Gott stirbt am Gift der vernünftigen Gottesbeweise, so stirbt, ich wußte es doch!, auch die Liebe an den Vernunftsgründen. Nun ist mir die ganze Kantate schon vergällt.
Lassen Sie mich einen neuen Anlauf nehmen. Da ich nicht mehr weiterweiß, schweige ich.
Aber Schweigen kann auch ein Geschwätz sein. Und manches Schweigen ist nichts anderes als ein hochgestochenes Reden. Wenn der Gedanke ermüdet, fängt man an, Geschichten zu erzählen. Also versuche ich es mit einer Geschichte. Diese hier passierte gegen Ende der sechziger Jahre in der DDR, in Halle an der Saale.

Bericht der Theologiestudentin R. aus Halle

Wolf, du mußt wissen, daß ich auch in einem Chor mitsinge. Wir singen christliches Liedgut, manchmal auch deutsche Volkslieder. Es ist ein Teil unserer Ausbildung.
Jedes Jahr in den Tagen vor Heiligabend gehört es zu den Pflichten unseres Chores, ein kirchlich gebundenes Krankenhaus zu besuchen und den Patienten etwas Weihnachtliches vorzusingen.
So kamen wir in einen Krankensaal, da lag auch ein junger

Panzersoldat. Seine Geschichte hatte uns die Oberschwester schon gesteckt. Dem Armen waren nach einem Unfall in der Nationalen Volksarmee beide Beine amputiert worden.
Unser kleiner Chor baute sich auf wie immer im Halbkreis, und wir sangen einige Lieder. Dann kam »Es ist ein' Ros' entsprungen ...« Aber mitten im Lied brüllte der junge Mann: Aufhören! Aufhören! Er zerrte seinen Körper an der Lederschlaufe, die über ihm hing, in eine sitzende Position. Sein Gesicht war knallrot, eine Haßgrimasse, die mir angst machte. Haut ab hier! Aufhören! kreischte er noch einmal, obwohl wir ja längst aufgehört hatten. Und dann schrie er: Meine Beine krieg ich sowieso nich wieder! Haut ab mit eurem Christus! Dabei überschlug sich seine Stimme in ein heiseres Falsett.
Es entstand eine endlose Peinlichkeit. Wir konnten weder weitersingen noch einfach weggehn. Es traute sich auch keiner, ihm irgendwas zu sagen oder vielleicht ihn zu trösten.
Da liefen plötzlich meine Füße unter mir weg, hin zu seinem Bett. Meine Haut berührte das Eisen. So stand ich mit zitternden Knien. Ich stand da zu seinen Füßen, ach, die hatte er ja gar nicht mehr. Und ich sang so mit bloßen Händen dein Lied von der Ermutigung:

Du laß dich nicht verhärten
In dieser harten Zeit.
Die allzu hart sind, brechen,
Die allzu spitz sind, stechen
Und brechen ab sogleich

Ich merkte gleich, daß ich in der Aufregung ein bißchen zu hoch angefangen hatte und daß meine Stimme nun genauso überkippte wie seine. Aber ich hatte nicht die Nervenkraft, bei der nächsten Strophe tiefer anzusetzen. So sang ich dann weiter:

Du laß dich nicht verbittern
In dieser bittren Zeit...

Und ich schaute den Mann ohne Beine nicht an dabei, auch dazu hatte ich nicht die Kraft. Ich krallte mich mit den Augen fest an einer leergegessenen Pralinenschachtel auf seinem Bettschränkchen. So kam ich wie ohne Besinnung in die nächste Strophe:

Du laß dich nicht erschrecken
In dieser Schreckenszeit...

und dann kommt:

Du laß dich nicht verbrauchen.
Gebrauche Deine Zeit...

– du kennst es ja. Ich hörte mich singen, als ob jemand anderes singt, aber ich hielt durch. Und als das Lied endlich zu Ende war, weinte der junge Mann und griff nach meiner Hand und sagte: Jetzt is jut. Und sagte noch: Danke. Und so hört die Geschichte auf. Schöne traurige Geschichte – oder was?

Meine Mutter Emma ist jetzt 86. Sie lebt mit uns in Hamburg. Sie hat als Maschinenstrickerin gearbeitet, war seit ihrer frühen Jugend in der Kommunistischen Partei organisiert. Sie kämpfte gegen die Nazis, sie verlor in diesem Kampf viele ihrer liebsten Menschen. Sie ist in großer Bekümmernis, weil es mit dem Kommunismus nichts wurde. In dunklen Stunden hadert sie mit ihrem Leben, dann kommt es ihr so vor, als habe sie falsch gelebt, umsonst gebebt und gelitten und gekämpft. Als ich ihr erzählte, daß ich in einer Schweizer Kirche predigen werde, sagte sie:

Weistu, ich beneide diese Christen. Die können sich wenigstens an ihrn Gott klammern. Wir nicht, Wolf. Wir haben keinen Trost.
Stimmt, sagte ich.
Woran klammert sich unsereins in der Seelennot? Wenn wir kaputtgehn, haben wir keinen Heiland in Reserve. Wir Gottlosen sind hochmütiger und elender. Kein Engel schwebt durch die Eisenstäbe mit einer Bratwurst. Und kein netter alter Mann reckt sich durch die Wolken und leckt mit langer Zunge unsere Wunden hier unten auf Erden.
Wie hat unsereins eine Chance, den übermächtigen Traurigkeiten zu widerstehen? Résister! Widerstand! Gegenhalten. Ein altes Universalrezept. Den Mächtigen auf Erden widerstehen! Wehren muß man sich gegen das Unrecht, gegen die Lügen der Unterdrücker und auch gegen die Lebenslügen der Unterdrückten. Aber auch das kann eine moralische Pose werden.
Mut gegen Feinde – gut! Mut gegen sich selber – auch gut! Aber das Schwierigste ist etwas anderes: tapfer sein gegenüber Freunden. Die Feigheit vor dem Freund ist eine schleichende Seelenseuche, sie ist ein massenhafter Opportunismus im Gewand der Treue. Wer aber endlich mal den Mut aufbringt, seinem Freund eine schmerzhafte Wahrheit anzutun, der macht die Erfahrung, daß manche gekränkten Freunde maßloser zurückschlagen als die vertrauten Feinde.
Die Musik des göttlichen Bach stachelt mich: Bloß nicht verbiestern und zerknittern! Und nicht zerfließen in Selbstmitleid! Trotzalledem lustig leben, kleiner Biermann, du großer Trauerkloß!
Also gut, ich will versuchen zu lachen, wo faul getrauert wird. Und ich werde beharren auf meiner Trauer, wo immer irgendwelche brutalen Idioten sich kaputtlachen. Ach und meine eignen Fehler – da war ich nie zu feige: Ich korrigiere

mich, wenn ich es endlich besser und tiefer weiß. Aber das ist mein Stolz und, versteht sich, in aller Demut: Wagen will ich den Streit immer wieder, auch ohne einen starken Gott im Rücken.

Wer sich nicht in Gefahr begibt

An Bitternis mein Soll hab ich geschluckt
Und ausgeschrien an Trauer was da war
Genug gezittert und zusammengezuckt
Das Kleid zerrissen und gerauft das Haar. Ach du,
ach das ist dumm:
Wer sich nicht in Gefahr begibt
– der kommt drin um

Mein Freund, wir wolln nicht länger nur
Wie magenkranke Götter keuchen ohne Lust
Von Pferdekur zu Pferdekur
Mit ewig aufgerissener Heldenbrust. Ach du …

Du, wir gehören doch nicht zu denen
Und lassen uns an uns für dumm verkaufen
Es sind ja nicht des Volkes Tränen
in denen seine Herrn ersaufen. Ach du …

Wir wolln den Streit und haben Streit
Und gute Feinde, viele
Von vorn, von hinten, und zur Seit
Genossen und Gespiele. Ach du …

Es ist schön finster und schön licht
Gut leben und gut sterben
Wir lassen uns die Laune nicht
Und auch kein Leid verderben. Ach du …

Blechnäpfe

Hatte überm Kopf nur Haare
Unterm Haar nur Himmel

Me too, I'm back in the USSR. Nun, da das Eis endlich getaut ist und die Sonne der Freiheit das Land wärmet... sprach der eine Beatle, ...stinken die Leichenberge erst richtig, sagte der andere Rolling Stone.

– Und die Lebendigen?

– Die gestorbenen Seelen der Überlebenden verströmen den Gestank der alten Sklavenangst.

Gepanzert mit Vorurteilen reise ich in das Chaos einer zusammengebrochenen Tyrannei. Ich werde mir die Nase zuhalten und durch den Mund atmen. Die Sonne bringt es an den Tag: Die Union der Sozialistischen Sowjetrepubliken war nie eine Union, niemals sozialistisch, nie nicht sowjetisch, und eine Republik war dieses feudale Kolonialreich schon gar nicht.

– Das weiß jeder. Aber was hast du erlebt? Erzähl! Was wird mit Rußland?

– Wie soll ich was wissen nach ein paar Tagen. Und die im Lande leben, sehen überhaupt kein Land.

– Erzähl trotzdem!

– Nein. Die Geschichte will schön sein und rund, sie will bunt sein und eine Pointe haben. Beim Geschichtenerzählen fängt ja das Bildermalen schon wieder an. Ich kann dir ein paar Fetzen vorlesen aus meinem Sudelbuch.

Scheremetjewo, das ist der Flughafen bei Moskau. Ich kenn ja die Diagnose über den kranken Großen Bruder. Augen zu und durch! Mir reicht schon der kleine DDR-Kadaver. Vor 20 Jahren war ich hier, bei Lenin und Lew. Ich traf Jewgenia Ginsburg und ihren Sohn Axionow, Bella Achmadulina, die lyrische Knalltüte, und Nekritsch, den Historiker, und Mischka Slavudskaja. Die meisten sind tot oder im Westen. Ja, damals! Da war das Elend noch in bester Ordnung, und die Misere dauerte ewig.

•

Der Himmel im Flughafengebäude von Moskau ist aus lauter Blechnäpfen gemacht. Unter diesem Blechhimmel suche ich keinen Stern, keinen roten, keinen gelben. Meine Scheuklappen werde ich fester schnallen. Ich will am Ende meines Lebens nicht auch noch das Liedchen singen: Und weil der Mensch kein Mensch ist... Diese Reise soll sich nicht gelohnt haben.

•

Zwei Konzerte und schnell wieder weg. Ja, ich will lieber so dumm nach Hause kommen, wie ich hinfuhr. An den Wunden dieses unglücklichen Landes will ich nicht klug werden. Ich brauche diese Distanz, weil mir alles zu nahe geht. Brecht liebte die große Sowjetunion und rettete sich in die Arme des Klassenfeindes nach Kalifornien. Sein Gedicht »O großer Oktober der Arbeiterklasse...« Brecht liebte das Land so wie manche Spinnenmännchen die große starke Spinne. Sie wollen beides: unbedingt ihren Samen abschlagen und beim Liebesspiel nicht gefressen werden.

•

Pauschalurteile? Greulich! Vorurteile? Gräßlich! Abscheulich das Denken in Schablonen! Aber Schablonen hasse ich am meisten, wenn sie sich wieder mal an der Wirklichkeit als wahr erwiesen. Der Flugplatz. Mir kommen die Abertausenden von Edelstahldosen in der Deckenkonstruktion von

Scheremetjewo vor, wie die Blechnäpfe von Abertausenden Opfern des GULAG. Die Ermordeten hungern nun weiter und frieren oben im Himmel. Sechzig Millionen hängen an den Füßen in Reih und Glied unter Gottes Himmelsdach. Die toten Häftlinge halten ihren Napf mit bittender Gebärde zur Erde runter zu den Fluggästen. Der du vom Himmel auf die Erde geschwebt bist im Düsenflugzeug der Lufthansa, gib mir eine Kelle! Gib mir noch einen Nachschlag aus dem Kübel Wassersuppe, eine Kelle Hoffnung.

•

»Er ist frisch wie ein Gürkchen.« Russische Redewendungen aufschreiben, Gesten, Gesichter, Fakten notieren, Gerüche, Farben – aber nicht als Material für neue Hoffnungsbilder. Und doch immer wieder die triebhafte Bildersucht des Menschen. Darum steht in der Bibel: Du sollst Dir von Gott kein Bild machen. Von uns selber sollen wir uns kein Bild machen – das ist gemeint: Wir solln uns kein Zukunftsbild machen von einer schönen neuen Welt. Kein Etiénne Cabet *Voyage en Icarie* und kein Havemann *Morgen* und schon gar kein messianischer Schwärmer wie Bahro. Sogar die apokalyptischen Bilder von Orwell und Huxley sind Idyllen.

•

A mensch findt immer a mensch, sagte die alte Jüdin aus Polen, als wir wie Korken im Toten Meer schwammen. Falls ich hier, das ist zu befürchten, hinreißende Menschen treffe, dann werde ich sie als Einzelexemplare einordnen in die Schublade für erfreuliche Ausnahmen.

•

– Wie war der Empfang? Blaskapelle und roter Teppich?
– Genau so. Frau Goethe blies die Trompete, und ich blieb immer hübsch aufm Teppich. Ich kam als ein skeptischer Freund nach Moskau. Ich wollte in Rußland nichts retten, und schon gar nicht mich.

•

In die Stadt rein auf der Leningrader Chaussee. Vorbei an dem Punkt, wo 1941 die Wehrmacht gestoppt wurde. Rechts links Reklametafeln der neuen Zeit. Auf englisch: Wagen Sie das Abenteuer eines Joint Venture mit uns! Damals die Panzersperren gegen den Besuch des Führers, heute das Welcome für die Geschäftsführer.

•

Moskau flattert vorbei an den Autoscheiben. Ernst Thälmann ballt die Faust am linken Straßenrand. Rot Front! Tot Front! Er hat mir gedroht, und er hat mich gegrüßt mit der Arbeiterfaust. Das Thälmann-Denkmal steht noch. Ja, sagt Frau Goethe. Überall springen die steinernen und bronzenen Rattenfänger von ihren Sockeln runter und machen sich davon.

•

Trocken Brot gerne, aber Hundescheiße werde ich hier nicht fressen. Mit diesem netten jungen russischen Dolmetscher werde ich nicht im Konzert auf die Bühne gehn, mit dem nicht! Wie könnte ich da mein Kaddisch-Lied singen. Und schon gar nicht »Gräber«. Um solchen antijüdischen Dreck zu schlucken, muß ich doch nicht ins Flugzeug steigen! Das kann ich auch in Hamburg haben. Der junge Russe hat mich mit sanften Worten und geduldig gleich mal darüber aufgeklärt, daß auch in Rußland die Juden an allem schuld sind. 90% der Bolschewiki 1917 waren Juden. Die Juden, sagt er, sind schuld an der Oktoberrevolution. Die Juden haben in Rußland einen Vernichtungskrieg gegen alles Russische geführt mit ihrem Kosmopolitismus. Ich will, sagte Wassili, damit gar nichts gegen die Juden gesagt haben, aber die Fakten sprechen für sich.

•

Die Juden haben nicht nur den Heiland ans Kreuz genagelt, sondern auch alle Kreuze in Rußland abgerissen. Das Christenkreuz erinnert den Weltjuden an Golgatha. Juden haben den GULAG organisiert, Juden haben die christliche Kultur ausgerottet, Juden haben von den 1600 Kirchen in Moskau nur 80 übriggelassen.

•

Warum ist der Putsch voriges Jahr in Moskau mißlungen? Nichts klappt, sagt Wolodja Chlamatonow mit dem Leninkopf unterm Arm. Und kein Jude war unter den Putschisten. Warum sollte bei uns ausgerechnet so was Kompliziertes wie ein Putsch klappen.

•

Überall neue Straßennamen und die alten Schlaglöcher. Der neue Name wie Schminke über der eitrigen Wunde. Die Gorkistraße heißt wieder Twerskaja Ulitza. Und die berüchtigte Falle für Weltrevolutionäre, das Hotel Lux, heißt Zentral.

•

Wladimir Majakowski. Das Denkmal sieht aus, als ob Karl Valentin Modell für ein Lenin-Monument gestanden hätte. Er ist noch nicht vom Sockel gestoßen, und der Majakowski-Platz heißt auch noch Majakowski. Hier waren die großen Dichterlesungen mit Jewtuschenko und Wosnessenski, Anfang der 60er.

•

Ulbrichts Angst vor der politischen Lyrikwelle aus dem Lande des Großen Bruders. Hermlin und sein großer Abend im Bestiarium am Robert-Koch-Platz. Junge Lyrik. Volker Braun, Joachim Rähmer, die beiden Kirschen, Micaela Lübke, Mickel. Köhler vom ND. Murks das Schwein, der verkrachte Poet Erhard Scherner im ZK. John Heartfield unvergeßlich. Damals ging die Sonne noch im Osten auf.

•

Die Weisen von Zion, auch hier. Juden saufen russisches Christenkinderblut. Schwarze Hundertschaften. Der alte Ligatschow ist Kopf der alten Garde. Charakter wie Ernst Thälmann: ehrlich, stark und dumm – also unverletzbar. Jung Siegfried ohne Birkenblatt. Die antisemitischen Eiferer in

Tomsk. Sogar sechseckige Schrauben sollen in Rußland verboten und abgeschafft werden, denn sie sind von jüdischen Ingenieuren eingeführt worden als verkapptes Zeichen der Zionisten. Wie das KKK-Zeichen (Ku-Klux-Klan) auf der Marlboro-Packung. Wie Zirkus Roncalli von hinten: I call Ron.

•

Fünf ausgewaschene Präservative, mit Wäscheklammern auf der sozialistischen Leine im kapitalistischen Wind. *Make Love, not Revolution* steht auf dem russischen Porno-Euter. Statt Love lies: Dollars! Absurdes Theater: als hätte es hier je eine Revolution gegeben.

•

Mein alter Freund M. vom SPIEGEL ist schon mit allen russischen Wassern gewaschen. Dieses unglückliche Land wirkt wie eine Kur gegen die Spiegelzyne. M. verklart mir das Russengemüt. Neid als produktiver Ansporn – und Neid als Zerstörungswut. Pjotr Tschadajew schrieb schon vor hundertfünfzig Jahren: Wenn sich in England ein Mann ein besseres und schöneres und größeres Haus baut, dann wird sein Nachbar sich krummlegen und Geld zusammenkratzen, um sich auch so ein schöneres Haus zu leisten. In Rußland wird der neidische Nachbar sich mit ein paar gleichgesinnten Faulenzern zusammentun und das neue Haus seines Nachbarn einfach anzünden.

•

Angelstege am Ufer, dort, wo der Fluß die industrielle Jauche der großen Stadt noch nicht schlucken mußte. Ein Kahn, halb unter in der Abenddämmerung. Der Mond steht hell und klar in der Moskwa. Die schönen alten Datschen liegen in den Wäldern und warten auf ihre Sommergäste. Es ist ihnen egal, ob es ein neuer Minister ist oder ein alter Massenmörder oder ein neureicher Joint-Venture-Ganove. Familie ist Familie, und Kinder schaukeln. Wir essen schwarzen Kaviar wie im Hollywood-Film. Frösche auf russisch. Spinnweben in den

Weiden. Birken wie aus dem Bühnenbild. Der Abendtau im Ufergras. Tschechowsche Landschaft. Bühnenbild als ewige Natur. Hier ist der Fluß noch badesauber.

•

Beton gegen Holzbrett. Die Holzhäuser aus der Zarenzeit haben länger gehalten als die zusammengeklitschten Wohnsilos der Breschnjewära.

•

Eine riesige schwarze Tschaika-Bonzenschleuder aus der Breschnejwzeit steht im Stau am Komsomolskaja Ploschtschadj. Gardinen decken den hinteren Teil ab. Blaulicht. Eine Heulsirene brüllt einen tiefen, aggressiven Ton! Straße frei! Aber keiner reagiert. Keins der Autos unter der Eisenbahnbrücke spritzt zur Seite. Die Drohgebärde der alten Privilegien ist noch da, aber es steckt nichts mehr dahinter. Wer fleetzt im Fond hinter der Gardine? Die neuen Eliten häuten sich aus den alten Schlangen.

•

Doppelherrschaft der Währungen. Der Rubel rollt nur noch als Dollar. Ein Exemplar der ZEIT kostet umgerechnet so viele Rubel, wie ein russischer Rentner im Monat zum Leben hat. Blöde Rechnung, der Rentner frißt ja kein deutsches Wochenblatt.

•

Von »Proletarier aller Länder vereinigt euch!« ohne Luftholen zu »Christus ist auferstanden, wahrhaftig, er ist es.« Lermontow hat am holländischen Kachelofen den Heiland ausgekotzt. Viele Krankheiten aus der Zeit des Stalinismus sind so alt wie die Mönche Kyril und Method.

•

Trotzki, Bucharin, Radek, Sinowjew, Kamenjew, Kirow – so richtig sind sie erst jetzt gestorben, zusammen mit der Macht ihrer Mörder. Auch Lenin, erst jetzt sind die Toten mausetot.

•

русско

ВОСКРЕСЕН

№ 7/15

ГАЗЕТА РУССКОГО НАЦИОНАЛ

ДЕМОКРАТЬ

БЛИЗНЕЦ

ПОЗОР ИНТЕЛЛИГЕНЦИИ,

"Когда правительственная власть все те средства, какими она располагает, употребляет на то, чтобы вести целый народ к гибели, тогда не только правом, но и обязанностью каждого сына народа является бунт".
Adolf Hitler "Mein Kampf"

ОСВОБОДИТЕЛЬНОГО ДВИЖЕНИЯ

ПАРТИЯ —

БРАТЬЯ

ПРЕДАЮЩЕЙ!

„Russische Auferstehung" heißt diese Zeitung aus Moskau vom April '92.
Untertitel: „Zeitung der russisch-nationalen Befreiungsbewegung"...

Demokratie und Partei sind Zwillingsbrüder

Schande der Intelligenzia die das Volk verrät

und unter dem Bild ist eine Liste von Juden in Moskau abgedruckt, mit Adressen und Telefon-Nummern

Kalinin und Dscherschinski kletterten in der Nacht von ihren Denkmalsockeln und trafen sich am Morgen auf der Krim-Brücke über der Moskwa auf dem Weg in das neu errichtete Altersheim: Freilichtmuseum des Totalitarismus.

•

Der Hügel, von dem aus einst Napoleon das brennende Moskau sah. Dort gammelt eine monumentale Investitionsruine aus der Breschnjew-Zeit vor sich hin: Es sollte ein Denkmal für den Sieg der Roten Armee im Zweiten Weltkrieg sein. Anarchischer Abriß: Die Marmorplatten und Granitquader werden geklaut. Das kostbare Material verwandelt sich unter den Händen der Steinmetze in Grabsteine. Demokratie für die Toten. Nicht die anonyme Masse der Gefallenen, die einzelne Leiche wird jetzt bedient.

•

Das Mausoleum. Die verkümmerte Schlange vor Lenins Laden. Hinter den glotzenden Touristen aus Nowosibirsk und Los Angeles und Hintertupfing schwebt eine russische Schönheit über den Strich, auf dem sonst die Paradepanzer ratterten.

•

Wachablösung vor Lenins Schneewittchensarg. Stalin als Büste links hinter dem Mausoleum an der Kreml-Mauer. Stalins gesenkter Blick. Schön wärs.

•

Schwächen, Stärken. Wenn ich falsch machte, dann immer aus Dummheit, aber nie aus Feigheit. Getraut habe ich mich immer, aber nicht immer mir.

•

Mein Freund, du kennst den Namen des Pferdes, auf dem Cäsar von Ägypten kommend in Rom einritt. Warum hältst du Stalin immer noch für eine Art tragisch gescheiterten Napoleon? Er war der Welt-Un-Geist zu Pferde. Ich kenne den

Namen des Pferdes, das er auf dem Weg nach Potsdam zuschanden ritt. Nebukadnezar.

•

Die Nutte auf dem Roten Platz mit ihrem Dollarlächeln. Auch mir hat sie zugezwinkert. Seh ich so aus? Ja.

•

Jaja, sagen die Alten, aber immerhin hat Stalin Hitler besiegt. Kruder Schwachsinn. Weder hat *er* ihn besiegt, noch hat er ihn *besiegt*. Das Buch »Genickschuß« von Sascha Nekritsch über den Kriegsanfang 1941. Generalissimus Stalin war ein Feigling und Spießer. Das Volk warf sich mit bloßen Händen und Molotow-Cocktails gegen die deutschen Panzer.

•

Stalin hat dem Kapitalismus, der diese Welt verpraßt, nicht die Stirn geboten, sondern das Bett bereitet. Und er hat den profitgierigen Orgien des Imperialismus die Süße der Selbstgerechtigkeit geschenkt. Ich verfluche Stalin auch darum: Er hat einem Moloch, der die Welt vernichtet, das Leben gerettet. Ach, und in Wahrheit hat Stalin seinen treulosen Herzensfreund Adolf Hitler geliebt und bewundert und beneidet.

•

Wir denken nur mit dem Kopf? Wer das denkt, der hat keinen. Die sehr verschiedenen Verletzungen erzwingen verschiedene Sichtweisen. Jede Biographie stachelt die Intelligenz mit anderen Affekten. Auch darum, wenn das Herz schon so unduldsam bleibt, lernen wir wenigstens im Kopf: Toleranz. Wie jammerschade der Streit mit Lew Kopelew. Er könnte mir das Wörtchen auf russisch buchstabieren. Welche Traditionen der Toleranz gibts in Rußland, lieber Ljowa? Und was haben wir beiden davon?

•

Im eingeschlossenen Leningrad aßen die Überlebenden ihre Toten. Unter dem Zaren gab es zweihundert verschiedene Worte für Fleisch. Seit der Sozialismus endgültig gesiegt hatte, gibt es nur noch ein Wort: Fleisch. Entweder: Es gibt, oder es gibt nicht. Mjaso jest – oder njet.

•

Boris Jelzin in Sankt Petersburg. Eine Frau schreit: Wir haben nichts zu fressen, deine schönen Worte machen auch nicht satt. Wir wollen Fleisch! Ich hab keins, sagt der dicke große Mann. Du kannst mich ja fressen, du Menschenfresserin, aber ich halte auch nicht lange vor.

•

Jelzin. Der frühere Kandidat des Politbüros und Parteichef von Moskau schimpft Gorbatschow einen Kommunisten. Eine autoritäre Wundertüte ist auch keine Wunderwaffe gegen die Lethargie. Jelzin redet wie alle alten Parteifunktionäre mit der Masse Mensch, aber nicht mit Menschen. Nicht gelernt ist eben nicht gelernt.

•

Jelzin kommt aus Swerdlow, wo die Zarenfamilie abgeschlachtet wurde. Unter seiner Verantwortung wurde der Tatort geschleift. Der alte Name Jekaterinenburg soll wieder gelten. Die Karl-Marx-Allee in Ostberlin sollte nicht wieder Frankfurter heißen, sondern Stalinallee. In Paris die Metrostation heißt heute noch Stalingrad. Das ist ein Stachel im Gemüt und gut fürs Geschichtsgedächtnis. Besser die schlimmen Namen bleiben, und die Zeiten werden besser.

•

In Tel-Aviv wurde die Heinrich-Heine-Straße umbenannt. Sie heißt jetzt nach Heines Geschichte: Rabbi von Bacharach. Die Lessing-Straße wurde entsprechend umbenannt in Nathan-der-Weise. Die Jekkes, die alten Juden aus Deutschland, wollten Heine und Lessing. Aber andere Israelis nicht. Heine nicht, weil er sich taufen ließ, Lessing nicht, weil er ein Deutscher war. Ostberlin die Stalin-Allee. In Zwickau soll jetzt die Carl-von-Ossietzki-Straße umbenannt werden, und auch der Name Brecht soll wieder weg. Widerliches Schweinepack.

Jelzin antiintellektuell, durchschlagend, direkt, entschlossen. Zauderer Gorbatschow. Beide sind Kinder der Nomenklatura. Die Haltungen zählebiger als wechselnde Parteiprogramme.

•

Der Kasaner Bahnhof, auf russisch Kasanski Boksal. Immer noch Lenin. Es ist längst erlaubt, ihn wegzureißen. Aber die Leute sind zu erschöpft und lassen ihn stehn und liegen wie all den anderen Müll. Lenin, Lenin, Lenin, als Kopf, als Büste, als Ganzfigur. Lenin? Ick lenin ab, sagten die Berliner 1970. Hier in der Vorhalle des Bahnhofs eine seltene Variation: Lenin als ein Rufer in der Wüste. Mit der Rechten zeigt er den Tartaren den Weg ins gelobte Land.

•

Die Tartaren wollen nun auch einen eigenen Staat: Tartaristan. Lauter Barlach-Skulpturen aus Menschenfleisch: die Wartenden auf dem Bahnhof. Menschenmassen aus Massemenschen.

•

Der schreckliche Fatalismus der Geschichte auf den Gesichtern. Keine Panik. Unaufgeregtes Chaos. Bettbündel, Taschen, Koffer, Kartons. Einkauf in Moskau. Die großen, knochigen Landarbeiterhände. Die sonnegegerbten Tartarengesichter. Warten wie Atmen. Geht der Zeug heut nicht, geht er vielleicht morgen. Vier neue Autoreifen ergattert. Das individuelle Horoskop im Vorübergehen aus dem Computer. Mit einem dinosaurischen Nadeldrucker ausgespuckt für dreißig Rubel.

•

Alte Frau mit offenen Beinen. Zwei salzgedörrte Fische in der Hand für die lange Reise.

•

In der Redaktion von Innostrani Literatura die erfahrenen Transportarbeiter der Literatur. Zwei alte Chefs mit ihren altgewordenen Mädchen. Alle gewelkt in den Jahrtausenden der

Tyrannei und müde vom Wissen um eine Weltliteratur ohne Welt.

•

Ja, die Übersetzerei. Keiner wußte es tiefer als Gottes Leibdolmetsch. Ein Sendbrief D. M. Luthers. Von dolmetschen und Fürbitt der Heiligen. Nürnberg 1530. Il ny a pas d'amour heureux. Meine Lieder auf russisch. Schon 1966 gedruckt und konfisziert auf Druck der DDR-Botschaft in Moskau. Nun geben sie mir das Buch. Jeder druckt eben auf seine Art.

•

Mein Hotelzimmer im Leningradskaja. Eine totalitäre Kirche im Zuckerbäckerstil aus der Stalinzeit. Architektur für spießige Kleinbürger im Rausch der Allmacht.

•

Das Deckengemälde im Speisesaal des Hotels. Anakreontische Verlogenheit. 60 Tische für dreihundert Gäste. Leer. Schmierige Kellner lümmeln rum, immer auf der Suche nach einer Arbeit, vor der man sich drücken kann. Hotelpersonal. Deschurnajas und Köche und Klofraun und Sekretärinnen und Putzfraun und Haushandwerker, die alle Löcher aufs Band ziehn. Virtuosen im Nichtstun. Sie schlagen die Zeit tot und sind über jeden Gast wütend, der daherkommt und ihnen den Fraß wegfressen will. Arbeitsplätze, aber keine Arbeit. Aus der Küche geht mehr Fraß hinten raus als vorne. Ich laß das schimmlige Brot stehn und renk mir den Hals aus rückwärts nach oben in den Sozialistischen Realismus. Lauter Glück. Festlich gekleidete, kerngesunde Landjugend in großrussischer Wiesenlandschaft mit russischen Birken. Kommunistische Nymphen im Lustgarten der Zukunft, Radrennfahrer für den Weltfrieden und tanzende Jungmütter des vollendeten Kommunismus. Ein Zieharmonikaspieler mit einem begeisterten Volkskunstensemble. Goethe Faust II. Solch ein Gewimmel möcht ich sehn, mit freiem Volk auf freiem Grunde stehn... Sklavenarbeit in den Sümpfen Sibiriens. Solschenizyns böser Kommentar über die Lemuren des Teufels im KZ. Nicht Graben-, sondern Grabausheben.

•

Der genehmigte wilde Schwarzmarkt soll die Großspekulanten treffen. Tausende stehn an belebten Straßen auf dem Bürgersteig Spalier und halten den Passanten irgendeine Ware hin. Verdrehte Welt, verdrehte Demokratie: Früher standen die Leute Schlange nach Waren – jetzt stehn die Waren Schlange nach Käufern.

•

Lauter Triumphe der Demokratie. In Moskau gibt es endlich genauso wenig zu fressen wie sonst immer im ganzen Land. Es geht voran zur Egalität, das Elend wird gerechter verteilt.

•

An jeder einzelnen Ware klebt ein in die Freiheit entlassener Sowjetmensch. Ein Pfund Zucker. Ein Mensch. Ein Liter Milch. Ein Mensch. Ein paar Turnschuhe. Das Volk übt das kleine Einmaleins der Marktwirtschaft.

Erstes Axiom: Tüte Erbsen ist nicht Tüte Erbsen, sondern Ware.

Zweites Axiom: Preis und Wert sind zweierlei. Bereichere dich.

Drittes Axiom: Du bist eine Ware. Aber deine Ware Arbeitskraft will noch keiner kaufen. Du bist kein Sklave von Stalin mehr und kein Leibeigener von Breschnjew, du bist ein freier Händler. Die alte Frau hält nicht ein Stück Speck vorm Bauch, sondern eine Ware. Ich schlage die Ware los um mehr Geld, als sie mich gekostet hat, und bin trotzdem kein Spekulant.

•

Distribution in der Volkswirtschaft. Schwer unterschätzt seit Marx. Eine Stange Spaghetti kommt woher, soll wohin. Der Transporteur als Wertschöpfer. Eine Armbanduhr. Schöpfen und abschöpfen. Ein Stück Seife. Der Händler als Produktivkraft. Ein Päckchen Rasierklingen. Der Börsenmakler als Produzent. Ein Transistorradio steinzeitlich von Hand zu Hand. Steinbeil gegen Bärenfell. Die Rolle der Banken in der Volkswirtschaft als Schmieröl. Ein paar Jeans. Auf dem erlaubten Schwarzmarkt gibt es alles, was es nicht gibt. Ein Päckchen Tee. Problem Vorratshaltung. Joseph in Ägypten und seine Kornspeicher. Eine Tüte Bonbons. Eine Schachtel Zigaretten. Rentner mit Kriegsorden. Eine Salami. Frauen, denen man ansieht, daß zu Hause die Blaken schrein. Sie stehn da zehn Stunden mit einer Flasche Wodka und drei Bockwürsten. Jeder Anbieter hält nur ein oder zwei Teile vor sich hin. Eine Plastiktüte zwischen den Füßen. Ein Hemd. Der amputierte Mann mit dem Afghanistanblick. Krücken aus der Zarenzeit. Eine Tube Zahnpasta. Damenlederstiefel. Ein verhutzeltes Bauernweib hält Handgehäkeltes hoch. Eine Pelzmütze. Ein Pfund Mehl. Eine Barbiepuppe. Eine Flasche Wein. Ein Döschen Kaviar. Kein Brot.

•

Brot ist noch subventioniert. Brot gibts es im Laden. Lange Schlange. Die Angst der Herrschenden vor der Hungerrevolte.

•

Ich kapier das nicht. Warum stehn sich ausgewachsene Menschen die Beine in' Bauch, um ein halbes Pfund Kaffee loszuschlagen? Ja, wenn man's weiß, isses klar: Sie nehmen den zwei- oder dreifachen Preis für Mangelware, die sie irgendwo im Geschäft nach langem Schlangestehn ergattert haben. Der Aufpreis ist eine Art Lohn fürs Schlangestehn. Der Passant bezahlt den Luxus, daß er nicht nach einer Papptüte voll Kefir anstehn muß. Keimform einer Ökonomie der Dienstleistungen.

•

Später Sieg gegen den Klassenfeind

Coca-Cola, die stärkste Waffe des
Kapitalismus, ist an Moskau gescheitert
wie Napoleon und Hitler.
Total gesiegt haben
die Todfeinde von Coca-Cola
in der Hauptstadt des Weltproletariats:
Pepsi-Cola und Fanta

•

Das Konzert der Elena Kamburowa im alten Theater für zeitgenössische Stücke. Ein Hauch von Eleganz in der Armut, zaristische Kulisse. Das Publikum paßt. Intelligenzija. Diese Schicht gibts nicht mehr in Deutschland. Viele Leute kommen mit kleinem Blumenstrauß. Vier Tulpen oder fünf Astern oder drei Bauernrosen, eine Rose in Zellophan. Während des Konzerts gehn die Blumenbringer vor und reichen zwischen zwei Liedern den Strauß hoch zur Künstlerin. Sie nimmt die Blumen mit schmerzenstiefer Gebärde und legt sie zu den übrigen auf den Syntheziser wie auf den eigenen Grabstein. Wenn ich so singen könnte wie die, müßte ich keine Lieder schreiben. Dritte Zugabe: ein Prosatext von Gogol über eine Troika. Ich frage Viktor: Was singt sie da? – Nichts. Nur: Erst kommt das erste Pferd, dann kommt das zweite und schließlich das dritte im Geschirr der Troika. Und dann geht die wilde Fahrt los, mit Urgewalt. Und kein Schwein weiß, wohin. Ah ja, dachte ich: So isses jetzt überhaupt in Rußland.

•

Monatslohn für einen Arbeiter 1600 Rubel. Das sind ungefähr 20 deutsche Mark. Soviel kostet mein Mittagessen im Haus der Filmschaffenden. Domm Kinó. Die Kellnerin räumt die Briketts ab. Ein Brikett, so nennt man hier ein daumendickes Bündel von Rubel-Noten, eintausend Rubel, die zusammenbleiben und auch nicht extra nachgezählt werden.

Der Club ist nicht öffentlich. Hier werden die Reste eines alten Privilegs verfressen.

•

Keiner ist hier für irgend etwas wirklich verantwortlich. Weder für sich selbst noch für die Gesellschaft. Die Wahrheit tut manchem mehr weh als vorher all die Lügen. Die Menschen da sind Menschen, und mehr weiß ich nicht.

•

Wyssotzki ist von allen der Lebendigste. Mit 42 hat er sich totgesoffen. Er war die große Nummer am Theater an der Taganka unter Ljubimow. Den Hamlet hat er gegeben und soll dabei – shocking! – seine Lieder zur Gitarre gesungen haben. Auf Schritt und Tritt treffe ich einen seiner Freunde und Bewunderer, Saufkumpanen und Kollegen. »Wir haben uns beide eine Spirale gegen den Alkoholismus einsetzen lassen. Aber dann starb er doch, und ich blieb fünf Jahre trokken. Das ist lange her. Ich hab ihn geliebt und immer gesagt: Wolodja, du bist ein schlechter Schauspieler, aber ein großer Barde.«

•

Tag und Nacht rattern die Güterzüge und die langen grünen Schlafwagen der Fernzüge nach Süden über die beiden verfaulten Brücken. Sie fahren langsam wie über eine Baustelle, aber es ist keine Baustelle. Die Lücken am Schienenstoß müssen drei Finger breit sein, sonst würde es nicht so infernalisch krachen. Stahl auf Stahl. Ich spüre die Stöße im Fußboden. Was das kostet! Was da kaputtgeht, nur weil keiner heil macht. Schlimmer als jeder Materialmangel ist das Desinteresse. Das Eigene ist eben nicht das Eigene. Sklavenmentalität. Wenn die Sklavenhalter und ihre Aufseher verjagt sind, sind die Freien immer noch Sklaven.

•

Darum ließ Gott die Juden nach der Flucht aus der ägyptischen Sklaverei erst 40 Jahre durch die Wüste irren, bevor er sie ins Gelobte Land einließ, wo Milch und Honig fließen. Die verdorbene Generation sollte erst abgestorben sein. Die Rechnung ging nicht auf, denn die Menschen spieln Gott: Sie formen ihre Kinder nach ihrem versauten Ebenbild. Deprimierender Triumph all meiner Voreingenommenheiten.

•

Das Leitungswasser in Moskau trinkt kein Aas. Es schmeckt wie Zehnpfennig-Stück-Lutschen. In jedem Stockwerk gegenüber dem Lift wacht ein Relikt der Spitzelzeit, eine Art Concierge mit KGB-Anbindung: die Deschurnaja. Sie verkauft mir eine Dose Trinkwasser: »Sourcy«, aus Holland importiert. 1 $ – das macht 150 Rubel oder: Standardrente für eine Woche.

•

Ein Dokfilm läuft dieser Tage in den Moskauer Kinos unter dem Titel: »Rußland, das wir verloren haben.« Die gute alte schlechte Zeit unter dem Zaren wird idealisiert. Die zaristischen Eliten sind auch kulturell ausgerottet. Gegen die alten Lügen von gestern uralte Lügen über vorvorgestern. Aber es ist wahr: Das schwere Leben unter dem Zaren lebte sich leicht, gemessen an den Zeiten danach.

•

Die Oktoberrevolution 1917 war ein Unglück. Rußland hätte einen angenehm langweiligen schwedischen Weg gehn können. Lenins Sieg in Petersburg war eine Niederlage für die internationale Arbeiterklasse. Durch das abschreckende Beispiel der Bolschewiki verloren die Sozialisten in allen westlichen Ländern.

•

Neuer Witz in Moskau. Sozialismus, das ist der lange, der schwere und opferreiche Weg zum Kapitalismus.

•

Bulat Okudshava, der beliebteste Poète-chanteur unter den Lebenden. Er wohnt am Rande von Moskau im Prominentenvorort Peredelkino. Eine Datschenlandschaft im russischen Wald. Eine ganze Siedlung mit einem eigenen technischen Versorgungszentrum. Die Häuser gehören dem sowjetischen Schriftstellerverband, der sie an verdiente Mitglieder günstig vermietet. Manche Verdienste von gestern sind heut eine Schande. Wacklige Rechtsgrundlage, eine Endmoräne alter Privilegien. Demokratie in Rußland. Früher hatten die Schriftsteller Angst, daß sie im Morgengrauen abgeholt werden, heute, daß man sie hier am hellichten Tage rausschmeißt. Das ist der Fortschritt.

•

Datscha. Datschen in Deutschland sind aufgemotzte Schrebergärten. Aber hier sind es solide altrussische Holzhäuser in einem dichten Wald ohne Blumenrabatten und Petersilienbeete, Bohnenstauden und Johannisbeeren. Karge Tschechow-Dekoration. Pilzesuchen. Was sind Sie für ein Mensch, Sergeij Sergejewitsch? Gemütliches 19. Jahrhundert. So sehn in echt die Datschen aus.

– Halten Sie es für möglich, daß es hier in Rußland wieder zu Pogromen gegen Juden kommt?
– Nein, sagt Okudshava, ausgeschlossen... ausgeschlossen, solange unsere Regierung es nicht erlaubt.

Wenn also die russische Regierung der einzige Schutz für die Juden ist, dann gute Nacht, Moischele. In diesem Land haben zehn Dollar mehr zu sagen als tausend Rubel und zehntausend Polizisten.

– Ist mit der halben Million Juden, die jetzt nach Israel gingen, nicht auch ein Teil Ihres Publikums weg?
– Ein Teil? Die meisten, sagt Bulat Okudshava.

Okudshava hat als junger Mann im Krieg gekämpft und wurde verwundet. Er ist eine halbe Generation älter als ich. Er zeigt mir ein Photo von 1936. Sein Vater auf einer Tribüne zusammen mit drei anderen Funktionären. Sie winken begeistert den vorbeimarschierenden Massen zu. Einen Monat später waren alle umgebracht, die da dem jubelnden Volk zujubelten.

> – Jetzt werfen uns die jungen Schriftsteller vor, daß wir keine radikale Opposition gemacht haben. Aber wie konnten wir das, wo wir doch überzeugt waren, daß dieses Regime nicht zu stürzen ist. Also wollten wir immer nur kleine Verbesserungen.
>
> – Ich war auch davon überzeugt, daß wir nie gewinnen. Aber ich wollte die Chance, die wir nicht hatten, wenigstens nutzen. Mit meinen Liedern wollte ich die Bonzen nicht bessern, sondern töten.

Mich irritiert, daß Bulat so tut wie Jelzin: als sei er niemals in der KPdSU gewesen.

•

Der berühmte Friedhof von Peredelkino. Pasternak liegt hier. Andre Völker, andre Unsitten. Jeder Tote hat seinen eigenen Käfig. Um jedes Grab ist ein Zaun aus bauchhohem Eisen mit Türchen gebaut. Es sieht aus wie ein Laufgitterchen. Wie wenn die Toten zur Geisterstunde als Krabbelbabys aus dem Grab kommen und sich an den Gitterstäben hochziehen und nach der großen Mutter Partei quäken. Die meisten Gitter sind dilettantisch aus geklautem Baustahl zusammengeschweißt. Preis: eine Flasche Wodka. Schwarze Nebenbeiarbeit eines Kumpels auf einer Großbaustelle des Sozialismus oder heimlich auf der Landmaschinenstation einer Kolchose. Nur Pasternak hat kein Laufgitter. Mehr Platz für die Besucher. Er hat das größte Grab hier auf diesem Schrottplatz, geschmückt mit einem weichen hellen Kalkstein, in den das erhabene Gesicht des Dichters als versunkenes Profil halb eingedrückt ist. Direkt neben dem Friedhof beerdigen städtische Selbstversorger ihren Sack Saatkartoffeln. Die Erdäpfel werden halbiert. So machten die Deutschen es nach dem Krieg, den sie gemacht hatten.

•

Die Sieger von 1945 haben verloren, die Verlierer haben gesiegt.

•

Verschärfte Ahnenforschung. Viele Russen wollen Juden oder Deutsche sein. Gefälschte Dokumente über die richtigen Vorfahren werden hoch gehandelt, sie erleichtern die Ausreise.

•

Was ist Glück, fragt Olga, die Reporterin vom russischen Fernsehn. Und ich antworte: Glück ist, wenn man als kleiner Deutscher hier im großen Rußland ist und nicht als Faschist mit dem Panzer kam. Und Glück ist auch, wenn man als Kommunist auf der Flucht vor den Nazis nicht im berüchtigten Hotel Lux in der Gorkistraße wohnt und zittert, ob am Morgen um 5 Uhr die Genossen von der GPU klingeln.

•

Man schlägt sich durch. Auch an der Straßenmusik riecht man die freiere Luft der Demokratie. In einem zerpißten Torbogen am Kasaner Bahnhof der zivile Rest einer Militärkapelle. Vier Mann. Trompete, Saxophon, Baßtuba, Kleine Trommel. Sie spielen denselben schnellen Marsch, den ich vor zwanzig Jahren bei Robert in Grünheide vor der Russenkaserne im Wald hörte. Wie lieblich damals der Wind mit seinen Böen die Fetzen der Militärmusik über die Waldlichtung trug. Es war schön in der schlimmen Zeit, ich war jünger und lustiger.

Dädlid-dää Wumm
Dädlid-dää Wumm
Dädlid-dä dä dä dää

Die vier haben den Tonsatz grotesk ausgedünnt. Ich höre die Löcher im Arrangement. Riesig die fehlenden fünfzig Instrumente auf meinem Kassettenrecorder im Gehirn. Der verreckte Rest der ruhmreichen Sowjetarmee. Ideale Musik für einen Film über einen Krüppel aus dem Afghanistan-Krieg. In einem Anfall von zeitverzögerter Dankbarkeit für die Rote Armee überwinde ich meinen Geiz. Ich lege denen einen knisternden blauen deutschen Hunni in die Blechdose und hau ab. Wer bei soviel Geldrausschmeißen in Moskau erwischt wird, muß sich nicht wundern, wenn er von den Kindern einer Straßengang eins über die Rübe kriegt.

•

Ich ändere mein Programm für die Konzerte im Eremitage-Theater. Die brauchen hier mehr Seelenbrot als Gedankentrüffel. Barlachlied rein.

•

Der Zug auf dem Leningrader Bahnhof fährt nach Sankt Petersburg. Billige Devotionalien. Jesu Schweißtuch Röntgenaufnahme, garantiert echt hundert Rubel.

•

Dichter, Künstler in Rußland gebärden sich wie Seher, wie Schamanen. Sie sehn sich so, weil das Volk sie so sieht. Der getragene Ton. In Deutschland wirkt die Erhabenheit lächerlich. Wir haben andere Maschen. Brechts hochmütige Bescheidenheit ist nur eine andere Variation auf die gleiche Angeberei.

•

Christus am russisch-orthodoxen Kreuz mit bequemen Balken unter den Füßen. Christus als Medium zwischen Himmel und Erde. Wenn Gott mit Hilfe seines Sohnes auf Mensch macht, können die Menschen an Christus auf Gott machen. Die vielen dünnen roten Kerzen, der Weihrauchkübel. Gemessen an diesem Aufwand sind in Deutschland die Katholiken evangelisch. Die Liturgie. Die alten Frauen in der kleinen Kirche bekreuzigen sich bei jedem Komma flüchtig, bei jedem Punkt mit tiefer Verbeugung. Das Folterinstrument Kreuz wird mit dem Finger auf dem eigenen Körper nachgezeichnet. Der senkrechte Balken grade runter, aber der Querbalken mit schwungvollem Bogen von Schulter zu Schulter. Krummholz. Der Mensch soll nicht Gott spielen? O.k.! Aber Gott soll gefälligst auch nicht auf Mensch machen.

•

In Deutschland haben Dichter Angst vor dem Wort Dichter. Bulat sagte, als wir uns unter den Bäumen vor seiner Datscha verabschiedeten: »Als ich anfing, konnte ich drei Griffe auf der Gitarre. Jetzt kann ich sechs. Wichtig sind die Worte: Ich bin Dichter.« Ein Selbstportrait. Sein populärstes Lied: A kak perwaja Ljubow. Das könnte den Russen gefallen, wenn ich Okudshava in meinem Deutsch singe:

Ach, die erste Liebe

Ach, die erste Liebe
  macht das Herz mächtig schwach
Und die zweite Liebe
  weint der ersten nur nach
Doch die dritte Liebe
  schnell den Koffer gepackt
    schnell den Mantel gesackt
      und das Herz splitternackt

Ach, der erste Krieg
da ist keiner Schuld
Und der zweite Krieg
da hat einer Schuld
Doch der dritte Krieg
ist schon meine Schuld
ist ja meine Schuld
meine Mordsgeduld

Ach, der erste Verrat
kann aus Schwäche geschehn
Und der zweite Verrat
will schon Orden sehn
Doch beim dritten Verrat
mußt du morden gehn
selber morden gehn
und das ist geschehn

Der populärste Liedermacher in Rußland bleibt Wyssotzki. Der versoffene Barde, sein Grab ist eine Wallfahrtsstätte, ein Ort brüllenden Gedenkens. Als der Sänger sich endlich mit Wodka umgebracht hatte, begruben ihn Zehntausende. Ich liebe sein Lied »W Gospitalje«.

•

Es ist im Grund die klassische Szene wie in der Leidensgeschichte. Jesus ans Kreuz genagelt, links und rechts die beiden Kriminellen. Der eine verhöhnt den Gottessohn, der andre gibt ihm gute Worte. Wyssotzki hat diese Szenerie (am besten bei Lukas) glänzend profaniert. Krieg, ein Armeelazarett. Die drei Kreuze in die Horizontale runtergeklappt und in Krankenbetten verwandelt. In der Mitte der junge Soldat, ders wissen will und zugleich nicht wahrhaben, daß sein Bein ab ist. Er fühlt ja noch seinen Fuß. Wyssotzki, der Schreihals, kann sich freun, daß ich ihn so lebendig ins Deutsche gezottelt habe.

Im Lazarett

Ich lebte bon in Moskau, ach! mit Papa und Mama
Jetzt lieg ich flach im Lazarett. Und Schwesterchen Klavá
Verbindet mich. Scheißheldentum! Durchs Laken suppt das Rot
Mein Nachbar links, der lebt noch. Und der rechte ist schon tot.

Der links hat rumgefiebert: He du, dein Bein is ab!
Mit seinen blöden Witzen bringt der Kerl mich noch ins Grab
Vonwegen Bein ab, denkste! Das hab ich selbst gehört:
Wir schneiden bloß die Zehen ab – der Dokter hats geschwört

Mein Nachbar links, der spinnt doch. Der redet mir was ein
Der phantasiert im Fieber rum von nix als von mein Bein
Dein Bein is futsch und futsch is dein Weib – sprach dieses Schwein
Ich sehe was, was du nich siehst, ich seh dein abbes Bein.

Wenn ich nich so kaputt wär, Mensch, dann spräng ich ausm Bett
Und biß dem Kerl die Kehle durch, dann kriegte der sein Fett
Sagt mir die Wahrheit! Gebt doch mal Antwort, wenn man fragt!
Mein rechter Nachbar, Schwester, der hätt es mir gesagt

Wyssotzki. Wie gut, daß er sein eigenes Grabmal nicht mehr sehn mußte. Ein symbolgeschwängerter Gewaltkitsch. Wenn ich manche seiner symbolistischen Lieder höre (*Wolfsjagd* und »*SOS*«), dann fürchte ich, sein Grabmal gefällt ihm. Da ist Heine auf dem Montmartre besser davongekommen. Achtzehntes-neunzehntes Jahrhundert. Delacroix: Die Freiheit geht dem Volke auf der Barrikade voran. Pfuiteufel! Mein Lied »Die Mutter Erde geht schwanger« – derselbe symbolistische Schund. Selber schuld, Wyssotzki. Ein Engelsflügel wächst dem Teufelskerl aus der gefesselten Schulter. Und auf der Rückseite des Flügels das Relief aus zwei dramatischen Pferdeköpfen. Über dem Ast trägt der Heroe seine Gitarre wie ein Gewehr und grad so, daß der Korpus des Instruments ihm einen Heiligenschein liefert – fertig ist die Ikone. Zu Füßen des Sängers ein Meer frischer Schnittblumen. Ich möchte auch als brüllender Orpheus in Rußland sterben. An die zwanzig Besucher stehn vorm Grab. Ein angegrauter Jüngling klettert mit seiner Siebensaitigen über das niedrige Gitter und stellt sich zwischen die Blumen und powert Lieder von Wyssotzki. Er brüllt jeden Ton mit einer wutverzerrten Grimasse und drischt die elende Gitarre. Sobald das Lied zu Ende ist, fällt die Haßmaske ab. Ein gütiges Kindergesicht. So wechseln Pose und Haltung. Infernalisch verstimmter Blechknüppel. Ich weiß, was die Russen an Wyssotzki so lieben: die lustwütige Lebenskraft eines verzweifelten Säufers.

•

Das sind vergnügliche Zeiten, wenn die Götzenbilder vom Sockel kippen. Grad weil ich hier in Moskau all die monumentalen Denkmäler so schön purzeln seh, will ich ein kleines Biermann-Standbild in Ostberlin, 1 : 1 in Bronze. Anders seht ihr mich auf der Friedrichstraße nicht wieder, ihr Rotzlöffel! Ich weiß ja: Normalerweise errichten Lebende ein Denkmal für einen Toten – aber nun sollt ihr Toten, komisch verkehrt, es mal für einen Lebendigen machen. Damit die Peinlichkeit paßt, bestelle ich bei den wiedervereinigten Ossis einen Preußischen Ikarus. Der Liederdichter Nils Ferlin steht mit mageren Beinen als Bronzenmännl mitten auf dem Bürgersteig in Stockholm, und genauso will ich es auch haben. Zitrone ins Maul, Petersilie hinters Ohr, Farbeimer übern Kopp und Möwenschiß und wieder abwaschen. Ich will auf der Weidendamer Brücke vor dem verfluchten Preußenadler stehn, ein dicker dädalischer Überflieger.

•

Das geprügelte Pack schreit nach der vertrauten Knute. Die wollen zurück in die Geborgenheit der Stalinzeit, aber ohne GULAG. Wasch mir den Pelz, aber mach mich nicht naß. Auf russisch: Zieh mir die Haut ab, aber mach mich nicht blutig.

•

Wie die Autofahrer um die Schlaglöcher Slalom fahren, in einem Affentempo. So tief sind die Löcher: einmal nicht aufgepaßt, und die Achse ist gebrochen.

•

Ein Konzert ist so, als wär man gar nicht dort gewesen. Der Mietkünstler blinzelt gegen die Scheinwerfer und erkennt die Menschengesichter in der ersten Reihe.

•

Am meisten verrottet ist der Fetisch aller Fetische: Das Volk. Immer mehr Pack sehnt sich zurück nach den Bequemlichkeiten der stalinistischen Tyrannei. Damals lebten wir schlecht, sagen sie, aber besser. Der latente Bummelstreik machte das Leben gemütlich. Man mußte nur die Schnauze halten und ein paar Standardlügen nachplappern. Man mußte eben nur die Ohren vor den Schreien der Opfer verstopfen und die Augen vor dem Unrecht verschließen. Ansonsten kriegte man jeden Tag seine Kelle Fraß aus den Kübeln der Tyrannei und konnte die Maden aus dem Fleisch polken und vorwurfsvoll an den Rand des Tellers schieben.

•

Haß gegen Gorbatschow hauptsächlich bei den alten Kadern, die ihre Macht und Privilegien verloren. Sie genießen die wachsenden Schwierigkeiten. Jedes leere Regal im Laden ist ein Beweis, daß unter der Parteidiktatur alles besser war.

•

Die Rentner. Kein Russe kann mir erklären, wie die von 500 Rubeln im Monat leben. Ein nicht gehütetes Geheimnis, Mysterium Buffo.

•

Jelzin hat in wenigen Monaten seiner Macht mehr Gold aus dem Staatsschatz verscherbelt als Gorbatschow in sechs Jahren. Jelzin Hauruck. Gorbatschow Hamlet. Das Volk interessiert sich für beide nicht mehr.

•

Die alte Deutschlehrerin in ihrer Wohnung. Eine armenische Jüdin aus Tiblissi. Ihr eigener Vater wurde in der Periode der Jeschtschowtschina in den 30er Jahren liquidiert. Aber sie erklärt mir geduldig wie einem guten Kind, daß Stalin ein großer Mann war – trotz einiger Charakterschwächen ein Kriegsheld und Sieger über Hitler. Deprimierende Dummheit.

•

Durch eigenes Leid wird der Mensch eben noch lange nicht klug. Und das ist das schlimmste Leiden.

•

Hier wurde keiner unterdrückt, sagt sie mir ins Gesicht. Und liquidiert wurden auch nur diejenigen, die auf einer falschen Linie waren. In Rußland, sagt sie sanft, funktioniert eben keine Demokratie. Wir brauchen wieder eine starke Hand, und die wird auch bald kommen. – Wir reden über Deutschland. Sie sagt: Markus Wolf, wie geht es ihm? Die Kinder der deutschen Emigranten werden die Erneuerer des Sozialismus sein. Er war doch einer der Mitbegründer des Neuen Forum in der DDR, nicht wahr? Und ich sage: Stimmt, leider.

•

Wie kann eine Jüdin in Moskau nach all dem so reden.

•

Ich freue mich über jeden dummen Juden. Er ist ein lebender Beweis gegen das gefährliche Vorurteil der Antisemiten, daß Juden so überklug seien.

Bulat Okudshava, mehr Russe als Georgier und eine Enklave europäischer Aufklärung. Deshalb ist er so verletzt und verzweifelt. Aber der lebt in Büchern und nicht in Rußland, der lebt im 19. Jahrhundert mit seinen Romanen. Was gehts mich an.

•

»Sowok« – ein neuer böser Selbsthassername. Kombination aus Sowjetnik und Müll. Auch das ganze Land wird giftig Sowok genannt: Mülleimer oder Müllkippe.

•

Gerüchte. Gorbatschow soll vom Putsch gewußt haben. Connection mit dem stalinistischen Untergrund der alten Nomenklatura. Greuliche Koalitionen. Pamjat – die großrussischen Nationalisten – und die alten Kader der KPdSU gehen zusammen. Das paßt.

•

Im Gewimmel des Wartesaals zwei, drei weißhaarige Veteranen des Krieges in Zivil mit ihren sämtlichen Orden an der schäbigen Jacke. Der eine humpelt am Stock und hält überm Knauf eine Plastiktüte.
Wer weiß, wofür der seine Orden gekriegt hat. Ich bilde mir ein: Der da – persönlich! – hat 1945 mein Leben vor Eichmann gerettet.

•

Beim Jaroslawer Bahnhof auf dem Vorplatz Straßenmusik. Ein Mann vom Lande, in meinem Alter. Sieht aus wie ein lebenslustiger kleiner Stalin. Spielt das kleine Knopfakkordeon und krächzt dazu russische Volkslieder. Neben ihm eine potthäßliche kleine Kartoffel im typischen Armeleutefett. Sie kräht den Refrain und schlägt dazu ein Tambourin mit Glöckchen. Ach, das ist schön. Ich kann mich nicht satthören.

•

Nobles Publikum. Bäurische Rekruten. Hausfrauen. Zerlumpte Stadtstreicher und Bahnhofsbettler singen halblaut mit und wippen im Takt. Eine Zigeunermutter mit ihren fünf Blaken. Ziganski auch hier: andre Welt, andre Menschen: ärmer und fröhlicher. Die Mutter beruft ihre Tochter. Die Kleine soll nicht tanzen vor den Musikanten, es stört das Publikum. Ein amputierter Recke mit verfaulter Jeansjacke hängt wie ein Fragezeichen über der Achselkrücke. Mit Würde glättet er den Drei-Rubel-Schein und hüpft in die Mitte zum Hut. Er legt mit großer Geste das Geld rein als wärens tausend Dollar und hüpft zurück und lehnt sich an die Mauer und genießt seine Musik.

•

Zwei Naturgewalten treffen aufeinander: die alteingeübte Trägheit und die neue Profitgier. Das Volk lernt den Kapitalismus zuerst auf dem Markt und erst dann in der Fabrik. Das ist das Problem: Wo kommt genug Ware her, an der man sich auf dem Markt bereichern könnte? Früher wurde der allgemeine Mangel bürokratisch verwaltet, jetzt werden die Preise für das, was nicht da ist, freigegeben. Fortschritt. Jeder darf sich bereichern an der Armut.

•

Eine Monatsmiete für eine normale Wohnung mit Heizung und Warmwasser und Telefon kostet genausoviel wie meine Dose holländisches Selterswasser bei der Deschurnaja im Hotel Leningrad.

•

Konjunktur der Astrologen und Wahrsager. Sie sind nicht dümmer als wir, als wir mit unseren streng wissenschaftlichen Prognosen das Paradies auf Erden herbeilogen.

•

Filmszene in echt. Am leeren Sockel des Dscherschinski-Denkmals, im Rundverkehr vor dem Klotz der KGB-Zentrale steht ganz allein eine junge Frau mit einem Strauß roter Blumen und reißt beide Arme hoch. Sonderbar, keiner schaut zu, keine Filmkamera zu sehn, kein Fotograf.

Die größte politische Fehlleistung Gorbatschows war offenbar das Alkoholverbot. So hatte er alle Säufer gegen sich, und das ist in Rußland Selbstmord. Folgen verheerend: kein Zukker mehr in den Läden, weil er zum Schwarzbrennen gebraucht wurde. Nebenbei Tausende Tote und ewige Invaliden, die sich am selbstgebrannten Fusel vergifteten, oder an irgendeinem mörderischen Ersatzgesöff vom Schwarzmarkt. Rigoristische Todsünde: Im Kaukasus wurden unersetzbare alte Weinberge abgeholzt.

•

Jetzt importiert Rußland für teure Valuta billigen Schnaps aus Holland. Ich weiß es von einem Spediteur: Millionen Liter. Im Hamburger Hafen werden ganze Schiffsladungen Alkohol in Containern umgeschlagen. Zielort Moskau.

•

Die vielen Kreuze auf den Moskauer Kirchtürmen sind mit Nägeln gespickt gegen die Tauben. Echte Folterinstrumente auf den symbolischen.

•

Ich hab mal wieder mehr erlebt als begriffen. Die zwei Konzerte im Eremitage-Theater wie überall auf der Welt. Wie in New York oder Barcelona, in Holzminden oder Paris.

•

In jedem Kaff findet man eine Handvoll Leute, die sich freiwillig ein paar Lieder reinziehn.

•

– Aber eine Reise nach Moskau ist doch was Besonderes für einen gestorbenen Kommunisten.
– Stimmt. Und spotte nur! Diese Reise war eine Lektion über das, was in den Verheißungen der Geschichtsgläubigen uneingelöst blieb. Der Fortschritt ist, wie Brecht seinen Galilei sagen läßt, ja nur ein Fortschreiten von der Menschheit weg.

Und gestorben bin ich schon lange vorher, da war ich sechseinhalb im Feuerofen von Hammerbrook.

•

Stalin war 1953 drauf und dran, auf seine originelle Art die Endlösung der sowjetischen Judenfrage durchzuführen. Die Dokumente sind jetzt aufgetaucht. Alle Juden sollten nach Berobidschan deportiert werden, in den fernen Osten an der chinesischen Grenze. Es sollte aber gleich mal nur ein Drittel dort lebend ankommen. Auf dem langen Weg sollte das empörte Volk die Waggons in den Bahnhöfen stürmen und zwei Drittel mit Knüppeln totschlagen. Gemessen an Auschwitz eine mehr demokratische Lösung. Stalin soll eine Herzattacke im Politbüro erlitten haben, als über diesen Plan beraten wurde. Es gab Widerspruch, immerhin.

•

Gorbatschows Deutschlandberater Nikolai Portugalow ist ein Paradiesvogel aus dem Käfig der Macht. Er erzählt mir, daß er auch in Köln '76 in der Sporthalle dabei war. Er kennt meine Hetzlieder auswendig: die Stasiballade, die Populärballade. Als ich auf der Bühne des Eremitage-Theaters meine Gitarre einpackte, erzählte er eine hübsche Geschichte: Damals, in den Tagen nach meiner Ausbürgerung, ging er zusammen mit Botschafter Falin zum Chef der DDR-Vertretung in Bonn, einem Mann mit dem schönen Namen Michael Kohl. »Sie haben den einzigen Kommunisten, den es in der DDR gab, ausgebürgert, das war ein Fehler, Genosse Kohl.« – Und der DDR-Mensch soll gegenüber den beiden mächtigen Brüdern aus dem Lande des Großen Bruders gestammelt haben: »Genossen, wie soll ich das verstehn?«

•

Das Hotel Lux in der Twerskaja Uliza. Ernst Fischer lebte dort und hat mir alles haarklein erzählt. Ein blutiger Roman aus Todesangst und Verrat und Wahnsinn und Feigheit und Verzweiflung, garniert mit Beispielen unglaublicher Tapferkeit und Treue. Leidgeprüfte Helden aus dem Freiheitskrieg der Menschheit verwandelten sich hier in winselnde Feiglinge und Denunzianten.

•

Ich glaube, es gab nie in der Weltgeschichte einen kleinen Flecken mit so viel Tragik und Schande und Verwirrungen. Hanns Eisler, Horatio-Monolog statt Dialog mit den Mördern. Wehner, Ulbricht, Pieck, Togliatti, Dimitroff, Ernst Fischer, Gerhard Eisler.

•

Der Hinterhof vom Hotel, wo sich die vielen Frauen zu Tode stürzten. Wenn der Mann im Morgengrauen von der GPU abgeholt worden war, dann wußten sie: Den seh ich nie wieder. Wenn er Glück hat, wird er gleich erschossen. Diese Frauen ahnten, was ihnen blüht. Sie wuschen sich, sagt Wolodja, und sie zogen sich ihr bestes Kleid an. Und dann stiegen sie aufs Dach und stürzten sich runter. Die GPU wußte das und sammelte die Leichen weg. Diese Frauen, sagt er, taten es nicht für ihre Männer, denen war sowieso nicht mehr zu helfen. Sie taten es für sich selbst. Sie wollten nicht im Lager verrecken. Aber warum zogen die ihr bestes Kleid an?

•

– Wie lange wird es dauern, bis das alles wieder heil ist?
– Mindestens so lange wie das Kaputtmachen.
– Ist das nicht Schwarzmalerei?
– Ich male gar nicht. Mach dir selber ein Bild!

•

Das monumentale Mosaikbild vom Neuen Menschen im irdischen Paradies ist in tausend Stücke zerbrochen, und die Mosaiksteine liegen in Blut und Dreck.

•

Völker wie halbwüchsige Kinder: Keiner will es gewesen sein. Die Ukrainer wollen keine Russen mehr sein und die Russen keine Asiaten. Das Vielvölkergefängnis ist geschleift. Und natürlich: Die Russen sind an allem Schuld. Ukrainer und Weißrussen spreizen sich gegenüber dem östlichen Rest als Westeuropäer. In den baltischen Ländern blüht unter der Sonne der Demokratie ein stinkender Russenhaß.

•

Der Kampf gegen die Russifizierung war immer nur Täuschung und Selbsttäuschung. Was alle bedrohte, war die Züchtung des Homo sowjeticus. Die Russen sind genauso unterjocht worden wie die andern. Aber die Russen selber begreifen es nicht und geben deshalb die Schuld weiter an den bequemen Universalfeind: Der Jude ist an allem schuld.

•

Wenn erst Sibirien den Abfall proben wird und wenn in Rußland selbst sich souveräne Staaten bilden, dann wirds bunt und blutig. Auf jedem Misthaufen gibt es einen Gockel, der krähen will. Rußland ist keine Weltmacht mehr. Die schönsten ABC-Waffen liegen überall rum. Aber die Armee ist nur noch ein Schatten.

•

Armeeoffiziere in vollem Wichs mit ihrem Hardcover-Diplomatenköfferchen laufen durch die Stari-Arbat-Straße wie geprügelte Hunde. Zudem wirken sie wie lauter Hauptmänner von Köpenick. Sie laufen ja an den Straßenhändlern vorbei, deren Tischchen sich biegen unter der Last echter Armeeuniformen für jeden beliebigen Rang. Jeder rasierte Witzbold könnte als General durch die Stadt stiefeln. Dazu die gültigen Orden und jeden beliebigen Ausweis. Nur dumm, daß man nun auch jede beliebige Waffe kaufen kann. Jede A-, jede B- und jede C-Waffe.

•

Das Schlimmste ist vielleicht gar nicht die Zahl, sondern die Wahl der Opfer. Negativ-Auslese über Generationen: Die Kretins mit Sklavenseele und die Monster mit Sklavenhaltermentalität vermehren sich. Die wachesten und anständigsten Menschenexemplare wurden systematisch ausgerottet und können sich nicht mehr reproduzieren. Die guten Lehrer, die guten Eltern, überhaupt die begeisternden Beispiele.

•

Stalinismus. Gefährliches Schimpfwort, es schmeichelt dem Leninismus.

•

Russische Intelligenzija. Zum Frühstück ein Pfund Puschkin. Zu Mittag ein Teller Jessenin. Am Abend zwei Liter süßen Weltschmerz zum Dostojewski. Und dann ins Konzert von diesem Deutschen.

•

Mein verehrter Meister vom Berliner Ensemble, der Brecht-Regisseur Benno Besson, war 1973 in Moskau. Wolodja Wagner war sein Dolmetsch. Ein paarmal sagte Besson ohne Anlaß den klugen Satz: »Als ich noch mit Biermann verkehrte.« So schlägt er zwei Fliegen mit einer Klappe, denn es bedeutet: Ich beuge mich der politischen Linie – aber aus eigener Erfahrung.

•

Wsewolod Meyerhold, der geniale Theatermann, verhaftet 1938, seine Beine in der Folter elephantös geschwollen. Die beiden verzweifelten Briefe an Molotow wurden jetzt öffentlich, sie haben ihn nicht gerettet. Seine Frau, Sinaida Reich, die Schauspielerin und Mutter der Kinder des Dichters Jessenin, ihre Leiche wurde mit ausgestochenen Augen im Treppenhaus gefunden.

– Warum erzählst du mir diese blutigen Geschichten?
– Wem denn sonst, sagt Wolodja. Wer solche Schrecken unserer Geschichte nicht kennt, versteht die von heute schon gar nicht.

Einer der Liquidatoren vom KGB kriegte zur Belohnung die Wohnung seines Opfers über der Toreinfahrt im ersten Haus links in der Neschdanova-Straße. Nun ist das Profil des berühmten Meyerhold in eine Gedenkplatte geprägt und am Haus angebracht. Nun sind die Fenster blind. Eine Erinnerungsstätte soll eingerichtet werden. Armer Mörder. Nun mußte er nach so vielen Jahren umziehen. Der Häuserkampf in Ostberlin.

•

Die gebrannten Kinder wollen nichts mehr von Politik wissen. Hochkonjunktur in Rußland für fundamentale menschliche Werte. Liebe Freundschaft Anstand. Der Kapitalismus wird ihnen auch diesen Fluchtweg verbaun. Lebenslügen immer und zu jedem Leben, fragt sich nur: welche. Die banalste Lebenslüge: Ich lebe in der Wahrheit.

•

Auf dem Stari Arbat blüht die Armut. Der Markt für Touristen ist lehrreicher als manche Vorlesung über russische Geschichte. Jeder zweite fliegende Händler bietet die klassischen Matrijoschkas an. Die Puppe in der Puppe in der Puppe aber auch in neuer Version als politische Karikatur. Im Jelzin steckt ein kleiner Gorbatschow. Alle sind innen hohl und aus dem gleichen Holz gedrechselt. Im Gorbatschow steckt ein kleinerer Breschnjew, im Breschnjew ein noch kleinerer Chruschtschow... und so geht es weiter mit Stalin, Lenin, Zar Nikolaus. Aber ganz im Kern ein russisch-orthodoxer Pfaffe, klein und massiv. Vielleicht ist das des Pudels Kern in diesem Land ohne Glück.

•

Lebe wohl, USSR, und stirb schön! Keine Sorge! Es wird nicht Krieg geben mit Rußland. Es wird nur Kriege geben in Rußland. Und die ehemaligen Sowjetmenschen werden bedenkenlos mit jeder Waffe kämpfen, die sie haben. Und sie werden den Rest der Welt mit reinreißen.

•

Die TU der Aeroflot bringt mich nach Kopenhagen. Von dort werde ich mit dem Boot zu einer kleinen Singerei rüber nach Schweden fahren, in die schöne Stadt Malmö.
Ich habe mich tapfer gewehrt gegen neue Einsichten und wieder einmal verloren. Meine Vorurteile muß ich doch korrigieren. Es war nicht so schlimm in Rußland, wie ich gedacht hatte, es war schlimmer.
Nun, nach drei Stunden, habe ich Dänemark unter dem Blechflügel. Die wohlbestellten Äcker unter mir. Wie naiv der Raps sein Gelb ausschreit. Die grünen Feldraine. Die Grenzlinien des Privatbesitzes sind hier aufgerichtet aus gletschergerundeten Feldsteinen. Jahrhundertelang beim Pflügen vom Acker geschleppt und so beiseite gelegt, daß zugleich die Grenze des Grundeigentums markiert wird.
Voltaires Roman *Candide* endet mit dem programmatischen Satz: »Il faut cultiver notre jardin.« Und am schwersten wird das Zauberwort *notre* ins Russische zu übersetzen sein.
Beim Landeanflug denke ich zurück an den Abschied auf dem Flughafen in Moskau. Drei neue Freunde im Herzen, zehn neue Adressen in der Tasche. Und wieder sah ich die Blechnäpfe unter der Decke in Scheremetjewo. Die Toten aus dem GULAG bettelten mich wieder an um einen Schlag Suppe, um ein Löffelchen Hoffnung. Ich hab keine. Der Mensch lernt nix aus seiner Geschichte. Ihr seid alle umsonst gestorben.

à la lanterne! à la lanterne!

Ja, meine dunkle Dame, Sie haben richtig gelesen und gut verstanden. Nicht Lili Marleen: An der Laterne…, sondern Egon Krenz an die Laterne. Dies ist ein bescheidener Vorschlag zum Selbstmord und ein behutsam ausgewogenes Lob der Lynchjustiz.
In den helleren Köpfen unter dem Stahlhelm der US-Army – denen, die zum strategischen Denken eingezogen worden waren – wunderte man sich noch bis 1947 darüber, daß es nach der Befreiung keine Exzesse der deutschen Bevölkerung gegen irgendwelche Naziverbrecher gab. Adolf Hitler und seine Helden hatten immerhin nicht nur allerhand Untermenschen ausgerottet, sondern nebenbei auch ganz Deutschland verwüstet und Millionen Herrenmenschen in die Hölle geschickt. Aber nichts. Die meisten Deutschen erlitten die Befreiung '45 nicht als einen Sieg über die Tyrannei, sondern als eine tragische Niederlage. Die Angst der westlichen Alliierten vor unkontrollierten Haßausbrüchen erwies sich als grundlos.
Nun ist wieder eine für ewig eingerichtete Tyrannei auf deutschem Boden zusammengebrochen. Die Verwüstungen nach innen und außen waren geringer. Allerdings dauerte der Tierversuch an den Menschen dieses Mal über 40 Jahre.
Zu denen, meine dunkle Dame, die immer schon alles dunkel ahnten, gehörte ich nicht. Mich hat der Zusammenbruch der DDR überrascht und glückhaft überrumpelt. Ich hatte mich hinter dem eigenen Rücken schon seit der Niederschlagung des Prager Frühlings darauf eingestellt, daß ich in einen Streit geraten war, den ich überleben, aber nie nicht gewinnen konnte. Auch das revolutionäre Ammenmärchen von den

Enkeln, die es dermaleinst besser ausfechten, tröstete mein Herz schon lange nicht mehr. Mich tröstete eher das trostlose Beispiel des Sisyphos. Ich schob meine Kugel immer so, als ob sie dieses letzte Mal durch ein Wunder oben bliebe. Und in pathetischen Augenblicken erhabener Hilflosigkeit fühlte ich mich wie der kleine Soldat in Heines Gedicht »Enfant perdu«:

Verlorner Posten in dem Freiheitskriege
Hielt ich seit dreißig Jahren treulich aus
Ich kämpfte ohne Hoffnung daß ich siege
Ich wußte: Nie komm ich gesund nach Haus...

Als dann die Mauer fiel, wie von Gorbatschows Götterhand umgestoßen, da wucherte wieder mein eingelernter Geschichtsoptimismus. Die roten Kinderträume kochten noch einmal hoch. Ich glaubte in jenen Tagen und hoffte allen Ernstes, daß die DDR zu guter Letzt doch eine wirkliche DDR werden könnte: deutsch wie Lessing, demokratisch wie Zuckererbsen und eine Republik wie das Königreich der Briten.
Mein toter Freund Robert Havemann erschien mir damals im Traum. Ich sah ihn auf einem Kirschenbaum sitzen. Er riß sich übermütig mit den Lippen die symbolroten Früchte der Commune de Paris vom Zweig und lachte. Und als er über das Scheitern unserer allmächtigen Gartenzwerge seine Witze riß und losprustete, da flogen mir die Kirschkerne um die Ohren. Ich kletterte zu ihm auf den Ast hoch und hängte mir ein Paar Kirschbommeln übers Ohr. Da flüsterte Robert mir zu: Mensch Wolf, wir haben gewonnen, es wird greulich!
Ich verstand ihn nicht, ich nahm es als rhetorische Dialektik. Dabei hätte ich doch wissen müssen, daß mein Freund immer so eitel, aber niemals so akademisch verblödet war wie unser Small-talk-Professor Walter Jens im lieblichen Tübingen.
Ich schwelgte in linken Phantasien. Rosa Luxemburgs skepti-

scher Jubel über Lenins Putsch in Petersburg schäumte in meinem Kopf. Ich wurde wieder ein Junger Pionier und flog durch einen Tagtraum mit roten Socken und blauem Halstuch ins verbrannte Land der kommunistischen Heilserwartung.

Aus Antonio Gramscis aufgerißner Brust brachen blutschwarze Nelken hervor, und aus seinem gebrochenen Herzen krochen die fetten weißen Fliegenmaden der Utopie. Mich beflügelten die gestorbenen Hoffnungen auf eine wirklich sozialistische Revolution. Käthe Kollwitz tätowierte mir mit dem Kohlestift den ausgemergelten Landproleten auf die unbehaarte Brust, den großen Rächer mit der geschärften Sense unter dem giftigen Blick. Ich hoffte auf einen furchterregenden Hieb gegen die verhaßte Bonzenbande. Ah, ça ira! ça ira! ça ira!

Am 4. November '89 das Millionenmeeting auf dem Alexanderplatz in Ostberlin. Nach dem Stasigeneral Markus Wolf und dem Parteiboß Schabowski trat der Jakobiner Saint-Just aufs Podest, wie damals auf das Pariser Blutgerüst zusammen mit Robespierre. Unterm Arm trug der Konventskommissar seinen abgeschlagenen Kopf. Er nahm ihn in beide Hände, hielt ihn vor das Mikrophon und röchelte seine berühmte Blutrede aus »Dantons Tod«.

Endlich sollten mal unsere Unterdrücker zittern. Das betrogene Volk sollte die rotgetünchten Parasiten verprügeln. Die Arbeitssklaven sollten wieder Arbeiter werden und sollten aus den VEBs doch noch volkseigene Betriebe machen. Die zwangskollektivierten LPG-Bauern sollten ihre hammersichelnden Fronvögte mit Gejohle in die Jauchegrube werfen. Sie sollten sich aus Ulbrichts Leibeigenschaft befreien. Sie sollten Genossenschaften für freie Menschen gründen, nach dem guten Beispiel der Kibbuzim in Israel. Halleluja! Die verfolgten Christen sollten ihre parteifrommen Pastoren mit Fußtritten zum Teufel jagen. Hosianna!

Nichts von alledem. Statt dessen grollte in den Herbstwochen des Jahres '89 ein gewaltiger Donner von Sektkorken und Bierdosen über Berlin, ein Donner, dem aber leider kein Geistesblitz vorausgegangen war und dem nichts als ein ätzender Regen aus millionen Harnröhren folgte. Es war ein Geblöke und Ia-Aa-Geschrei, es war ein Gebelle, ein Gegacker, Gejaule und Gewinsel. Die ganze Welt hörte verblüfft die neudeutsche Hymne am Brandenburger Tor, eine Symbiose aus Johannes R. Becher und Hoffmann von Fallersleben: *Deutschland, Deutschland einig Vaterland!* Die Krümelkakkertyrannei starb standesgemäß mit einem Gebrüll der angesoffenen Schwächlinge.
Die machtverwöhnten Stasibosse in den Bezirksstädten zitterten im ersten Schreck vor den unbewaffneten Kindern vom Neuen Forum. Sie waren überrumpelt. Sie verkollerten in Panik tonnenweise belastende Dokumente und säuberten die Akten ihrer wichtigsten Spitzel. Vor allem galt es, diejenigen IMs zu schützen, die vorsorglich ins Neue Forum, in den Demokratischen Aufbruch, in die CDU und die Ost-SPD geschleust worden waren. Aber die Spionageprofis des Markus Wolf in der Ostberliner HVA und Schalcks Koko-Mafia behielten im Rausch des kopflosen DDR-Volks kühlen Kopf und organisierten den geordneten Rückzug.
Inzwischen haben sich auch die MfS-Leute in der Provinz wieder aufgerappelt und begreifen eine alte Volksweisheit: Es gibt nichts Schlechtes auf der Welt, woraus nicht irgend etwas Gutes wird. Die Berufsunterdrücker entdecken begeistert, daß man sich nun, im Schutze der bürgerlichen Freiheiten, womöglich noch viel eleganter bereichern kann. Es wundert mich nicht, daß inzwischen einige Witzbolde auf den Dreh kamen, der ganze Zusammenbruch des Arbeiter- und Bauernstaates sei ein Geniestreich der Stasi gewesen. Ja, wenn alles in der Welt nach cui bono ginge, könnte man auf solch eine Schnapsidee kommen.

Die chronische Schwindsucht der DDR-Gegenkultur rächt sich nun. Es gab in den Wochen der Wende zu wenig barbarische Substanz, zu wenig organisierte Weitsicht, ja, und zu wenig blinde Wut. Wer im Geschichtsprozeß freiwillig den Löffel abgibt, muß die Suppe eben mit der Gabel auslöffeln.
Zu viele eingeschleuste Spitzel im Gewand des Aufrührers lähmten die Stoßkraft der Opposition. Körper und Geist der staatsfeindlichen Gruppen waren von Stasi-Metastasen durchsetzt. So was rächt sich.
Nun reiten auf hohem Roß wie Konquistadoren Horden hochnäsiger Wessis ein, treuhänderische Raubritter, postmoderne Beutelschneider und redegewandte Nichtssager. Für eine Mark wurde eine komplette Schraubenfabrik an holländische Betrüger verschinscht. Kaltekriegsbeute.
Mit dreckigen Drogendollars werden bankrotte Betriebe aufgekauft, um sie lukrativ verrotten zu lassen. Die Treuhand verzuckert den Scheinkauf mit Investionshilfe in Millionenhöhe für den Erhalt von Arbeitsplätzen. Aber die Arbeiter werden verkohlt, und die staatliche Kohle wird abkassiert und als weißgewaschenes Geld aus dem Land gebracht.
Die übervorsichtigen Japaner machen diese ökonomische Leichenfledderei nicht mit. Aber windige Gestalten aus aller Welt spielen im wilden Osten Monopoly in echt. Und ihre natürlichen Partner vor Ort sind eben nicht die aufrichtigen Leute von gestern, sondern die schlaueren Schweine von vorgestern.
Ein ausgepumpter Prolet wird entlassen, schlimm genug. Aber was ihm den Rest gibt, das ist der Spott zum Schaden. Der Geschäftsführer, der ihm kaltlächelnd die Entlassungspapiere in die Hand drückt, ist sein verhaßter Kaderleiter von vor der Wende, und auf dem Arbeitsamt berät ihn der ehemalige Parteisekretär des Betriebes.
Angeschmiert ist mal wieder die Masse der kleinen Leute.

Aber das ist kein Grund für melodramatische Klagelieder. Der bejammerte kleine Mann in Deutschland ist in der Regel ein gut genährter Feigling. Dem sang ich schon vor 25 Jahren ins Stammbuch:

Der legendäre Kleine Mann
Der immer litt und nie gewann
Der sich gewöhnt an jeden Dreck
Kriegt er nur seinen Schweinespeck
Und träumt im Bett vom Attentat
– den hab ich satt!

Freilich lebt im Osten noch die große Minderheit der Tapferen und Traurigen, die Unangepaßten, die Empfindsamen, die Spottvögel und Querulanten, die Aufrührer und Sonderlinge, die Gottes- und die Menschensucher. Solche todtraurigen Clowns werden in der Manege des deutschen Wende-Zirkus an die Tiger verfüttert.
Die meisten dieser Aufrechten waren vielleicht keine Widerstandskämpfer, aber sie widerstanden in aller Stille. Sie blieben treue Freunde, auch wenn der Freund in Bautzen einsaß. Kinder, die in der Schule ihre Meinung sagten und deswegen nicht weiterlernen durften. Lehrerinnen, die sich weigerten, ihre Schüler zu bespitzeln. Väter, die zu ihren in Ungnade gefallenen Kindern hielten ohne Rücksicht auf die eigene Karriere. Soldaten, die sich verweigerten, als die NVA-Panzer vom Vogtland aus in die ČSSR einbrachen. Bausoldaten, die halt nicht Medizin studieren durften und trotzdem ohne schiefes Maul als Hilfspfleger arbeiteten. Christen, die den Mut hatten, gegen ihre gleichgeschalteten Hirten aufzutreten.
Dabei weiß jedes gebrannte DDR-Kind: Grade auch in der SED gab es aufrichtige Menschen. Ein Land, das nur eine einzige wirkliche Partei hat, hat in Wirklichkeit gar keine Partei,

logo. Jeder, der den frommen Ehrgeiz hatte, in der Gesellschaft politische Entscheidungen mitzuprägen, ging in den Verein. Viele machten diesen Schritt mit der Illusion, sie könnten die SED von innen her reformieren. Bloß: Am traurigen Ende wurden die meisten selber reformiert zum nützlichen Parteiidioten – oder sie wurden kaltgestellt. Man kann davon ausgehn, daß politisch ehrgeizige Menschen, die lieber in eine der Blockparteien eintraten, noch verkommener waren als die stinknormalen Postenjäger in der Staatspartei. In der Ost-CDU wurde noch mehr geheuchelt und gebuckelt als in der SED.

Ich kenne altmodische Kommunisten, die tapfer genug waren, den Antikommunismus ihrer Partei radikal zu kritisieren. Sie wurden härter bestraft und unerbittlicher verfolgt als jeder andere. Ich kann mir vorstellen, daß es sogar in der Staatssicherheit verzweifelte, isolierte Wahrheitssucher gab, die der Illusion nachjagten, sie könnten in diesem Bestiarium ein paar Häschen retten. Das Dumme ist nur, daß nun sämtliche Tiger und Hyänen und totalitären Krokodile wie entlaufene Freiheits-Karnickel durch Deutschland hoppeln.

Die allermeisten aufrichtigen und mutigen Ossis sind längst wieder dort, wo sie immer waren: abseits. Und manche haben nach all den Jahren des Widerstandes nicht mehr genügend Widerstandskraft, sich nun in der Freiheit durchzuboxen. Die Demokratie kommt sehr, sehr spät für solche Aufrechten, denn sie sind schon müde und alt.

Das alles sind so Gründe, warum der Zusammenbruch des DDR-Regimes uns mit einer uralten rechtsphilosophischen Frage behelligt: Gibt es neben dem Recht auch Gerechtigkeit? Kann es eine Liaison von Legalität und Legitimität geben? Und vor allem: Nach welchen Gesetzen soll eigentlich wer wen richten, sobald ein Regime extremer Rechtlosigkeit beendet wurde.

Was wird aus all den Menschenschindern und Mördern und Folterknechten und Spitzeln und Berufslügnern? All diese Kostgänger der Tyrannei erweisen sich am Ende das kalten Krieges als die eigentlichen Sieger. Aus der Asche ihrer Opfer steigen sie auf, ein lächerlicher Schwarm von gerupften Phönixen verdunkelt die Sonne über Deutschland.

Tausende unschuldiger Bürger sind in den Gefängnissen der DDR verblüht, das Leben ganzer Familien wurde vergiftet. Die Stasigeneräle sühlen sich in ihren Datschen und sonnen sich im Abendlicht verklärter Erinnerungen.

Der hohe Stasioffizier Franz Sgraja, ein verbrecherischer Virtuose des DDR-Kirchenkampfes, verhöhnt mit seiner Idiotli-Aussage den Stolpe-Untersuchungsausschuß in Potsdam und hält dem bedrängten IM »Sekretär« die Stange. Lesen Sie seine Worte nach und schaun sich sein Foto im SPIEGEL an – diesem fröhlichen Lumpen möchte ich wenigstens das Maul nach hinten haun. Aber solch ein Selbsthelfertum hat der Rechtsstaat verboten.

Der Polizisten-Mord-Prozeß gegen Erich Mielke ist eine lehrreiche Hanswurstiade am Rande unserer Tragödie. Nicht der gefürchtete Stasi-Chef steht in Berlin vor Gericht, nicht ein Mann, der Millionen Menschen schikanierte, der den Terror gegen das eigene Volk organisierte. Nicht der Feigling wird angeklagt, der – nur weil die Komintern in Moskau es von ihm verlangte – im Spanischen Bürgerkrieg seine andersdenkenden Genossen heimtückisch hinter der Front ermorderte. Ach was! Vor Gericht steht eine kleine, ulkige Mumie mit Hut, die vor 60 Jahren zwei besonders verhaßte Bullen in Berlin abgeknallt haben soll. Und damit Hitler und Stalin im siebten Kreis der Hölle auch mal was zu lachen haben, stammen die Beweisakten von der Gestapo. Wie es in Brechts Ballade von Mackie Messer heißt:

Und er kann sich nicht erinnern
Und man kann nicht an ihn ran
Denn ein Haifisch ist kein Haifisch
Wenn man's nicht beweisen kann.

Dem großen Haifisch Erich Mielke stecken die Kleiderfetzen und Fleischreste noch zwischen den Zähnen. Aber seine klassenkämpferischen Menschenfressereien waren nach DDR-Gesetz eben nicht Verbrechen, sondern kulinarische Verdienste. Die Orden bis runter zur Wampe beweisen es.
Es gilt, so lehren es die Staatsrechtler, in der aufgeklärten Demokratie ein Rechtsprinzip: Nulla poena, nullum crimen sine lege. Menschen dürfen nur nach Gesetzen verurteilt werden, die zum Zeitpunkt der Untat galten. Für einigermaßen moderate Zeiten eine brauchbare Regel. Aber was nun? Die Gesetzlosigkeit war in der DDR mit deutscher Gründlichkeit in Gesetze gegossen worden.
Es gibt einen berühmten rechten Staatsrechtler, den linke Ideologen gern lesen: Carl Schmitt. Sie schätzen ihn, weil er ihren positivistischen Vorstellungen vom Recht im Klassenkampf schmeichelt. Schmitts Theorie ist einfach. Might is right. Jedes beliebige Rechtssystem wird jenseits aller Moral anerkannt als ein positiv geronnener Ausnahmezustand.
In diesem zynischen Sinn ging auch das Regime der DDR in Ordnung. Eine demokratisch klingende Verfassung garantierte dem realsozialistischen Citoyen alle bürgerlichen Freiheiten. Der Rechtsalltag war eine hemmungslose Gummiparagraphen-Orgie. So funktionierte der Staatsterror: Die Bonzen lehnten bei jeder Rechtsbeugung lachend an den Hintertüren ihrer eigenen Gesetze. Sie drehten alles, wie es grad paßte. Wie soll man sie aber heute fassen und strafen?
Im siebten Kapitel des Propheten Micha findet sich diese uralte Klage:

Sie lauern alle auf Blut; ein jeglicher jagt den andern, daß er ihn verderbe, und sie meinen, sie tun wohl daran, wenn sie Böses tun. Was der Fürst will, das spricht der Richter, daß er ihm wieder einen Dienst tun soll. Die Gewaltigen raten nach ihrem Mutwillen, Schaden zu tun, und drehen's, wie sie wollen.

Weißgott, sie drehens wirklich, wie sie wollen. Aber Gott im Himmel weiß, wie immer, von nichts. Die Gattung Mensch muß sich leider selbst helfen. Der Nürnberger Prozeß vor dem Militärgericht der alliierten Sieger war ein Versuch, die Nazigrößen trotz dieser juristischen Widrigkeiten zu packen. Ein nie dagewesener Strafbestand wurde inauguriert: »Verbrechen gegen die Menschlichkeit«. Über diese kühne Konstruktion sollten die Repräsentanten der Nazidiktatur an den Galgen der Demokratie gebracht werden.

Der Gedanke, daß es über dem derzeit geltenden Recht immer zugleich auch ein universales Menschenrecht gibt, ist nicht so neu. Antigone, die Tochter des Ödipus, steht dafür. Als dieses Kind aus Vaterlenden und Großmutterschoß ihren gefallenen Bruder Polyneikes gegen das Gesetz der Stadt Theben ordentlich begrub, verteidigte sie genau dieses höhere Recht. Das war der unerhörte Alleingang einer jungen Frau, die dafür mit dem Tod bestraft, aber auch mit dem Stück des Sophokles unsterblich gemacht wurde.

In der großen Französischen Revolution wurde das allgemeine Menschenrecht als Gesetz über allen Gesetzen anerkannt. Die weltweite Bürgerrechtsbewegung unserer Tage, die Vereinbarungen von Helsinki, die Haltung der UNO im Golfkrieg, ach, und die heillosen Verrenkungen der Europäischen Gemeinschaft im jugoslawischen Krieg. Das alles sind tastende Versuche, Immanuel Kants Idee vom Ewigen Frie-

den zu verwirklichen, eine Art aufgeklärte Weltinnnenpolitik.
Aber aus einer politischen Moral wird nicht so leicht eine moralische Politik. Wie wacklig zum Beispiel die juristische Konstruktion in Nürnberg war, sieht man schon daran, daß die Vertreter der siegreichen Sowjetunion nicht auf der Anklage-, sondern auf der Anklägerbank saßen, obwohl zur gleichen Zeit in ihrem Land Millionen unschuldiger Menschen im GULAG verfaulten.
Die Schätzungen der russischen Historiker haben die magische Grenze von zehn mal 6 Millionen erreicht, die Toten des Krieges nicht eingerechnet. Trotzdem redet in Rußland kaum noch ein Mensch von ihnen.
Die ermordeten Juden haben es besser als die bunt zusammengewürfelten Opfer des GULAG. Es wird ihrer gedacht, mit Liebe und Schmerz und Zorn. Diese sechs Millionen leben weiter in der kollektiven Erinnerung. Am Rande von Jerusalem, in Jad Waschem, werden die Unzähligen gezählt, die Namen der Namenlosen werden gesammelt. Das jüdische Volk hat ein starkes Gedächtnis. Und der Staat Israel ist nicht nur eine Zuflucht für die Überlebenden, sondern auch für all die Ermordeten. Ich habe es erlebt, wie lebendig dort diese Toten sind.
Die Verbrechen von Honecker und Konsorten können sich zum Glück nicht mit denen ihrer sowjetischen Genossen messen, noch auch mit denen der Nazis. Deswegen würde es mir schon reichen, wenn diese Quislinge Stalins wenigstens ein Auge und fünf Zähne verlören.
Gemessen an den Gesetzen, die jetzt gelten, sind die Machthaber aus dem Politbüro der SED wohl Mörder, aber keine Massenmörder. Sie waren nur Kriegstreiber, nur Diebe, nur Erpresser und nur Verleumder. Sie haben ein halbes Volk ein halbes Leben lang mit Stacheldraht eingesperrt, sie haben sich am militärischen Überfall auf die ČSSR beteiligt und brachten

nur solche Verrückten in den verschärften Knast, die das Maul zu weit aufrissen oder unerlaubt das Arbeiter- und Bauernparadies verlassen wollten.
Ansonsten haben sie nur unbrauchbar gewordene Landeskinder an den Klassenfeind verkauft und haben nur Familien ruiniert, die den Staat störten. Sie haben Andersdenkende nicht ins KZ, sondern nur in die Krankheit, in den Ruin, in den Wahnsinn und in den Selbstmord getrieben. Man sieht: Es reicht weder für eine Anklage noch für den Friedensnobelpreis. Irgendeine Form der Sühne müßte es dennoch geben.
Weniger katholisch ausgedrückt: Wer hängt die Aristokraten an die Laterne? Mich entzückte immer das berühmte Lied der französischen Revolution von 1789:

Ah! ça ira, ça ira, ça ira,
Les aristocrates à la lanterne!

Aber der Deutsche denkt bei dem Wort Laterne an seinen Köter und vielleicht an ein Soldatenliebchen vor dem Kasernentor, jedoch nicht an seine Peiniger. Der deutsche Mann mordete zuverlässig als militärisch organisierte Horde, aber er legte nie auf eigene Faust einen Strick um irgendeinen besonders verhaßten Hals. Und wenn das deutsche Volk doch mal als kochende Volksseele auf die Straße ging und anarchisch lynchte, dann nur in geordneten Bahnen und auf Befehl der Obrigkeit. Der devote Mob lyncht am liebsten wehrlose und garantiert schuldlose Minderheiten, so wie im November, in der »Reichskristallnacht« 1938.
Jawohl, wir sind ein kreuzbraves Volk. Kein Auge wurde in den Tagen der Wende irgendeinem Stasiverbrecher ausgeschlagen, kein Zahn. Nicht mal auf die Hühneraugen tritt der kleine Mann in Deutschland seinen Verderbern. Und wer seine Todfeinde nicht tötet, versucht bald auch den evangeli-

schen Salto mortale: Er will im Kraftakt jesu-christlicher Moral seine Feinde sogar lieben.
Ganz so tief bin ich nie in die Sümpfe der Selbstverleugnung gesunken. Aber ich war nahe dran. Das war in den Wochen, als die Mauer schon passierbar geworden war, aber noch stand. Es war im Zwielicht zwischen Nacht und Morgen, als die Allmacht der Partei schon erschüttert war, aber Honeckers Kronprinz noch herrschte.
Damals sang ich in Leipzig meine Ballade von den verdorbenen Greisen. In den einzelnen Strophen nahm ich die sterbenden Götter des Politbüros auf die Mistforke. Im Refrain aber bettete ich sie mit christlicher Nächstenliebe ins weiche Heu.

Nicht Rache, nein Rente
Im Wandlitzer Ghetto
Und Friede deinem letzten Atemzug

»Schlau. Scheen schlau. Zuu schlau« – sagte mein Freund Kneesebeck dieser Tage in Ostberlin. Und dann sinnierte er philosophisch: »Wir hättn damals doch gleich ma einige von diese Schweinen vorn Kopp haun solln. Du siehsja, se sin alle schon wieda obnauf.« Als aufgeklärter Menschheitsretter widersprach ich wie im Reflex und predigte lustlos: »O Kneesi, willst du an diesen Mördern etwa selber zum Mörder werden?« »Nee«, sagte mein Freund, »dis solln ma lieba andre machn. Aber dis mita Rente und keene Rache war schwach, sehr schwach, Wolfi!« Und weil meine Argumente wirklich schwach waren, hob nun auch ich die Stimme: »Mein lieber Kneesebeck, ich wollte in dieser wackligen Situation die Betonköpfe im Politbüro beschwichtigen! Ja, ich hatte Sorge, daß sie sich aufbäumen im Todeskampf! Egon Krenz hatte immerhin die chinesische Lösung gepriesen. Ich wollte nicht, daß unser Marx-Engels-Platz sich in einen Platz des Himmlischen Friedens verwandelt.«

Das war halb wahr. Ich hatte damals außerdem Angst vor der Lynchlust der Massen. Mir graute vor all den gelernten Untertanen, die sich nun als rasende Racheengel ihrem Rausch hingeben könnten. Wie lächerlich ich mich in meinen Ossis täuschte! Die brauchten meinen seelsorgerischen Rat gar nicht.
Außerdem war es eine gereimte Lüge. Als ich in Leipzig sang: »Und Friede deinem letzten Atemzug...«, da wünschte ich meinen angeschlagenen Feinden den Tod an den Hals. In meinem Kopf nistete noch immer Brechts listiges Wort von der sanften Gewalt der Vernunft. Aber in meinem Rippenkäfig hausten die Furien des Hasses und des Geizes. Schon gar nicht wollte ich Steuern zahlen für die Rente des Karl-Eduard von Schnitzler.
Die Rache ist mein, sprach der Herr. Soll ich kleiner Mensch etwa weiser sein als Gott? Jesus irrt, wenn er behauptet, wir könnten je unsere Feinde lieben. Wir können sie töten oder am Leben lassen, wir können sie hassen oder ihnen verzeihen. Wir können mit ihnen gute Geschäfte machen, dürfen sogar versuchen, sie zu besänftigen mit Geschenken. Und wenn wir clever sind, erschießen wir die intelligenteren Exemplare mit treffenden Argumenten. Aber lieben? Nein. Ich habe einen Kronzeugen nach meinem Geschmack. Heinrich Heine. Der Dichter notierte sich diese Idylle:

> Ich habe die friedlichste Gesinnung. Meine Wünsche sind: eine bescheidene Hütte, ein Strohdach, aber ein gutes Bett, gutes Essen, Milch und Butter, sehr frisch, vor dem Fenster Blumen, vor der Tür einige schöne Bäume, und wenn der liebe Gott mich ganz glücklich machen will, läßt er mir die Freude erleben, daß an diesen Bäumen etwa sechs bis sieben meiner Feinde aufgehängt werden. Mit gerührtem Herzen werde ich ihnen vor ihrem Tode alle Unbill verzeihen, die sie mir im Le-

ben zugefügt – Ja, man muß seinen Feinden verzeihen, aber nicht früher, als bis sie gehenkt worden.

Diese Notiz findet sich in Heines Zettelkasten. Die Literaten lesen sein Halbfertigfabrikat als Poesie. Ich nicht. Ich würde am liebsten auch einige meiner Feinde an Heines Linden hängen sehn, denn der Dichter hat recht, wenn er behauptet: »Solange man sich nicht gerächt, bleibt immer eine Bitterkeit im Herzen.«

Auch wenn sie kein einziges Gedicht von ihm kennen und die Loreley für ein Volkslied halten, wissen die allermeisten Deutschen von Heinrich Heine doch eines: Jude. Und die Gebildeten können sogar noch anmerken, daß dieser Itzig schlau war und sich taufen ließ. Aber Jud bleibt Jud, er spuckt auf das Herzjesulein und kennet die Liebe nicht.

Der simple Christenmensch weiß, daß die Rache etwas typisch Jüdisches sein muß. So lautet die falsche Faustregel: Altes Testament – Rache, Neues Testament – Liebe. Aber das ist Bibelkunde für Antisemiten.

Auge um Auge, Zahn um Zahn – das bedeutet nicht blinde Rache, sondern im Gegenteil: Diese Regel bezeichnet die Abwendung des Menschen von der maßlosen Vergeltung. Für ein ausgeschlagenes Auge soll nicht mehr über Generationen die Blutrache hin und her wüten, sondern für nur ein Auge soll auch nur ein einziges Auge ausgeschlagen werden – und dann soll wieder Rechtsfriede zwischen den Feinden sein. Diese Auge-um-Auge-Regel war ein entscheidender Schritt auf dem humanen Weg in ein rationales Rechtsempfinden.

In bezug auf Liebe und Haß aber gibt es zwischen dem alten und dem neuen Testament keine schroffe Grenze. Schon in Salomos Sprüchen steht geschrieben: »Hungert deinen Feind, so speise ihn mit Brot; dürstet ihn, so tränke ihn mit Wasser.« – Wohlgemerkt: mit Wasser und Brot, aber nicht mit Kaffee und Kuchen, denn mein Feind ist ein Feind. Bei

Moses aber heißt es: »Wenn dir deines Feindes Esel oder Ochse begegnet, daß er irret, so sollst du ihm denselben wieder zuführen.« In Wahrheit stammte Jesu Christi moralische Lieblingswaffe – und das ist ja die Feindesliebe – auch aus dem Arsenal des alten Testaments. Weder muß einer den Juden also die Liebe predigen, noch irgend jemand den Christen die Rache. Beide haben Übung in beidem.
In jedem evangelischen Ehedramulett, sogar schon wenn einem nur die Autoreifen zerstochen wurden, wabern die abscheulichsten Mordgelüste hoch. Emile Cioran, der alte Philosoph in Paris, schrieb: Wenn alle Menschen tot wären, denen schon mal der Tod gewünscht wurde, gäbe es keinen einzigen Menschen mehr auf der Welt. – Cioran hat recht. Schon im Mutterleib würde die Hälfte sterben.
Hier in unseren mehr christlichen Breitengraden wohnt die Göttin Justitia in einem römischen Haus. Auch das heutige abendländische Strafrecht basiert auf dem römischen und ist – gemessen am jüdischen – ein statisches, ein Recht der Rache. Schuld und Sühne stehen in einem festen mechanischen Verhältnis zueinander. Die Preise für jedes Verbrechen sind Festpreise. Anders bei den Juden. Nach talmudischem Gesetz geht es in erster Linie nicht um die Bestrafung des Täters, sondern um den bestmöglichen Schadenausgleich für das Opfer. Die Strafe für den Täter aber ist eine variable Größe. Sie hängt davon ab, ob er sein Unrecht einsieht und bereut. Das alte jüdische Recht ist in diesem Punkte moderner: Das Maß für die Menschen ist der einzelne Mensch. Die ertappten Übeltäter sollen sich beknirschen. In Israel stachelte diese Rechtsauffassung das Parlament zu einem unglaublichen Rigorismus. Mit nur einer Stimme Mehrheit entschied die Knesset, Wiedergutmachungsgelder von der Bundesrepublik anzunehmen, obwohl die Deutschen so gar kein Schuldbewußtsein zustande brachten.
Raul Hilberg berichtet in seinem Werk »Die Vernichtung der

europäischen Juden« von Racheplänen der Alliierten gegen die deutschen Kriegsverbrecher. Stalin wollte nach Kriegsende gleich mal fünfzigtausend deutsche Offiziere erschießen lassen. Und in den USA gab es Kongreßabgeordnete, die forderten im Schock über die Photos und Nachrichten aus den deutschen Konzentrationslagern die Hinrichtung von eineinhalb Millionen Nazis. Rache. Aber schon 1944 wandte sich ausgerechnet die American Jewish Conference gegen eine kollektive Vergeltung, gegen jegliche Massenexekutionen.
Die Juden in New York verlangten die Auslieferung nur eines Menschen – sie wollten tot oder lebendig den Großmufti von Jerusalem. Dieser mächtige Muhammad Hadsch Amin El Husseini, ein Onkel des Judenfressers Jassir Arafat, hatte als militärischer Verbündeter und Berater Hitlers und Busenfreund Himmlers moslemische SS-Truppen in Jugoslawien aufgestellt. Er hat höchstpersönlich für den Mord an hunderttausend Juden gesorgt, die ihm zuliebe nicht nach Palästina, Schweden, Argentinien, in die Schweiz oder in die Türkei entlassen wurden.
Wir Deutschen sollten übrigens wissen, daß man in Israel das Wort Wiedergutmachung nicht gern gebraucht. Dieser verquaste Terminus verspricht mehr, als er je praktisch halten kann. Wiedergutmachen kann niemand und nichts das erlittene Unrecht. Aber der materielle Schaden, der angerichtet wurde, sollte ohne Geseire und Gesülze abgeschätzt und einigermaßen ausgeglichen werden. Im Hebräischen gibt es dafür das Wort: *Schilumim.*
Ja, der profane Schadensausgleich ist sauer, und Rache ist süß. Aber sobald man ernst machen will, wird es schwierig mit der ganzen Rächerei. Als Heinrich Heine die Bäume mit seinen gehenkten Feinden schmücken wollte, war auch er tatenarm und gedankenvoll, nur der Sprache mächtig, ein machtloser Poet mit Rachephantasien. Natürlich wußte er um die entsetzliche Frage: Wer spielt den Henker? Und weil der Dich-

ter es nicht selber tun wollte noch konnte, und weil er auch sonst niemanden fand, lud er die blutige Dreckarbeit einfach dem Gott der Christen auf. Der getaufte Jude schrieb in einem späten Sonett:

Ich bin ein Christ – wie es im Kirchenbuche
Bescheinigt steht –, deshalb, bevor ich sterbe,
Will ich euch fromm und brüderlich verzeihen.

Es wird mir sauer – ach! mit einem Fluche
Möcht ich weit lieber euch vermaledeien:
Daß euch der Herr verdamme und verderbe!

Ich gebe zu, man kann und darf – leider! – die Büttel der Tyrannei nicht alle umbringen. Wir wollen die neue bessere Zeit nicht mit einem Blutbad einweihen. Aber sollte Benito Mussolini etwa nicht von den Partisanen gefangen und totgeschlagen werden und dann an den Füßen in Mailand aufgehängt? Sollten die jungen Soldaten Ceauşescu und die Landesmutter nicht abknalln, als die beiden ihnen goldene Berge für ein rettendes Flugzeug versprachen? Natürlich sollten sie töten! Sie sind keine Mörder.

Unser großer Doktor Luther, wie oft haben wir ihn gefeiert als den vom Schöpfer begnadeten Schöpfer der modernen deutschen Sprache. Seinen Judenhaß haben wir geflissentlich übersehn. Immerhin forderte Martin Luther die deutschen Fürsten auf, jeden Juden zu töten wie eine Ratte. Und des Reformators Aufruf, Thomas Müntzers »räuberische und mörderische« Bauern im großen Bauernkrieg zu erschlagen wie tolle Hunde, haben wir immer nur wie eine metaphorische Randglosse gelesen.

In einem zentralen Punkt müssen wir Luther ein für allemal vor dem breiten Publikum blamieren. »Du sollst nicht töten!« übersetzte der Mönch in sein starkes Deutsch. Und

diesen Blödsinn soll Gott seinem Volk als Gesetz gegeben haben? einem Volk, das jeden Tag Ziegen tötete, um zu essen, und das seine Feinde tötete, um zu überleben und um sich zu rächen? Die Juden töteten ja sogar, um Gottes Ruhm zu vergrößern. Und als Gott die Ägypter im Roten Meer ersäufte – war das etwa sein Konfirmandenunterricht zum fünften Gebot, das er schon vorsorglich für Moses von rechts nach links in Stein gehaun hatte?
Gott war in jenen Tagen noch ein Newcomer und Chef einer neu gegründeten Firma. Vor ein paar tausend Jahren stritt der Herr der Heerscharen in seinem Geltungsdrang gegen die etablierten Götter, er kämpfte um seinen spirituellen Marktanteil im Himmel wie auf Erden. Es gibt kaum einen Satz im Abendland, der so oft zitiert wurde. Aber er ist falsch übersetzt. Wenn es wahr ist, daß der Originalautor sein Buch der Bücher in einer alten Judensprache schrieb, dann lautet das fünfte Gebot auf den Gesetzestafeln vom Sinai nicht »töten«, sondern: »Du sollst nicht morden.«
Franz Kafka kannte diesen kleinen Unterschied. »Töte mich, oder du wirst mein Mörder!« – sagte er auf dem Weg zum Tod unter Schmerzen zu seinem Freund. Ich komme zu meinem ersten bescheidenen Wunsch. Falls im Grauen des Morgengrauens, wenn die Diktatur gestürzt ist und das neue demokratische Recht noch nicht gilt, der Pöbel schreit: Hängt das Pack auf! – dann gehöre ich zum Pöbel. Und wenn dann die empörten Menschen in ihrem Zorn ein paar besonders verächtliche Menschenquäler töten, dann will ich ihnen nicht in den Arm fallen. Im Gegenteil, ich würde sie umarmen. So eine verbrecherische Triebabfuhr im Affekt mindert den gefährlichen Selbsthaß des demoralisierten Volkes.
Ein verspäteter Tyrannenmord stinkt zwar nach lynchgeiler Feigheit und verpaßten Gelegenheiten. Aber besser spät als gar nicht. Einen Vorteil dieser gelinden Barbarei sehe ich darin, daß die gestürzte Machtelite geschockt und gewarnt

wird. Die Bestimmer von gestern sollen nicht allzu keß gleich wieder vorn an die Spitze und in die erste Reihe und schon gar nicht in die jungen demokratischen Institutionen. Moralisch unverbrauchte Menschen sollen eine Chance haben und Karriere machen.

Sanft oder nicht sanft – eine Revolution ist keine, wenn die neue Elite sich hauptsächlich aus der alten rekrutiert. Ein Beispiel aus der abgehangenen Vergangenheit, damit wir uns ohne Krampf verstehen: der kleine Artilleriehauptmann aus Korsika. Es ist gut, daß er und nicht irgendeine militärische Hofschranze Ludwigs XVI. die Chance hatte, General der Revolutionsarmeen zu werden. Und sogar wenn dieser Bonaparte sich 1804 wie ein Operetten-Buffo die Kaiserkrone auf den bürgerlichen Schädel stülpt, wollen wir es ertragen, denn er hat die Errungenschaften der Revolution verteidigt. Er mußte ja mit den Sansculotten in Uniform die erkämpften bürgerlichen Freiheiten vor dem Terror der europäischen Interventionsheere schützen. Er sollte doch das Bildungsprivileg der alten Eliten brechen. Er hat all dies getan, und wir leben heute noch davon. Im Code Napoleon hat er unwiderruflich die historische Niederlage des Adels in Frankreich festgeschrieben.

Es gibt eine Unstetigkeitsstelle in der geometrischen Kurve unseres Hasses. Eigentlich müßten wir Hans Modrow, den Chef der SED-Bezirksleitung Dresden (und damit zugleich wirklicher Chef des MfS in der Bautzener Straße) tiefer verachten als den Berliner Sachsen IM »Reuter« alias »Sascha« Alexander Anderson aus Dresden. Wenn die großen Lumpen so elegant davonkommen, warum sollen die kleinen sich das Hemd aufreißen. Aber so unausgewogen ist nun mal die Seelenökonomie. Der Freund, der uns im Auftrag des MfS aushorchte, stachelt unseren Zorn noch viel stärker als irgendein verdorbener Greis im Politbüro, der ja immer schon davon lebte, daß er nichts begreift. Die Denunzianten unter den Kollegen und die Spitzel im Familienkreis kotzen einen noch mehr an als ihre mächtigen Auftraggeber. Als ich meine Stasiakten wälzte, wollte ich nicht rauskriegen, ob Erich Mielke Dreck am Stecken hat, denn ich seh ja das Blut an seinen Händen. Ich wollte wissen, welcher Freund ein Feind war und welcher Spitzel schon wieder fett im Parlament sitzt. Darum ärgert mich ein Modrow weniger als ein Gysi, den ich nach den vorliegenden Dokumenten für einen ehemaligen Zuträger des MfS halte und nicht – wie Baghwan Bahro es tut – für ein koscheres Schlitzohr.

Es grassiert eine kranke Pose bei liberal gestimmten Leuten im Westen. Sie sagen: Schrecklich das alles. Aber ich kann mir kein Urteil erlauben, denn ich weiß ja nicht, wie ich gehandelt hätte unter solchem Druck. Dann danken sie noch Gott, dem Schicksal oder dem Zufall, daß sie im Westen ethischen Material-Zerreißproben dieser Art nie ausgesetzt waren, und reden wieder übers Wetter. Das klingt human, bescheiden und tolerant. In Wahrheit ist diese Zurückhaltung feige, gewissenlos und brutal. Man muß nicht selbst gemordet haben, um zu wissen, was Mord ist.

Nach den Erfahrungen der letzten Monate gibt es für mich eine Faustregel: Fast jeder, der so originell ist, die Denunzierten Denunzianten zu nennen, sobald sie ihre Peiniger öffentlich angreifen, ist ein Stasi. Wer von Inquisition und Hexenjagd auf ehemalige IMs faselt, ist in der Regel kein Plattkopf, sondern ein alter Kämpfer vom MfS.

Alle paar Tage erleben wir ein neues Beispiel erbärmlicher Abgeschmacktheit. Der Chefredakteur der Mecklenburgischen Kirchenzeitung, ein Pfarrer Jürgen Kapiske, hat eine ganze Serie herzzerreißender Artikel abgesondert nach dem Motto: Aufarbeitung der Vergangenheit ja, aber Hexenjagd nein. Klingt das nicht vernünftig? und menschlich? und christlich? Nun beweisen die Akten, daß er selbst 17 Jahre lang ordinäre Spitzelarbeit geleistet hat. Er wurde mit seinen handgeschriebenen Schnüffelberichten konfrontiert, und siehe da: Er streitet alles ab. Er schwindelt wie ein kleiner Junge mit dem rotverschmierten Leckermaul in der Speisekammer, obwohl es längst nicht mehr um Himbeermarmelade geht, sondern um Tränen und um Blut. Pastor Kapiske lügt vor seinen versammelten Mitarbeitern in der Redaktion und vor laufender Kamera, und Millionen erleben diese demoralisierende Szene an der Glotze.

Judas Pfarrer Kapiske, Judas Pfarrer Frank Rudolph, Judas Parteivorsitzender Ibrahim Böhme, Judas Justitiar Stolpe, Judas Theologe Fink, Judas Rechtsanwalt Vogel, Judas Rechtsanwalt Gysi, Judas Pfarrer Werner Kohlmann. Einer plappert dem andern die Ausreden nach. Nichts gemerkt, nichts genommen, niemandem geschadet. Sie geben nur zu, was man ihnen schwarz auf weiß beweisen kann, und auch das leugnen sie im Nebensatz.

Die Opfer finden nun seit Januar in ihren Akten die Spitzelberichte und legen ihren IMs mit zitternder Hand die Dokumente vor die Nase, die MfS-Orden, die Quittungen für den Judaslohn. Aber der ertappte IM Kapiske sagt cool in die Kamera: Nein, ich bin niemals ein Spitzel gewesen. Vielleicht war man psychologisch nicht einfühlsam genug. Vielleicht hätte man den Pfarrer nicht vor einer laufenden Kamera befragen sollen.

Aber unter vier Augen lügen die Täter ihren Opfern noch unbeschwerter ins Gesicht. Und eine liberal getünchte Öffentlichkeit goutiert diesen Akt der fortgesetzten Aggression und zeigt viel Verständnis und wenig Verstand. Das ist die christliche Nächstenliebe herzloser und geistloser Zuschauer und kostet keinen Seelengroschen.

Den großdeutschen Kleinkunstpreis für Realsatire hat der unaufhaltsame Kirchenjurist Stolpe verdient. Welcher überführte Mädchenhändler käme schon auf die kühne Idee, sich von gerichtsnotorischen Zuhältern und Geldschrankknakkern einen Persilschein ausstellen zu lassen? Acht der neun Entlastungszeugen, die Stolpe bescheinigten, daß er niemals IM war, waren selber IMs. Könnte Stolpe nicht sein Brot ehrlich als Animator in kirchlichen Altersheimen verdienen? Die Wahrheit kostet doch nicht mehr den Kopf. Keinem von diesen Leuten droht ein Urlaub vom lustigen Leben, keinem winkt eine Zuchthauszelle in Bautzen.

Ich bin ja und bleibe hoffentlich – so Gott will – ein Gottloser. Aber meine Sprache ist nun mal von der Bibel geprägt. Sogar unser säkularisierter Prophet aus Trier, als er die Religion Opium für das Volk schimpfte und das Paradies vom Himmel auf die Erde zwingen wollte, redete in den Bildern christlicher Heilserwartung. Das ist das alte Europa.

Wir stammeln hier alle im Jargon Gottes, also: Judas. Der Verräter Judas Ischariot sieht auf den ersten dummen Blick aus wie der Prototyp des Stasispitzels. Für den Geheimdienst des Hohepriesters Kaiphas hat er gearbeitet. Er gehörte zum allerengsten Freundeskreis des verrückten Rabbi aus Nazareth. Er verriet seinen Meister an die Häscher für eine Kopfprämie von 30 Silberlingen. So steht es im Evangelium des Matthäus:

Und der Verräter hatte ihnen ein Zeichen
gegeben und gesagt: Welchen
ich küssen werde, der ist's; den greifet,
Und alsbald trat er zu Jesus und sprach:
Gegrüßt seist du, Rabbi! und küßte ihn.

Wir kennen die traurige Geschichte und küssen uns trotzdem munter durchs Leben. Infamie! Warum mußte es grade ein Kuß sein? Wir wissen doch, warum eine anständige Nutte sich nicht vom Kunden küssen läßt. Mit dem Kuß dringt der Mann ja am tiefsten in die Frau ein.

Ich erinnere mich bestens an die goldenen Zeiten, als wir noch ganze Affen waren. Kein Kühlschrank, keine Baby-Fertignahrung in Gläsern. Wir fütterten das zahnlose Kleinkind und die zahnlosen Alten mit vorgekauter Speise. Wir schluckten die kostbare Nahrung nicht selber runter, sondern gaben sie dem Nächsten.

Nicht die Arbeit, wie Friedrich Engels dachte, markiert den Anfang der Menschwerdung des Affen. Der Kuß war es, mit ihm trat der beseelte Affe aus dem Tierreich in die Humangeschichte ein. Die Liebenden wissen es nicht, aber sie spüren es: Noch heute bedeutet jeder Zungenkuß: Ich liebe dich. Ich liebe dich so sehr, daß ich bereit bin, dich zu füttern in der Not. Ich würde freiwillig meine eigenen Überlebenschancen mindern, damit auch du überleben kannst.

Judas. Wie hoch steht dieser arme Hund aus dem Evangelium über all den Inoffiziellen Mitarbeitern des MfS! Der Jünger offenbarte von sich aus seinen Verrat. Die Clique Jesu brauchte keine Beweise aus den Akten der Gauck-Behörde. Judas schämte sich im wahrsten Sinne zu Tode, er erhängte sich an einem Baum. Und keiner der Jünger hätte das moralische Recht gehabt, ihn zu richten, denn keiner von ihnen hatte sich mit Ruhm bekleckert. Als ihr Meister verhaftet worden war, so steht es im Evangelium des Matthäus, »Da verließen ihn alle Jünger und flohen«.

Petrus verleugnete seinen Wunderrabbi dreimal, ehe der Hahn krähte. Und hängte er sich etwa auf nach diesem Verrat? Denkste! Auf diesem Fels gründete der Gottessohn seine Kirche, als wärs eine Hotelkette in Ostdeutschland. Frei nach dem Motto: In meines Vaters Haus sind viele Zimmer. Petrus hatte eine Pflaume mit Stein in der Brust, aber er war nicht, wie sein Name suggeriert, ein Fels, auf den man bauen kann. Dieser Jünger war ein Monument des Selbstmitleides. Nachdem er nämlich seinen Freund verleugnet hatte, verpißte er sich – oder wie es beim Evangelisten heißt: ging er »hinaus und weinte bitterlich«. Weinte er über das schwere Los seines

Meisters? Iwo! er flennte über sich selbst. Lieber als auf Petri Stuhl in Rom würde ich auf einem Wackelpudding sitzen.
Aber auch das Lamm Gottes selbst, auch Jesus Christus war in Wahrheit ein reißender Wolf. Dieser Messias wußte ja vorher genau, daß Judas ihn verraten würde, so stand es festgeschrieben im göttlichen Drehbuch. Ohne Erbarmen ließ er Judas den miesen Job machen. Er hatte den Mann extra zu diesem Zweck in seine seelenterroristische Bande aufgenommen und instrumentalisierte ihn.
Der ehrgeizige Heiland brauchte ja einen, der ihn an seine Häscher ausliefert, damit sich die Schrift erfüllt. Ein Gottessohn mußte auf Teufel komm raus geopfert werden, weil Menschenopfer längst aus der Mode gekommen waren. Wie infam vom Erlöser! Er brauchte den falschen Kuß mit dem guten timing zu Pessach, damit the show on geht, denn ohne Gefangennahme keine Kreuzigung und keine Auferstehung.
Der ganze Film hätte ja auch anders laufen können: Jesus und seine Jünger entwischen dem Überfallkommando der Priester. Der Kelch des Todes geht an dem Rebbe von Nazareth vorbei. Der meschuggene junge Mann macht nicht so penetrant auf Messias, sondern bleibt einer von vielen sympatischen Sonderlingen unter den Juden und stirbt als lebenssatter Greis. Es ist klar: Ohne den Verrat des Judas wären alle Pastoren beider Konfessionen arbeitslos.
Alle professionellen Kirchendiener sollten den Verräter Judas ehren als ihren Wohltäter und Schutzpatron. Und die redlichste und einfachste Ehrung für diesen Menschen wäre es, wenn die Stasi-Spitzel unter den Hirten sich nun wenigstens aufhängen würden. Also mein zweiter frommer Wunsch und bescheidener Vorschlag: Alle Generäle des MfS, alle Führungsoffiziere und ihre kirchlich gebundenen Stasispitzel, überhaupt alle, die sonst noch etwas Gutes für die Menschen tun wollen, denen sie soviel Schlechtes taten, sollen sich bitte

umbringen. Ich würde ihnen einen versöhnlichen Nachruf reimen, vielleicht eine melancholische Moritat. Falls es mir gelänge, hätten sie auch was davon: ein schön trauriges Lied, und das hält allemal länger als diese Trauergestalten.

Wenn Chomeini und seine Nachfolger einen Dichter zum Tode verurteilen und ihm Mordkommandos auf den Hals hetzen, dann wird doch umgekehrt ein Dichter mal in aller Bescheidenheit darum bitten dürfen, daß diese machtverdorbenen Mörder sich wenigstens selber töten.

Bei Gott! bei Judas! – ich gerate ins Schwärmen: Die praktischen Vorteile für Deutschland wären immens. Es würden Wohnungen frei werden für Asylanten. Die Gesellschaft würde Milliarden an Pensionen und Renten sparen. Unser reiches Land könnte das so gesparte Geld an die ärmsten Völker vergeben. Das kathartische Beispiel im Osten sollte auch wohltuend gen Westen wirken. Ich rechne mit einer ethischen Ausstrahlung auf die Länder der alten Bundesrepublik.

Als Goethe seinen Roman »Die Leiden des jungen Werthers« veröffentlichte, schwappte eine sinnlose Selbstmordwelle über Deutschland. Zur Abwechslung könnte es nun mal eine sinnstiftende Selbstmordwelle auch im Westen unseres Vaterlandes geben, induziert durch das gute Beispiel im Osten.

Selbstmordkandidaten nach meinem Geschmack wären alle Industriellen, die an Libyen Giftgasfabriken verkauft haben. Wer das Spielzeug für solche blutigen Spiele wie den Iran-Irak-Krieg lieferte, sollte sich erschießen. In der großen Horde der Selbstmörder sähe ich auch gern alle Ingenieure und Physiker, die sich des schnellen Geldes wegen von Saddam Hussein als Atombombenbauer anheuern ließen. Unser Land wimmelt von Edelgangstern, denen man in langen, teuren Prozessen schwer beikommen kann. Es sind gespenstisch viele, die sich besser umbringen sollten.

Der expressionistische Lyriker Georg Heym muß das gewußt haben; in seinem nachgelassenen Gedicht »Umbra Vitae« fand ich diesen Vierzeiler:

Selbstmörder gehen nachts in großen Horden
Die suchen vor sich ihr verlornes Wesen,
Gebückt in Süd und West, und Ost und Norden,
Den Staub zerfegend mit den Arme-Besen.

Wenigstens eine Elite erlauchter Lumpen sollte dem guten Beispiel ihrer Brüder und Schwestern im Osten folgen und sich endlich aufhängen.
Allerdings ist Selbstmord nicht gleich Selbstmord. Er kann moralisch mißlingen. Ein Beispiel:
MdB Professor Riege, Rechtsprofessor der Universität Jena. Er war Abgeordneter der PDS im Bonner Bundestag. Eines schönen Tages wurde auch er als Stasispitzel entlarvt, und was tat er? Legte er sein Mandat nieder? Beknirschte er sich? Ach was! Er brachte sich um. Man könnte zufrieden sein.
Aber nein. Er vergiftet diesen Tod mit einer neuen Lebenslüge. Er hinterläßt eine Nachricht: Ich war ein gejagtes und schuldloses Opfer. Und seine Partei dankt es ihm und schlachtet ohne Scham den Selbstmord propagandistisch aus: Schluß mit der Verleumdung! Schluß mit den Hexenjägern aus der Gauck-Behörde. Ein Photo mit Blumen schmückt seinen freigewordenen Platz im Parlament. Die Abgeordneten erweisen einem Mann die letzte Ehre, der keine erste Ehre hatte. PDS-Präsident Modrow und PDS-Parteivorsitzender Gysi feiern zusammen mit Frau Süßmuth einen Trauergottesdienst am Altar des Wasserwerks in Bonn. Der edle Selbstmörder wird als Opfer von Verleumdung und Hetze in den Medien betrauert. Keiner fragt mehr: Warum mußte dieser Mensch nach solch einer stinkenden Karriere beim MfS ausgerechnet als demokratisch parfümierter Abgeordneter ins

Parlament? Keinem fiel bei dieser Gelegenheit ein, daß ein Selbstmord ohne Schuldbekenntnis eine aggressive Verantwortungslosigkeit ist. Neue Legenden sollen den alten Schwindel überdecken.
Hitler war zum Schluß im Führerbunker der Meinung, daß das deutsche Volk versagt habe. Es hatte sich seiner nicht würdig erwiesen, und also verdiente es den Untergang.
Aber als er sich mit seinen heroischen Lebenslügen in den Selbstmord flüchtete, da war der größte Feldherr aller Zeiten in Wahrheit ein Deserteur. Zugleich avancierte er mit diesem Akt der Feigheit vor dem Feind zum einzigen erfolgreichen Tyrannenmörder in Deutschland.
Goebbels vergiftete seine unschuldigen Kinder und flüchtete ihnen nach in die rettenden Arme des Todes. Auch der fette Feldmarschall Göring drückte sich vor der Hinrichtung. Er schluckte Zyankali, und es geisterte darüber im Nachkriegsvolk eine romantische Liebe- und Tod-Legende rum: Emmy Sonnemann soll Göring die Giftkapsel mit einem letzten Zungenkuß zugesteckt haben. Himmler küßte sich selber: Zyankali rettete auch seinen Hals vor dem Nürnberger Strick. Damit waren die vier Hauptangeklagten schon auf und davon, bevor der Richttag graute.
Ja, lieber Herr Filbinger, Ihr Führer war ein Deserteur. Wenn in Deutschland das Wort Deserteur fällt, dann denkt man an Sie, den blutbefleckten Staatsanwalt der nazideutschen Kriegsmarine, der später Regierungschef des Landes Baden-Württemberg wurde. Als man Sie anklagte, schuldlose junge Soldaten, die nicht mehr kämpfen wollten, in den Tod geschickt zu haben, da verteidigten Sie sich mit dem Slogan: »Was damals Recht war, kann heute nicht Unrecht sein.«
Dieser lapidare Satz wird Sie überleben. Er formuliert glänzend unser unlösbares Problem der Rechtsphilosophie. Genauer: Lösbar ist es schon, aber eben nur so, wie man einen

gordischen Knoten löst. Sie sehen, meine dunkle Dame, es gibt den Selbstmord als tapfere Flucht in die Wahrheit, und es gibt den Selbstmord als feige Flucht in die nächstgrößere Lüge.
Während ich schreibend nachdenke, verwandelt sich Judas Ischariot in eine ethische Lichtgestalt. Judas und nicht Christus ist der tragische Held des Neuen Testaments. Er war ein schuldloses Opfer, ein mißbrauchter Kleindarsteller in der Seifenoper Gottes. Judas verteidigte seine Menschenwürde mit dem Strick. Er klagte dabei nicht die schlechte Welt an, nicht den schlechten Autor des Stückes und auch nicht den miserablen Regisseur. So steht es geschrieben:

Ich habe übel getan, daß ich unschuldig
Blut verraten habe…
Und er… hob sich davon, ging hin und
erhängte sich selbst.

Ich komme zum naturwissenschaftlich eingefärbten, zum versöhnlichen Schluß. Nicht, wenn ich an den grinsenden Schalck-Golodkowski, aber wenn ich an die Bewohner der Fidschi-Inseln denke, dann wird mir schwer ums Herz, meine dunkle Dame in Mexiko. Wie könnte man der Gattung Mensch, so entfernten Verwandten in Nord- und Südkorea, den deutschen Kuddelmuddel in Ost und West verklaren? Und wenn ich dann noch in der Tagesschau sehe, wie in Bosnien und Moldawien und in Dschugaschwilis Georgien munter drauflos gemetzelt wird, will ich unterm Strich vom gerechten Töten denn doch so wenig wissen wie vom ungerechten Morden. Je mehr ich mir den Kopf zermartere, desto weniger bin ich noch meiner Meinung. Auch in den Selbstmord will ich keinen Mörder treiben. Das sind so Phantasien, haßdumm, die kommen nur aus all dem Zorn gegen die Ungerechtigkeit, sie kommen aus der Wut über die Ohnmacht des

Rechts. Jeder Essay ist ein Versuch gegen die Vergeblichkeit der Vernunft. Aber mancher ist auch ein mörderischer Selbstversuch. Das Vorgedachte aufschreiben und schreibend nachdenken. Wenn der Text fertig ist, bin ich noch lange nicht fertig.

Es gibt zum Glück sublimere Formen der Rache als Mord und Selbstmord. Schlimmer als der Sturz in irgendeinen Tod kann ja der Sturz ins Weiterlebenmüssen sein. Der Sturz des Dädalus ist unser bestes Beispiel für eine wahrhaft raffinierte Götterstrafe. In meinem Aufsatz über den Sturz dessen, der nicht stürzte, kann man nachlesen, mit welch unglaublichem Aufwand an Lebenszeit und Abenteuern und Menschenschicksalen die Göttin Athene den Mörder und legendären Erfinder Dädalus darüber belehrte, daß er das halbe Kind, seinen Neffen und genialischen Konkurrenten

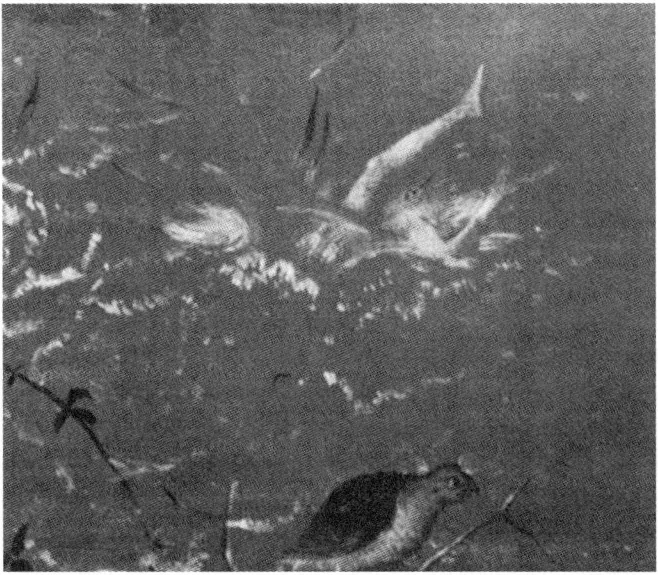

Perdix, lieber nicht von der Akropolis in den Tod hätte stürzen sollen.

Das berühmte Bild »Landschaft mit Sturz des Ikarus« kennen wir gut genug. Wir haben nach einigem Suchen sogar das Messer entdeckt am Rande des Feldes und, kaum zu sehn, den Toten da im Gebüsch. Es gibt allerdings auf Pieter Breughels Bild eine physikalische Ungereimtheit, auf die man sich manchen Reim machen kann. Sie erinnern sich, meine schöne dunkle Dame: Der Bauer pflügt seinen Acker. Der Schäfer schäfert. Das Schiff segelt ins Offene. Der Angler angelt. Alle sind beschäftigt. Nur das Rebhuhn (auf griechisch: Perdix) sitzt im Busch und sieht, wie sich Ikarus unter den Augen seines hilflosen Vaters mit zerfledderten Flügeln vom hohen Himmel ins Meer zu Tode stürzt.

Aber die Sonne! Warum steht der Sonnenball tief unten am

Horizont? Breughel malte ja nichts ohne Hinter- und Nebengedanken. Es wimmelt in seinen Werken von tiefsinnigen Anspielungen und Sprichwörtern, von Lebensregeln und abergläubischem Schnickschnack.
Wie ist das mit der Physik in diesem Drama? Der Sohn des Dädalus hatte sich doch hoch oben, wo es immer kälter wird, an den heißen Strahlen der Mittagssonne die künstlichen Flügel verdorben. Das Wachs war geschmolzen, die Federn versengt. Der übermütige Junge kann doch aber nicht bis zum Sonnenuntergang, also viele, viele Stunden lang, gestürzt sein, bis endlich die Wellen ihn verschlangen. Die Schwerkraft der Erde zog den entflügelten Jünglingskörper immerhin mit einer Beschleunigung von

$g = 9{,}807\ m/sec^2$ in die Tiefe.

Also nach einer Fallzeit t hatte Ikarus einen Weg $s = \frac{1}{2}\, gt^2$ zurückgelegt. Ich rechne mir aus: Man soll weder dem Niederländer Breughel noch der Tochter des Zeus mit der Newtonschen Physik kommen. Aber warum stürzt der Sohn des Dädalus so lange? – Vielleicht ist nicht die physikalische, sondern die moralische Fallhöhe gemeint. Schön schlimm muß die Strafe sein, sagt mit seinem Pinsel der Maler. Strafe! Rache! Sühne! Auch wenn mal wieder kein Schwein hinsieht, auch wenn uns der ethische Schönheitsfehler stört, daß ja der schuldlose Ikarus als Demonstrationsobjekt herhalten muß für die Recht-Haberei der Göttin. Athene opfert einen Menschen. Es dient aber der höheren Gerechtigkeit im Mythos: Er soll es erleiden, der Vater. Schön lange sollte der Mörder des Knaben Perdix mit eigenen Augen sehn, wie weh es tut, wenn Ikarus, sein Kind, sich zu Tode stürzt. Strafe, Sühne, Rache. Das kommt davon! In Klammern: Wer will eigentlich wissen, ob diesem abgebrühten Tausendkünstler der Tod des eigenen Kindes nicht am Arsch vorbeiging? Aber sei's drum.

Ich suchte nicht danach, ich ging im Walde des Mythos so für mich hin und habe etwas gefunden.
Es existieren nämlich zwei Originale des Bildes von Pieter Breughel. Das eine hängt im Musée des Beaux-Arts in Brüssel und das andere in New York. Die beiden unterscheiden sich nur in einem Punkt. Auf dem Gemälde in Amerika sieht man links oben im hohen Himmel den Vater fliegen. Dädalus fliegt weiter auf seiner Route, aber er wendet den Blick zurück, zum sterbenden Sohn.
Diese Pose kenn ich doch! Es ist der Angelus Novus, wie ihn der Kulturphilosoph Walter Benjamin uns beschrieben hat: der Engel der Weltgeschichte. Ein Sturmwind aus dem Paradies treibt ihn unaufhaltsam in einen entsetzlichen Fortschritt. Der Angelus starrt mit rückwärtsgewandtem Blick auf eine permanente Katastrophe, die unsereins Geschichte nennt. Dieses Gleichnis fasziniert, denn es provoziert immer wieder neu unsere apokalyptischen Phantasien.
Aber wie die meisten guten Erfindungen – auch diese ist nicht ganz neu. Unser geflügelter Dädalus kommt aus keinem Paradies. Und obwohl ihn kein Sturmwind treibt, kehrt der Mann nicht um, seinen Sohn zu bergen. Den Angelus Novus treibt es übermächtig voran. Dädalus aber, der Mensch – das »unselig Mittelding von Engeln und von Vieh« –, hat die schreckliche Freiheit der Entscheidung. Ihn zwingt kein Sturm vom Sündenfall her, ihn zwingt der freie Wille. Der Vater des Ikarus fliegt weiter über das Meer zum sicheren Ufer. Er kommt aus der Hölle der Gefangenschaft auf Kreta, und er fliegt in die rettende Hölle der Einsamkeit.
Ja, Dädalus. Und wenn wir vom Mythos erst einmal abgelernt haben, die schuldig gewordenen Menschenfeinde aus raffinierter Rache lieber leben zu lassen, dann gewinnen wir Abstand. Wir müssen uns also nicht mit dem Blut unserer Peiniger beflecken. Wenn ich daran denke, daß Margot und Erich nun einsam in der chilenischen Botschaft im ungast-

lichen Moskau eingesperrt sind, einer des anderen Strafe, dann lacht mein böses Herz. Ja, solln sie doch weiterleben! Das ist es, was in uns lügt, mordet und stiehlt: Ich selbst bin der Mörder Dädalus. Sein Beispiel, meine dunkle Dame, entbindet uns so angenehm von der moralischen Pflicht zu töten.

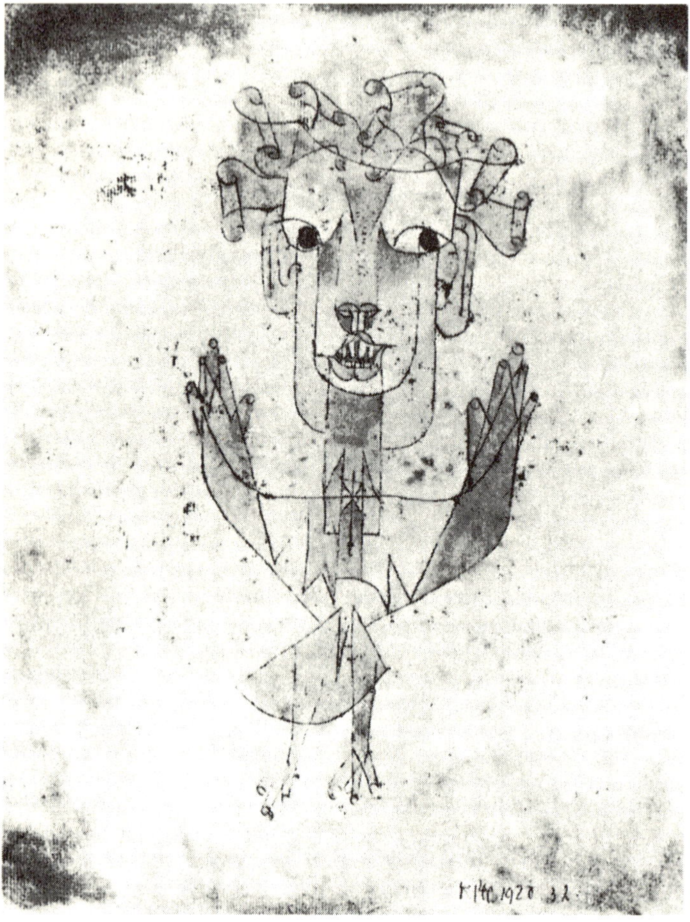

Bildnachweis

S. 14 © Plakat von Angelika Prömm, Sozialistische Zeitung/ SoZ, Vereinigte Sozialistische Partei (VSP), Köln

S. 61 Porträt Georg Büchners von Alexis Muston

S. 122 Goya, Der Schlaf der Vernunft

S. 194 Ausschnitt aus J. S. Bach, Gemälde von E. G. Haußmann, 1748, Archiv für Kunst und Geschichte, Berlin

S. 272 Ausschnitt aus Pieter Breughels »Landschaft mit Ikarussturz« (Dädalus)

S. 273 Ausschnitt aus Pieter Breughels »Landschaft mit Ikarussturz« (Ikarus)

S. 277 Paul Klee, Angelus Novus, 1920,32 © VG BILD-KUNST, Bonn, 1992